Sob a lupa da inovação

Preencha a **ficha de cadastro** no final deste livro
e receba gratuitamente informações
sobre os lançamentos e promoções da Elsevier.

Consulte também nosso catálogo
completo, últimos lançamentos
e serviços exclusivos no site
www.elsevier.com.br

RON ADNER

Sob a lupa da inovação

Uma abordagem sistêmica inovadora
para gerar valor e criar negócios duradouros

TRADUÇÃO
Alessandra Mussi

Do original: *The Wide Lens*
Tradução autorizada do idioma inglês da edição publicada por Penguin Group
Copyright © 2012, by Ron Adner

© 2013, Elsevier Editora Ltda.

Todos os direitos reservados e protegidos pela Lei no 9.610, de 19/02/1998.
Nenhuma parte deste livro, sem autorização prévia por escrito da editora, poderá ser reproduzida ou transmitida sejam quais forem os meios empregados: eletrônicos, mecânicos, fotográficos, gravação ou quaisquer outros.

Copidesque: Shirley Lima da Silva Braz
Revisão: Jussara Bivar e Thatyana Viana
Editoração Eletrônica: Thomson

Elsevier Editora Ltda.
Conhecimento sem Fronteiras

Rua Sete de Setembro, 111 – 16o andar
20050-006 – Centro – Rio de Janeiro – RJ – Brasil

Rua Quintana, 753 – 8o andar
04569-011 – Brooklin – São Paulo – SP – Brasil

Serviço de Atendimento ao Cliente
0800-0265340
sac@elsevier.com.br

ISBN 978-85-352-5938-4
Edição original: ISBN: 978-1-59184-460-0

Nota

Muito zelo e técnica foram empregados na edição desta obra. No entanto, podem ocorrer erros de digitação, impressão ou dúvida conceitual. Em qualquer das hipóteses, solicitamos a comunicação ao nosso Serviço de Atendimento ao Cliente, para que possamos esclarecer ou encaminhar a questão.

Nem a editora nem o autor assumem qualquer responsabilidade por eventuais danos ou perdas a pessoas ou bens, originados do uso desta publicação.

CIP-BRASIL. CATALOGAÇÃO NA FONTE
SINDICATO NACIONAL DOS EDITORES DE LIVROS, RJ

A186s
Adner, Ron
    Sob a lupa da inovação: uma abordagem sistêmica inovadora para gerar valor e criar negócios duradouros / Ron Adner ; tradução: Alessandra Mussi. - São Paulo : Elsevier, 2012.
    23 cm
    Tradução de: The wide lens
    ISBN 978-85-352-5938-4
    1. Planejamento estratégico. 2. Administração de empresas. 3. Planejamento empresarial. I. Título.

12-6560.		CDD: 658.412	
		CDU: 65.012.2	
10.09.12	24.09.12		038973

A meus alunos, que tornaram esta jornada tão gratificante,
e à minha família, que tornou possível este sonho.

Agradecimentos

Este livro é fruto de mais de uma década de pesquisa, magistério e consultoria sobre a natureza do fracasso e do sucesso das inovações. Durante todo esse tempo, tive a sorte inacreditável de trabalhar com vários parceiros de aprendizado – alunos na Tuck e INSEAD, executivos em incontáveis empresas e workshops, mentores e coautores no mundo acadêmico – que me ajudaram a criar o ambiente, a oportunidade e o ímpeto para testar e lapidar essas ideias em uma infinidade de cenários. Sou profundamente grato pela contribuição, direta e indireta, desses colaboradores, por meu próprio entendimento e por este empreendimento.

Ao escrever este livro, contei com o enorme suporte, orientação e feedback crítico de várias pessoas que, generosamente, dedicaram seu tempo e ofereceram insights: Howard Anderson, Julia Batavia, Diane E. Bilotta, Manish Bhandari, Adam Brandenburger, Colin Blaydon, Michael Brimm, Clayton Christensen, Sarah Cliffe, Rudi Coetzee, Dr. Richard J. Comi, Donald Conway, Richard D'Aveni, Yves Doz, Gregg Fairbrothers, Javier Gimeno, Ronny Golan, Vijay Govindarajan, Lars Guldbaek Karlsen, Morten Hansen, Peter Hanson, Hal Hogan, Natalie Horbachevsky, Bob Howell, Barak Hershkovitz, Chris Huston, Chan Kim, Jim Komsa, Kim LaFontana, Karim R. Lakhani, Raphael La Porta, Dan Levinthal, Julien Lévy, Donna McMahon, Halli Melnitsky, Ashok G. Nachnani, John Owens, Heidy Paust Kelley, Subi Rangan, Lone

Reinholdt, Silvija Seres, Todd Shuster, John S. Taylor, Chris Trimble, Bernard Tubiana, Joaquin Villareal, David Wu, Enver Yucesan e Peter Zemsky. Faço um agradecimento especial a Rahul Kapoor, meu coautor nos estudos sobre litografia, importantes para o tema central do Capítulo 6, e aos intrépidos alunos que participaram de meus seminários Research to Practice (Da pesquisa à prática) em Tuck.

Agradeço a Paul Danos e Bob Hansen, reitor e reitor adjunto da Tuck School, respectivamente, por terem criado um excepcional ambiente de pesquisa e ensino que permitiu o florescimento dessas ideias. Agradeço também a Syd Finkelstein, pelo apoio e orientação sobre os desafios nas esferas macro e micro; a Kim Keating, pelos incansáveis empenho e incentivo; a Will Vincent, pela generosidade em conselhos e colaboração crítica ao longo de todo o processo de criação deste livro; a Steve Stankiewicz, pela maestria na produção de cada produção dos demonstrativos deste livro; a Alexia Paul, cujo esforço, ajuda e insights valiosos foram fundamentais para lançarmos este livro com eficiência e pontualidade.

Agradeço a Esmond Harmsworth, meu extraordinário agente, que também foi um conselheiro importante em cada fase da jornada. Na Portfolio, agradeço especialmente a Adrian Zackheim e Will Weisser, pelo inacreditável suporte desde o início, e pela paciência e flexibilidade que mantiveram até o fim do processo. Meu muito obrigado a Brooke Carey, minha maravilhosa editora, que foi um modelo de equilíbrio e perspectiva, ajudando a dar forma e lapidar o manuscrito.

O maior agradecimento vai para a minha família, sem a qual nada disso importaria.

Ron Adner
Hanover, New Hampshire
novembro de 2011

Sumário

Agradecimentos vii

Introdução 1

PARTE I
ENXERGANDO O ECOSSISTEMA

CAPÍTULO 1
Por que as coisas dão errado quando fazemos tudo certo — 15

CAPÍTULO 2
Risco da coinovação: Enxergando as probabilidades reais quando você não inova sozinho — 37

CAPÍTULO 3
Risco da cadeia de adoção: Vendo todos os clientes antes de seu cliente final — 55

REFLEXÃO SOBRE A PARTE I
Ecossistemas internos e externos estão em toda parte — 79

PARTE II
ESCOLHENDO SUA POSIÇÃO

CAPÍTULO 4
Mapeando o ecossistema: Identificando peças e lugares — 83

CAPÍTULO 5
Papéis e relacionamentos: Liderar ou seguir no ecossistema de inovação? 113

CAPÍTULO 6
O lugar certo na hora certa: Quando Deus ajuda quem cedo madruga? 135

REFLEXÃO SOBRE A PARTE II
Expandir a perspectiva significa mudar o rumo da conversa 153

PARTE III
GANHANDO O JOGO

CAPÍTULO 7
Virando o jogo: Reconfigure o ecossistema a seu favor 157

CAPÍTULO 8
Definindo a sequência do sucesso: Vencendo o jogo conectado 187

CAPÍTULO 9
Multiplicando suas chances de sucesso 217

Notas 225

Índice 253

Introdução

Este livro é sobre a diferença entre inovações excelentes que dão certo e outras, igualmente formidáveis, que fracassam. É sobre os pontos cegos que abalam gerentes brilhantes em empresas formidáveis, mesmo quando identificam as reais necessidades dos clientes, oferecem ótimos produtos e vencem a concorrência no mercado. É sobre por que, com frequência cada vez maior, o sucesso depende não só de sua capacidade de cumprir as promessas, mas também do quanto uma série de parceiros – alguns visíveis, outros não – consegue cumprir o que promete.

O ponto cego da inovação é um problema que atinge a todos: seja você um CEO ou integrante da equipe de projetos; não importa se sua empresa é uma grande multinacional ou uma start-up, se tem ou não fins lucrativos; tampouco importa se a iniciativa é feita em conjunto ou em colaboração. A despeito da situação, o sucesso não depende apenas de seus esforços, mas também da capacidade, disposição e probabilidade de seus parceiros ajudarem a vicejar seu ecossistema de inovações.

Este livro oferece uma nova perspectiva – uma lente de longo alcance – para avaliar sua estratégia, além de um novo conjunto de ferramentas e conceitos que revelarão suas fontes ocultas de dependência. Ele o ajudará a fazer as melhores escolhas, tomar atitudes mais eficazes e multiplicar suas chances de sucesso.

O ponto cego da inovação e o fracasso evitável

Foco na execução – desenvolver um conhecimento profundo sobre os clientes, criar competências essenciais e vencer a concorrência – tornou-se o critério decisivo da estratégia empresarial. Uma miríade de livros, palestras, congressos e workshops vem orientando gestores a manter o foco em vincular estratégias às operações, alinhar as equipes, monitorar o ambiente competitivo e revitalizar suas proposições de valor. Segundo dizem, isso é crucial para o sucesso.

Sim. Execução exemplar é fundamental – trata-se de uma condição indispensável para o sucesso. Mas só isso não é o suficiente. Embora se concentre em setores inquestionavelmente importantes do ambiente de uma empresa – administração, funcionários, proprietários, clientes e concorrentes –, o foco na execução cria um ponto cego que ocupa as principais dependências, que são igualmente importantes, que definem o sucesso e o fracasso.

A Philips Electronics foi vítima desse ponto cego quando gastou uma fortuna nos primeiros aparelhos de televisão de alta definição (HDTV), em meados dos anos 1980. Os executivos da empresa decidiram desenvolver uma tecnologia inovadora no segmento de televisores, oferecendo a qualidade de imagem que os clientes adoram e que a concorrência, na

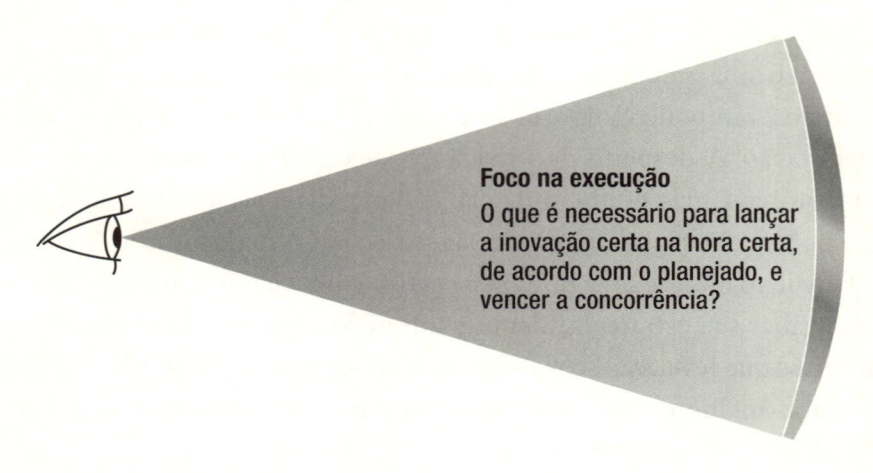

Foco na execução
O que é necessário para lançar a inovação certa na hora certa, de acordo com o planejado, e vencer a concorrência?

Figura I.1: O foco tradicional na execução.

época, não poderia alcançar. Contudo, a despeito da execução impecável e das críticas entusiasmadas, a HDTV da Philips foi um fiasco. Mesmo a inovação mais brilhante não pode vicejar quando seu valor depende de outras inovações – neste caso, câmeras e padrões de transmissão de alta definição para que a tecnologia funcione como prometido – que não chegaram na hora exata. A Philips ficou com um rombo de $2,5 bilhões e pouco a mostrar como resultado de seus esforços pioneiros quando a HDTV finalmente decolou, 20 anos depois.

A Sony teve um ponto cego semelhante quando, após uma vitória épica para lançar o primeiro e-reader (leitor de livros digitais), descobriu que mesmo o mais espetacular aparelho não conquistaria o público, que, na época, não tinha fácil acesso aos e-books. A Johnson Controls – que desenvolveu sensores e interruptores elétricos de última geração, capazes de reduzir consideravelmente o desperdício de energia e propiciar uma economia expressiva aos usuários – também descobriu que a linha de produtos só conheceria o sucesso se arquitetos, eletricistas e uma série de outros elementos ajustassem sua rotina e atualizassem os próprios recursos. Do contrário, jamais colheriam frutos com suas inovações.

Em todos esses casos, empresas inteligentes e gestores talentosos investiram, implementaram e conseguiram lançar inovações brilhantes no mercado. No entanto, todos esses brilhantes inventos fracassaram. Foi então que essas organizações entenderam que o sucesso depende de atender às necessidades dos clientes finais, oferecendo soluções excelentes e vencendo a concorrência. Mas todas elas caíram na armadilha do ponto cego, que as impediu de ver como o sucesso dependeria de parceiros que também deveriam inovar e concordar em se adaptar para levar essas iniciativas ao apogeu.

Bem-vindo ao mundo dos ecossistemas de inovações – um mundo em que o sucesso de uma proposição de valor depende do alinhamento de parceiros que devem trabalhar em conjunto para transformar uma ideia formidável em um sucesso mercadológico. Um mundo em que aqueles que não expandem o foco para incluir o ecossistema completo acabaram sofrendo um fracasso *evitável*.

Inovação, expectativas e realidade

A cada ano, os apelos para que surjam inovações no sentido de proteger o crescimento econômico, o avanço tecnológico e a prosperidade geral se intensificam. A cada ano, grandes volumes de dinheiro, tempo, atenção e esforços são investidos na criação de mudanças produtivas. De novos produtos e serviços a novas tecnologias e modelos de negócios, passando por novos sistemas de avaliação e pessoal e programas de incentivos, novas políticas governamentais, iniciativas no setor de educação e procedimentos inéditos para a apresentação de demonstrativos fiscais, os projetos para o lançamento de inovações permeiam nossas organizações e nossa vida.

Como podemos aumentar crescimento lucrativo? Inovando! Como podemos ser mais eficientes e reduzir o desperdício? Inovando! Como podemos aumentar a fidelidade e a satisfação dos clientes? Inovando! Inovação é um problema para todo mundo, pois foi eleita a panaceia da atualidade.

Contudo, a despeito da empolgação, da energia e do frenesi, o sucesso das inovações continua sendo a exceção, não a regra. De acordo com pesquisas da Product Development and Management Association (PDMA), cerca de um em quatro novos produtos chega ao estágio de lançamento comercial. Mesmo nesse seletíssimo grupo, 45% não conseguem cumprir suas metas de retorno financeiro.

Apesar desses números, a inovação continua sendo fundamental. Em um mundo de concorrência agressiva e clientes que se cansam facilmente, a inovação não é uma escolha, mas sim uma necessidade. Um estudo realizado em 2010 pelo Boston Consulting Group (BCG) revelou que 72% dos executivos seniores citaram o crescimento orientado por inovações como uma de suas três prioridades estratégicas. Se ouvíssemos líderes do governo e de organizações sem fins lucrativos, saberíamos de seus ensurdecedores apelos por inovações. Desse modo, o desafio é entender por que novidades fracassam e encontrar maneiras de aumentar a eficácia e garantir o sucesso.

Os especialistas – escritores, gurus de negócios, acadêmicos, consultores, CEOs – tendem a enveredar por duas linhas de pensamento a fim de explicar a origem de alguns fracassos e o caminho para o sucesso. A primeira escola alega que a maioria dos fracassos ocorre quando as empresas não têm um entendimento profundo dos clientes. Não basta lançar um produto ou serviço verdadeiramente inovador: se clientes não acharem o invento importante ou não estiverem dispostos a pagar o preço fixado, a inovação não vicejará. Essa linha ainda afirma que o sucesso depende de um meio mais eficaz de gerar ideias realmente interessantes e que gozem de boa aceitação pelos clientes.

A segunda escola sustenta que o fracasso decorre de falhas na liderança e na implementação. Para os defensores dessa linha, o segredo do sucesso está em desenvolver recursos mais eficazes de execução e implementação que permitam cumprir o prometido e vencer a concorrência.

Os dois pontos de vista são cruciais para entender e alcançar o sucesso nas inovações. No entanto, mesmo que levemos as duas perspectivas em conta, ainda faltará alguma coisa. Todos os gestores sérios da atualidade têm o mantra "ouça a voz do cliente e mantenha o foco na execução" incutido até a alma. Mesmo assim, o sucesso das inovações segue mais fugidio do que nunca.

Mesmo quando as empresas surgem com ideias excelentes e as desenvolvem até implementá-las com esmero, o fracasso não só é possível, como também provável. Como melhorar isso?

Como enxergar as armadilhas escondidas

Como mostra a longa história de inovações fracassadas, subestimar os pontos cegos geralmente leva à tragédia. Pessoas competentes trabalham com afinco, mas acabam perdendo tempo em iniciativas que não vingam – não por serem menos revolucionárias que as da concorrência ou por não terem sido executadas com eficiência, mas porque o ecossistema não acompanhou o invento. Se esses líderes tivessem as ferramentas certas para ver e entender como o sucesso de seus inventos depende dos outros, teriam trabalhado de outro modo.

Este livro foi criado para ajudar gestores, líderes e todos os que se preocupam com as inovações a enxergarem as dependências ocultas e entenderem como desenvolver estratégias robustas com maior probabilidade de sucesso. Para começar, vamos considerar dois tipos distintos de risco que surgem nos ecossistemas: o *risco da coinovação*, até que ponto o sucesso de sua iniciativa depende da comercialização bem-sucedida de outras inovações; e a *adoção de risco em cadeia*, ou seja, até que ponto os parceiros terão de adotar sua inovação antes que os consumidores finais tenham a chance de avaliar a proposição de valor como um todo.

Focar o ecossistema não apenas no ambiente imediato da inovação muda tudo – desde como classificar as oportunidades e ameaças em ordem de prioridade, e como você sente o *timing* do mercado e posiciona-se estrategicamente, até o modo como define e avalia o sucesso. Esse novo paradigma requer que os inovadores considerem o ecossistema completo, ampliando a lente para desenvolver uma visão mais clara de todo

Coinovação
Quem mais precisa inovar para que minha iniciativa faça sentido?

Foco na execução
O que é preciso para oferecer a inovação certa na hora certa, executar o projeto com maestria e vencer a concorrência?

Cadeia de adoção
Quem mais precisa adotar minha inovação para que o cliente final possa avaliar a proposição de valor como um todo?

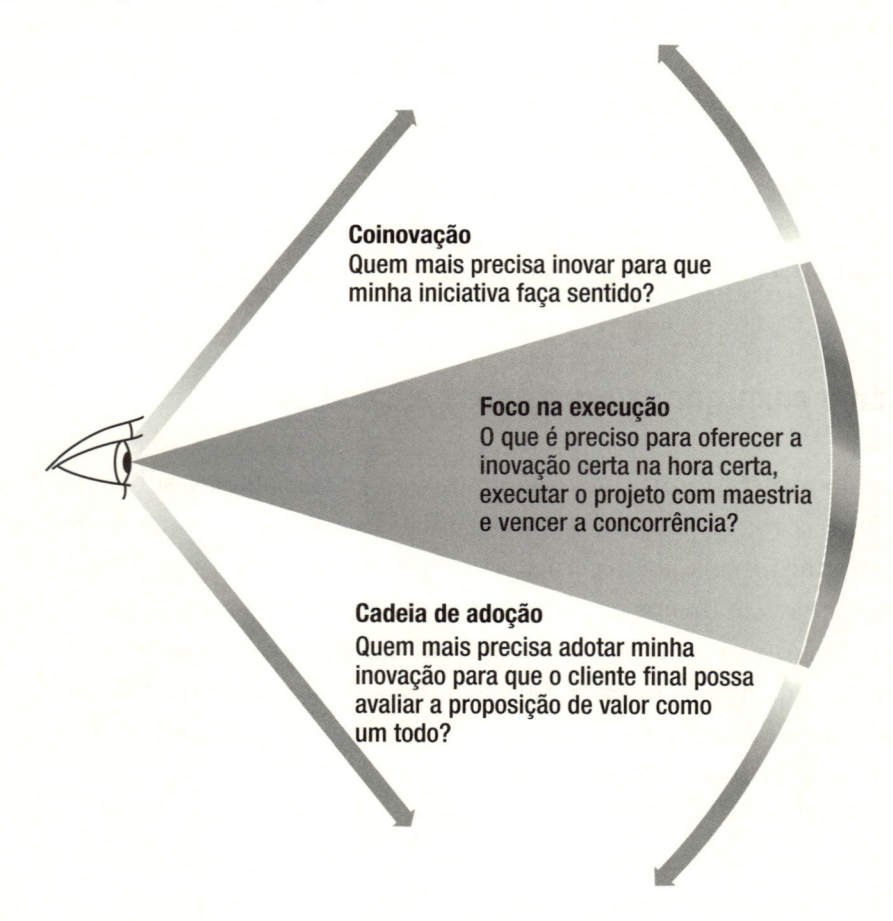

Figura I.2: A estratégia da inovação vista com uma lente de longo alcance.

o conjunto de dependências. Vale frisar que entender profundamente o cliente e executar com maestria ainda são quesitos vitais. Mas são apenas condições necessárias – não suficientes – para alcançar o sucesso.

Como chegar lá

A necessidade de inovar em colaboração define o progresso desde a Revolução Industrial – a lâmpada foi, em si, uma invenção genial, mas precisou do desenvolvimento da rede de energia elétrica para se transformar em uma inovação lucrativa. O que mudou foi a maneira como a colaboração é organizada. A mudança rumo a ecossistemas de inovações segue uma tendência histórica ao aumento da complexidade e da interação que caracterizou o crescimento da economia moderna. No início, a abordagem dominante consistia em abraçar toda essa complexidade em uma única empresa – a organização integrada verticalmente. No início do século XX, corporações como Ford, GE, BASF e IBM mostraram que o grande porte, o custo variável reduzido e a pesquisa dedicada eram capazes de produzir mudanças extraordinárias. Contudo, embora propiciasse o controle, a integração vertical exigia investimentos pesados e levava a organizações enormes e difíceis de administrar. No fim do século XX, empresas como Toyota, Dell e Nestlé assumiram a liderança de seus setores aprendendo a tirar melhor proveito da cadeia de suprimentos externa para terceirizar atividades, reduzir custos fixos e aumentar a flexibilidade operacional, definindo um novo benchmark de competitividade que seus rivais lutavam com dificuldades para alcançar.

No início de cada inovação na gestão, as primeiras empresas a dominar os princípios da nova abordagem – da linha de produção nos anos 1920 aos sistemas de informação gerencial da década de 1950, chegando aos contratos relacionais, estoques just-in-time e gestão da qualidade total nos anos 1990 – gozaram de substancial vantagem competitiva. As rivais observavam com espanto, tentando descobrir qual mágica permitira resultados tão esmagadoramente superiores. No entanto, conforme essas estratégias de inovação se difundiam de maneira mais ampla, o domínio das novas técnicas deixava de ser um diferencial para se tornar apenas mais um requisito operacional para se manter no jogo.

Hoje, estamos em outro ponto de transição. Os enormes benefícios colhidos pelas empresas que dominaram a gestão da cadeia de suprimentos – processo de compras global, produção just-in-time e administração de estoque enxuto – continuam palpáveis, mas passaram a ser amplamente compartilhados. Em inúmeros setores da economia, vemos uma importante mudança operada por organizações que, gradualmente, têm deixado de usar as cadeias de suprimentos para oferecer melhores produtos e passado a adotar parcerias e esquemas de colaboração para oferecer "soluções" mais bem elaboradas. Para uma indústria de automóveis, não basta produzir um carro mais confiável, veloz e eficiente: ela também precisa oferecer sistemas de entretenimento e computação de bordo de última geração. Lojas de ferramentaria não podem limitar-se a oferecer uma grande variedade de itens, mas devem também elaborar cursos e tutoriais para que os clientes aprendam a usar as mercadorias oferecidas. Os jornais devem apresentar artigos escritos e vídeos; empresas de marketing devem oferecer campanhas de publicidade e organizar comunidades de usuários; as de telecomunicações precisam prover não só serviços de voz, mas toda uma experiência de mídia. Neste mundo, o sucesso exige o domínio da estratégia de ecossistemas.

Hoje está em alta a tendência de não inovar sozinho. Em 2011, o Corporate Executive Board realizou uma pesquisa com altos executivos, dos quais 67% consideravam que novas parcerias seriam os principais fatores que levariam ao crescimento nos próximos cinco a dez anos, enquanto 49% acreditavam que novos modelos de negócios é que o fariam. Na verdade, as empresas que atualmente lideram o mercado – da Apple, que encabeça o setor de produtos eletrônicos, à Amazon no varejo, da Roche entre as indústrias farmacêuticas à Raytheon, em defesa, da Hasbro em brinquedos à Turner no setor de construção – vão muito além de "apenas" executar as próprias iniciativas de modo impecável. Elas coordenam as atividades de uma série de parceiros para que seus esforços conjuntos multipliquem o valor criado por seus projetos. Esses líderes de mercado entenderam a natureza do ponto cego e ampliaram sua perspectiva. Passaram a usar uma lente de longo alcance ao definir sua estratégia e prosperaram ao adotar a oportunidade que se apresenta na ideia dos ecossistemas.

A lente de longo alcance

A sorte – para o bem e para o mal – sempre desempenhou papel relevante na definição dos resultados. Contudo, em cada análise feita após um fracasso, temo dois tipos de surpresas diferentes: o inesperado e aquilo que deveríamos ter previsto.

Muitas vezes, vemos estratégias degringolarem e se reduzirem a ajustes táticos empreendidos às pressas na tentativa de compensar situações que poderiam ter sido previstas. As ferramentas antigas não são mais suficientes. Podem até ter revelado como se deve pensar sobre clientes, concorrência e capacidades, mas não oferecem orientação ampla o bastante sobre como pensar e agir em um mundo interdependente.

Este livro lhe dará um novo conjunto de ferramentas para você criar sua estratégia e edificar seu sucesso. As ideias apresentadas em cada capítulo complementam umas às outras e, gradativamente, o leitor vai aumentando seu entendimento, ferramentas disponíveis e chances de sucesso.

Na Parte I, apresento os conceitos principais que diferenciam os ecossistemas de inovação, começando com uma análise dos motivos pelos quais gestores excelentes tornam-se tão focados na execução em si e deixam de reconhecer até que ponto seu sucesso depende dos outros. Veremos como os riscos da coinovação e da cadeia de adoção são combinados para criar um ponto cego e por que esses problemas têm a tendência natural a permanecer ocultos à nossa visão (portanto, longe das medidas corretivas) até que seja tarde demais.

Na Parte II, passamos da análise à escolha no contexto dos ecossistemas. Veremos como avaliar alternativas, escolher posições e pensar sobre *timing*. Veremos por que a perspectiva da lente de longo alcance muda fundamentalmente o modo como decidimos onde, como e quando competir.

Na Parte III, passamos da escolha à intervenção. Apresentarei um conjunto de novas estratégias para a criação e a definição de ecossistemas – como reconfigurar a estrutura de dependência e aproveitar as vantagens existentes nos diferentes ecossistemas. Veremos como a caixa de ferramentas da lente de longo alcance pode ser utilizada com segurança para evitar falhas desnecessárias e multiplicar as chances de sucesso.

A dependência não está se tornando mais visível, porém vem sendo mais difundida. O que não se vê pode ser fatal. Não deixe seu ponto cego se transformar em sua derrocada.

INTRODUÇÃO 11

I. Enxergando o ecossistema

Capítulo 1: Por que as coisas dão errado

Capítulo 2: Risco da coinovação

Capítulo 3: Risco da cadeia de adoção

Casos Principais:
- Pneus *run-flat*
- Telefonia 3G
- Cinema digital

Ferramentas:
- Risco da inovação
- Estrutura conceitual
- Multiplicando os riscos
- Elos quebrados

II. Escolhendo sua posição

Capítulo 4: Mapeando o ecossistema

Capítulo 5: Papéis e relacionamentos

Capítulo 6: O lugar certo na hora certa

- E-Books e insulina inalável
- Prontuários médicos eletrônicos
- Music players e litografia de semicondutores

- Esquema de valor
- Prisma da liderança
- Matriz do precursor

III. Ganhando o jogo

Capítulo 7: Virando o jogo

Capítulo 8: Definindo a sequência do sucesso

Capítulo 9: Multiplicando suas chances de sucesso

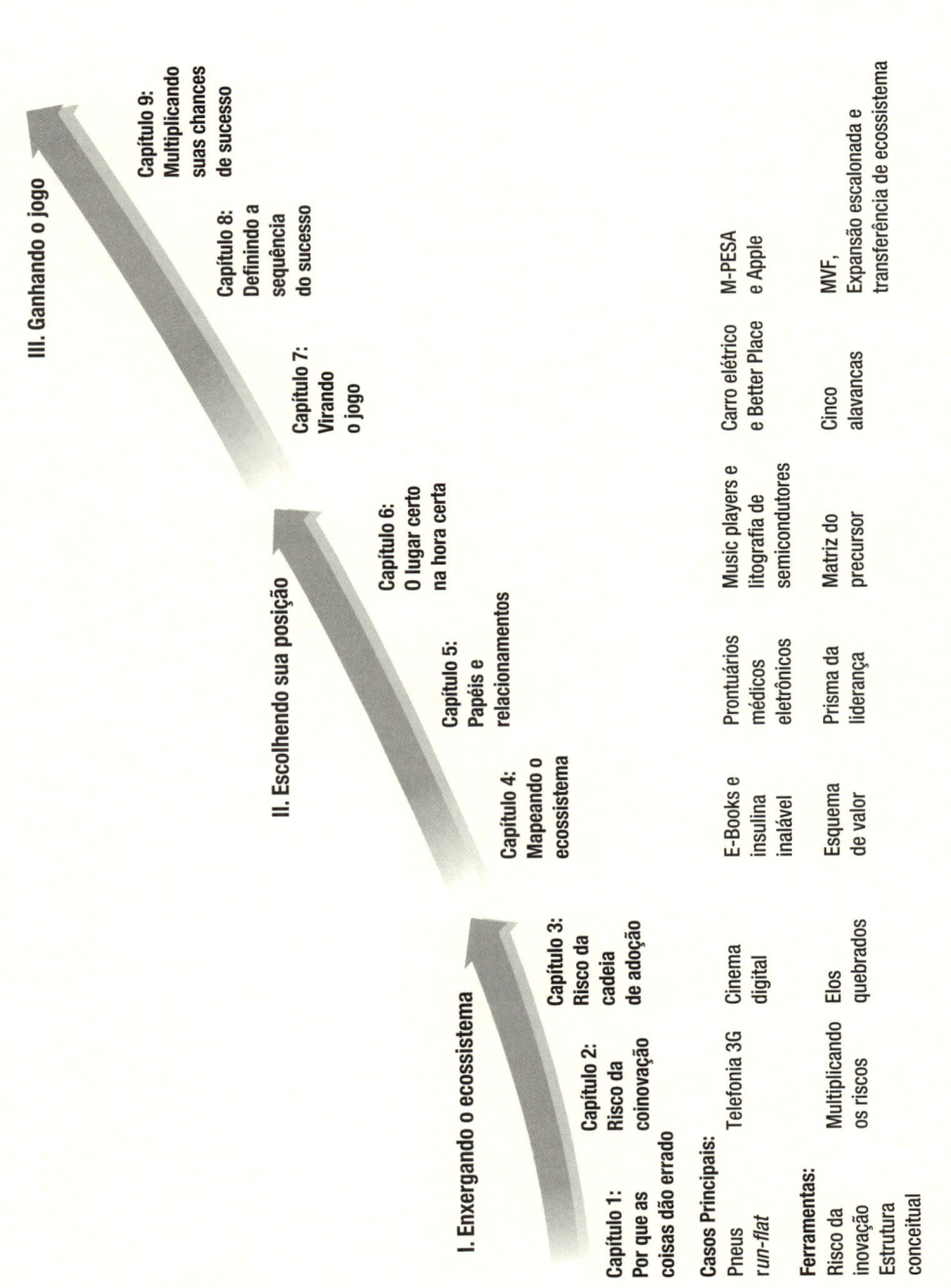

- Carro elétrico e Better Place
- M-PESA e Apple

- Cinco alavancas
- MVF, Expansão escalonada e transferência de ecossistema

Figura I.3: A estrutura do livro.

PARTE I

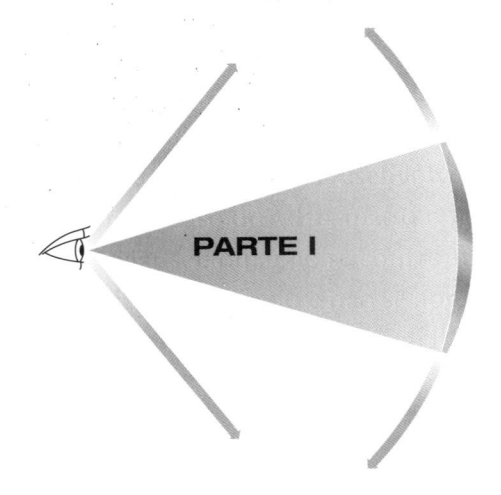

Enxergando o ecossistema

III. Ganhando o jogo

II. Escolhendo sua posição

I. Enxergando o ecossistema

Capítulo 1
Por que as coisas dão errado

Capítulo 2
Risco da coinovação

Capítulo 3
Risco da cadeia de adoção

Casos Principais:
Pneus *run-flat*   Telefonia 3G   Cinema digital

Ferramentas:
Risco da inovação   Multiplicando   Elos
Estrutura conceitual   os riscos   quebrados

CAPÍTULO 1

Por que as coisas dão errado quando fazemos tudo certo

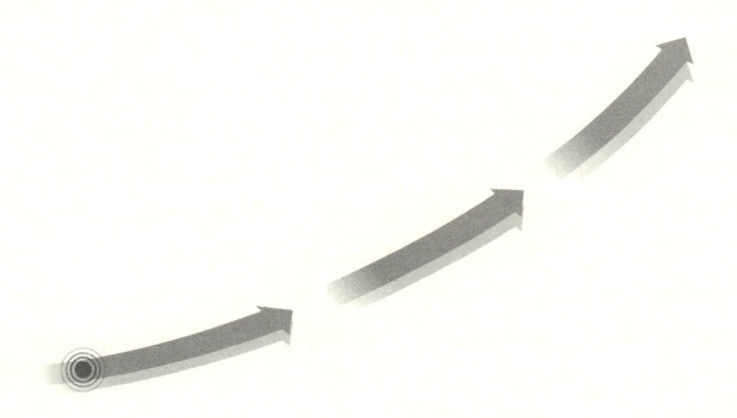

Como um rufar de tambores, o mantra do sucesso ecoa pelos corredores de cada organização: (1) "Ponha o cliente em primeiro lugar", (2) "Cumpra sua promessa" e (3) "Faça um trabalho melhor que o da concorrência". Cada diretriz individual apresenta um desafio organizacional enorme, mas gestores sérios sabem que o verdadeiro desafio está em atender aos três requisitos simultaneamente.

Uma grande ideia que deixa sua empresa entusiasmada, mas não seu cliente, não cria nenhum valor. Uma grande ideia que não pode ser implementada não passa de um sonho. E uma grande ideia que você implementa, mas que a concorrência faz com mais competência, é, no melhor dos casos, um esforço em vão e, na pior das hipóteses, perda de tempo e recursos.

Então, o que devemos esperar se deixarmos de lado o milagre e combinarmos uma grande ideia com uma grande execução? Num mundo de projetos independentes, em que os resultados são determinados por quão bem você e sua equipe realizam suas iniciativas, a resposta é o sucesso. Contudo, nas duas últimas décadas, testemunhamos uma grande mudança sistemática do sucesso independente. À medida que os clientes ficam entediados e os concorrentes se aproximam, as empresas tentam sair da armadilha da comodidade ao encontrar formas de alavancar produtos e serviços fornecidos por outros parceiros para impulsionarem o próprio sucesso.

Cada vez mais, gestores e executivos são empurrados para um mundo de maior colaboração. A vantagem é que, ao trabalhar em conjunto com outras pessoas dentro e entre as empresas, você pode realizar grandes coisas com muito mais eficiência do que jamais conseguiria se o fizesse sozinho. A desvantagem, porém, é que seu sucesso agora não depende apenas do próprio esforço, mas dos esforços de seus colaboradores também. Ser excelente sozinho já não basta. Você não é mais um inovador independente. Agora é uma peça dentro de um ecossistema de inovação mais amplo. O sucesso num mundo conectado exige que você administre sua dependência, mas, antes disso, é preciso vê-la e compreendê-la. Até mesmo as maiores empresas podem ser surpreendidas por essa mudança.

A saga da tecnologia *run-flat* da Michelin

No início dos anos 1990, a Michelin ocupava uma posição invejável. A melhor em sua categoria por adotar uma série de medidas e uma marca líder do setor (quem não se lembra do icônico boneco Michelin?), a empresa era não somente a maior fabricante de pneus no mundo, mas também a mais inovadora. Com uma longa história de invenções bem-sucedidas que teve início nos primórdios do século XIX, a Michelin sempre procurou novas oportunidades para criar valor e crescer.

Em 1992, um pequeno grupo de executivos da Michelin realizou uma reunião especial. O objetivo? Fazer surgir a próxima grande inovação, uma ideia que estimulasse as vendas, aumentasse o lucro e redefinisse a forma como os consumidores pensavam sobre pneus. O resultado – o sistema PAX – foi uma ideia tão boa e tão poderosa que lançou a Michelin num caminho ambicioso para transformar toda a indústria de pneus. "O sistema PAX é a nossa mais importante descoberta tecnológica desde que patenteamos o pneu radial em 1946", anunciou a empresa com orgulho. "Trocando em miúdos, nós reinventamos o pneu."

O sistema PAX consistia em pneus *run-flat* que continuariam "rodando mesmo depois de furados", sem perda de desempenho. Se você sofresse uma avaria com esse tipo de pneu, poderia continuar a dirigir como se nada tivesse acontecido sem ter de fazer uma parada de emergência, tirar o estepe e o macaco do porta-malas, muito menos chamar um guincho e ficar esperando no acostamento até que finalmente o socorro chegasse.

Em vez disso, uma luz no painel o avisaria de que o pneu estava furado e você ainda poderia dirigir mais uns 200 quilômetros, a 80km/h, antes de precisar parar numa oficina para consertar o pneu por um preço acessível e de forma eficiente. Eis aqui uma verdadeira grande inovação – algo que tornaria a vida dos clientes mais fácil e mais segura, ao mesmo tempo que ofereceria um crescimento mais lucrativo para a empresa. "A adoção do sistema PAX é inevitável", declarou Thierry Sortais, diretor do projeto PAX, resumindo as expectativas da Michelin. Grandes expectativas, na verdade!

A Michelin viu o sistema *run-flat* como um mecanismo revolucionário de crescimento não apenas para a empresa, mas também para toda a indústria de pneus. Apesar da importância dos pneus – "o componente mais importante de um veículo", segundo a revista *Motor Trend* –, o setor estava extremamente competitivo, marcado por sobrecapacidade e margens baixas. Para piorar a situação, a maioria dos motoristas não sabia diferenciar a melhor marca de pneus e, portanto, acabava escolhendo-os muito mais em função dos preços.

Meio século antes, a Michelin comercializara o pneu radial, uma inovação revolucionária que aumentou significativamente a banda de rodagem, a segurança e a eficiência de combustível. O pneu radial tornou a Michelin líder de mercado e mudou para sempre a indústria de pneus e automóveis. O sistema PAX era a chance de a Michelin fazer outra revolução do mesmo porte.

Pelos padrões tradicionais, a Michelin executou de forma brilhante uma estratégia de inovação bem elaborada. As pesquisas de mercado mostravam enorme apoio dos clientes para a proposição de valor do produto e a Michelin tinha tudo para ser bem-sucedida. A empresa reunira uma equipe com seus melhores pesquisadores, designers e engenheiros, e lhes deu prioridade máxima para pesquisas e suporte. E os concorrentes não conseguiram acompanhar. Não apenas as abordagens dos rivais para os pneus *run-flat* eram inferiores à do sistema PAX da Michelin em termos de confiabilidade, funcionalidade, conforto e segurança, como também a fortaleza de patentes que a Michelin construiu em torno do sistema garantiu que nenhum concorrente entrasse no mercado com uma oferta parecida. Na verdade, a oferta da Michelin foi tão convincente que a empresa conseguiu cooptar seus principais rivais a apoiar o sistema PAX como padrão industrial.

Contudo, no fim das contas, apesar da brilhante execução, a história do PAX é um fracasso, pois, quando seu sucesso depende de outras pessoas, como foi o caso da Michelin, *a execução não é suficiente.*

Por que tudo parecia tão certo

Antes de entender por que a Michelin fracassou, temos de entender em que ela acertou.

Vendo uma necessidade não atendida

Uma vasta pesquisa de mercado da Michelin mostrou a grande incidência de pneus furados (60% dos motoristas dos Estados Unidos tiveram um pneu furado em um período de cinco anos) e o risco que eles representavam (somente nos Estados Unidos, quase 250 mil acidentes de carro por ano se deviam à baixa pressão dos pneus). Se a Michelin pudesse eliminar o perigo de pneus com baixa calibragem e furados – problema que o PAX conseguia resolver –, representaria um enorme salto na segurança do consumidor.

Os parceiros da Michelin também estavam muito entusiasmados com essa ideia. Os fabricantes de automóveis gostaram da melhoria da segurança do sistema PAX, que poderiam aproveitar como um diferencial importante para os novos veículos. Contudo, muito mais empolgante ainda foram as novas possibilidades de design que os *run-flat* ofereciam. Ao eliminar a necessidade de um pneu sobressalente volumoso, o sistema da Michelin dava aos fabricantes liberdade para inovar, por eles próprios, criando carros com maior espaço interno.

As discussões iniciais com as oficinas de serviços sugeriram que elas também estavam muito entusiasmadas com o prospecto de reparo dos pneus *run-flat*. Poderiam cobrar mais caro de seus clientes para consertar um pneu, aproveitando margens maiores, ao mesmo tempo que manteriam o volume de serviço (o sistema PAX não reduziria o número de pneus furados – apenas eliminaria o perigo e os inconvenientes).

De fato, os pneus do sistema PAX se encaixam perfeitamente numa linha do tempo moderna de características de grande segurança. Desde os anos 1960, os veículos apresentaram constante fluxo de inovações de segurança – freios ABS, controle de tração, zonas de deformação e air bags – que apareceram primeiro em veículos mais luxuosos e depois gradualmente se tornaram componentes regulares. A Michelin estava posicionando os pneus do sistema PAX para se tornarem o novo paradigma. O CEO, Édouard Michelin, bisneto e homônimo do fundador da empresa no século XIX, foi defensor do sistema PAX: "Nós o consideramos um importante avanço na segurança dos veículos, tão importante quanto a introdução dos pneus radiais, se não ainda mais importante."

O sistema PAX não foi a primeira tentativa para resolver o problema de pneus furados. Durante anos, a Goodyear, a Bridgestone e a própria Michelin apresentaram pneus autossustentáveis (Self-Supporting Tires – SST) que incorporavam paredes laterais reforçadas para suportar o peso do carro em caso de furo. Mas esses pneus sempre apresentaram inconvenientes significativos. O peso adicional das paredes laterais reforçadas reduzia a eficiência do combustível, e sua rigidez levava a uma direção mais dura e rígida. Além disso, o alcance máximo de um pneu SST furado ficava somente por volta de 80 quilômetros. Como resultado, a fatia de mercado desses pneus ficou abaixo de 1%. Evidentemente, havia muito ainda a ser melhorado. O sistema PAX foi uma abordagem completamente nova.

Passando para a execução

O desenvolvimento do sistema PAX começou para valer no início de 1993. Em contraste com os insatisfatórios pneus SST, a arquitetura única do sistema PAX oferecia uma solução elegante que não sacrificaria em nada o desempenho nem elevaria o peso, e proporcionaria o dobro do alcance da alternativa existente. Os engenheiros da Michelin apareceram com uma combinação nova (fortemente protegida por patentes) de pneus quatro em um, ou seja, pneu, anel de suporte, roda de liga leve e monitor de pressão do pneu.

Diferentemente dos pneus tradicionais, mantidos no lugar contra a roda pela pressão do ar, no sistema PAX a roda foi fisicamente fixada ao pneu. Assim, no caso de perda da pressão de ar, o pneu ficaria conectado ao aro montado no anel de suporte interno. A aparência pode ser de um pneu furado, mas o desempenho do veículo não será afetado. Ao volante, o motorista não sentiria diferença alguma.

O sistema PAX foi uma mudança radical de produto, mas exigiu muito mais mudanças radicais organizacionais dentro da Michelin para se tornar realidade. Tradicionalmente, as empresas de pneus (como a Michelin) fabricavam pneus; os fabricantes de aros faziam rodas de metal; e os dois eram montados pelos fabricantes de automóveis. Com o sistema PAX, a Michelin teve de supervisionar o design e a produção de um sistema integrado. O anel de suporte, que precisaria aguentar o peso do carro no caso de um pneu furado, apresentou um enorme

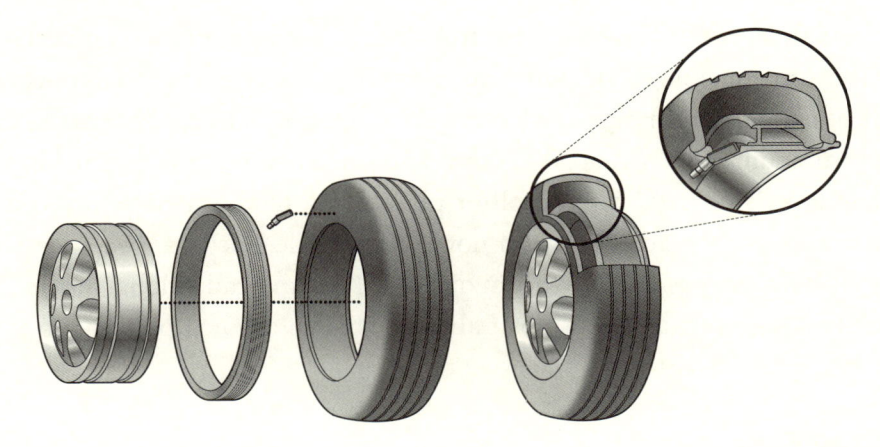

Figura 1.1: Os quatro componentes do sistema PAX: roda, anel de suporte interno, monitor de pressão e pneu.

desafio de ciência de materiais. As próprias rodas precisavam ser assimétricas para permitir tanto o anel de suporte como o mecanismo de fixação necessário. Por fim, o sistema de monitoramento da pressão do pneu, com seu sensor, unidade de controle e sistema de alarme, também precisava ser desenvolvido. A Michelin passou de fabricante de produto a integradora de sistema.

A Michelin aceitou o desafio e, apesar de ter enfrentado enormes dificuldades técnicas internamente e entre seus sócios, com muito orgulho lançou o sistema PAX no mundo, no começo de 1998.

Logo depois, a Michelin deu um segundo e decisivo passo para garantir o sucesso do novo sistema. Os fabricantes de automóveis insistiam em vários fornecedores para seus componentes. Na verdade, isso representara um grande obstáculo para a adoção dos pneus radiais 50 anos antes, e o sistema PAX não seria uma exceção. Contudo, na elaboração de estratégias da implantação do PAX, a Michelin buscou de forma proativa e encontrou parcerias com outros fabricantes de pneus para os quais licenciou a tecnologia. Em junho de 2000, depois de um ano de negociações secretas, a Michelin apresentou seu golpe de mestre: uma aliança sem precedentes com a Goodyear, a segunda maior fabricante de pneus do mundo.

"As duas empresas decidiram trabalhar em *joint venture* para desenvolver uma tecnologia de ponta que permitirá aos veículos rodarem com pneus furados", resumia a declaração em conjunto. "Hoje, o sistema PAX se tornou um novo padrão. A Goodyear e a Michelin estão convencidas... de que o sistema PAX é a melhor plataforma para a incorporação de futuros conceitos de pneus para novos designs de veículos."

As duas empresas controlavam quase 40% do mercado global de pneus e ambas esperavam que a nova aliança abrisse a porta para a adoção generalizada do setor.

Esperando o sucesso (2001–2007)

Logo no início de 2001, a adoção generalizada da tecnologia do sistema PAX não mais parecia uma questão de *se*, mas sim de *quando*. A J.D. Power & Associates realizou uma pesquisa anual perguntando aos consumidores o que eles colocavam em primeiro lugar em sua lista de prioridades sobre as características do setor automotivo: sete entre oito consumidores escolheram os *run-flat*.

A primeira empresa a aderir foi a Mercedes, que começou a equipar seus carros blindados ultraluxuosos, Class S, com o novo tipo de pneu. A Cadillac logo anunciou que faria o mesmo com alguns modelos Corvette. E, em fevereiro, a Renault, fabricante de carros francesa, lançou o primeiro veículo de linha de produção com o sistema PAX *run-flat*: o Renault Scenic. Havia dúzias de outros projetos de desenvolvimento em andamento com todos os maiores fabricantes de automóveis.

Analisando os benefícios do PAX em 1999, o CFO da Michelin, Eric Bourdais le Charbonniere, comentou: "Eles têm melhor desempenho em todos os aspectos. Em 10 anos, não haverá nenhum outro tipo de pneu a não ser o PAX."

A Michelin agiu rapidamente nos últimos dois anos. Fechou acordos adicionais com a Audi e a Rolls-Royce para estocar pneus *run-flat* nesses modelos, nos Estados Unidos, na Austrália e Europa. E adicionou a quarta e a nona maiores fabricantes de pneus no mundo, Sumitomo

Rubber Industries e Toyo Tire & Rubber Company, à sua aliança PAX. Os novos integrantes propiciaram forte entrada na Ásia e abriram outros negócios com fabricantes de carros baseados nessa região.

No final de 2004, a J.D. Power & Associates fez outra pesquisa predizendo que, até 2010, mais de 80% dos carros estariam equipados com pneus *run-flat*.

Nos Estados Unidos, a Honda anunciou que, a partir de 2005, equiparia suas minivans Odyssey, campeãs de vendas, com pneus PAX. Segundo um porta-voz da Honda, "o benefício final para o cliente é a segurança de que nunca ficará parado no acostamento de uma rodovia. Isso é uma coisa importante, especialmente para um comprador da minivan, que leva muito em consideração a segurança e a proteção".

A fim de assegurar um lançamento bem-sucedido, a Michelin e a Honda iniciaram uma coordenação sem precedentes. A Michelin aumentou a garantia padrão do PAX para cobrir os primeiros dois anos de uso ou 50% do desgaste da banda e começou a treinar e a entregar certificados às concessionárias Honda e aos revendedores de pneus com PAX em todo o país.

Entretanto, no afã de comercializar, muitas das concessionárias Honda não estavam prontas quando do lançamento da Odyssey. A Michelin estava ciente do problema. "À medida que cada vez mais veículos vão sendo postos nas ruas com o sistema PAX, as redes tradicionais de serviços e reparos continuarão a crescer com eles", assegurou o vice-presidente de marketing da Michelin, Tom Chubb. Como veremos, isso não foi uma tranquilidade para os donos das Odyssey com pneus PAX.

Confrontando o fracasso

Apesar de uma aliança mundial dos fabricantes líderes de pneus e da incorporação em modelos de carros populares, os problemas envolvendo o PAX foram crescendo e minando o entusiasmo inicial dos fabricantes de veículos. O mais premente é que crescia a frustração do consumidor com a dificuldade de encontrar centros de serviços que pudessem reparar os pneus. Incapazes de consertar os pneus furados, muitos motoristas foram forçados a comprar pneus novos, frequentemente em pares, de forma a manter seus veículos balanceados e alinhados. A um custo de $300, em média, por pneu, a proposição de valor do *run-flat* corroía-se rapidamente. Evitar o perigo e o inconveniente de um pneu furado era uma grande proposição quando o motorista somente teria de pagar um valor moderado pelo reparo, mas era muito pouco atrativo quando exigia o pagamento de centenas de dólares para substituir o conjunto todo dos pneus.

Nos Estados Unidos, várias ações judiciais coletivas foram movidas alegando que a Michelin, a Honda e a Nissan "nunca revelaram que nem eles nem quaisquer terceiros mantinham instalações suficientes para reparos ou trocas (ou o equipamento necessário para realizá-los)". Em novembro de 2007, a Michelin anunciou, formalmente, o término de futuro desenvolvimento do PAX. "Hoje não pretendemos desenvolver um novo PAX porque não há uma grande demanda de mercado", declararam os executivos da empresa. "A demanda de mercado é insuficiente para justificar o gasto."

O que começara como um "sucesso inevitável" acabou como uma enorme baixa contábil corporativa. Mas o que torna este caso tão interessante é que o fracasso do PAX não teve sua raiz na incompreensão das necessidades do cliente, no déficit de competência que levou a um pneu inadequado ou a uma perda para um concorrente mais hábil. De certa forma, o fracasso se deveu à inabilidade em cumprir a proposição de valor prometida por causa de um problema que passou despercebido – apesar de totalmente previsível – com a rede de serviços.

O ponto cego da Michelin

Se o pneu PAX *run-flat* tivesse sido uma inovação independente, seu sucesso teria sido amplamente assegurado até 2001. Historicamente, as inovações em pneus vivem ou morrem dependendo da resposta do usuário final. Mas, no caso do sistema PAX, a aceitação era apenas uma das condições necessárias para o sucesso. O sistema PAX fracassou justamente porque não foi uma inovação autônoma. Para que o invento fosse bem-sucedido, outros integrantes do ecossistema da Michelin – os fabricantes de carros e, de forma crucial, as estações de serviços – precisariam estar envolvidos também. Na verdade, os usuários finais seriam capazes de avaliar a atratividade da proposição de valor como um todo somente *depois* que o resto do ecossistema adotasse o novo pneu.

Comentando sobre a lenta decolagem do PAX, o diretor de marketing técnico da Michelin, Don Baldwin, explicou: "Isso não é tão diferente da transição dos pneus de lonas enviesadas para os radiais, ocorrida anos atrás. Foi um processo relativamente lento também. O mercado determinará isso. Acreditamos que o sistema PAX será o padrão do futuro." Mas a própria estrutura do ecossistema PAX dita que sua transição será inteiramente diferente da transição para o radial. É aqui que o ponto cego da Michelin se torna aparente: para ser bem-sucedido, o PAX exigiria uma transformação fundamental no ecossistema de pneus.

Os pneus são vendidos para dois segmentos importantes: o mercado de reposição (MR), que compõe três quartos das vendas unitárias no setor, e o mercado de fabricantes de equipamento original (Original Equipment Manufacturer – OEM), responsável pela quarta parte restante. Os fabricantes de pneus concentram enormes esforços para fechar contratos com OEMs porque são um forte indicador de vendas no MR, já que a maioria dos consumidores substitui seus pneus velhos por novos iguais aos originais.

Embora o apoio das montadoras impulsione a venda de novos pneus, os fabricantes de pneus também podem chegar aos consumidores diretamente através do mercado de reposição. A maioria das inovações em pneus, como o pneu radial, primeiro venceu no mercado de reposição e, somente mais tarde, conseguiu penetrar no mercado de OEMs. Os pneus Aquatred, por exemplo, começaram – e ainda permanecem – como um produto de grande sucesso no mercado de reposição (veja a Figura 1.2). A abordagem de pneus autossustentáveis dos *run-flat*, que o sistema PAX deveria dominar (e que a indústria continua a perseguir), também seguiu esse mesmo caminho tradicional para o mercado.

MERCADO DE OEMs

Michelin ➡ Fabricante de veículos ➡ Motorista

MERCADO DE MR

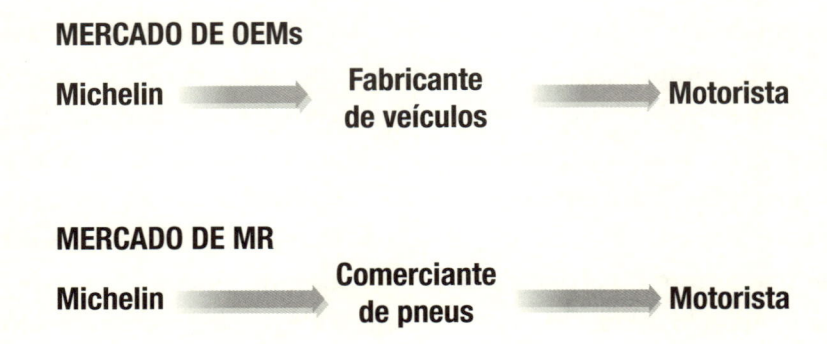

Michelin ➡ Comerciante de pneus ➡ Motorista

Figura 1.2: Caminhos para comercializar as inovações independentes.

Contudo, a própria natureza do sistema PAX exigia um caminho diferente para a comercialização – um meio que agregasse novos parceiros e interações ao sistema (veja a Figura 1.3). Primeiro, exigia que os fabricantes de automóveis fornecessem um nível de suporte muito diferente do que seria necessário para os pneus novos tradicionais. Por causa das rodas assimétricas e dos sistemas de monitoração da pressão dos pneus, o PAX tinha de começar no mercado de OEMs, como uma característica incorporada no novo veículo. Assim, não havia possibilidade

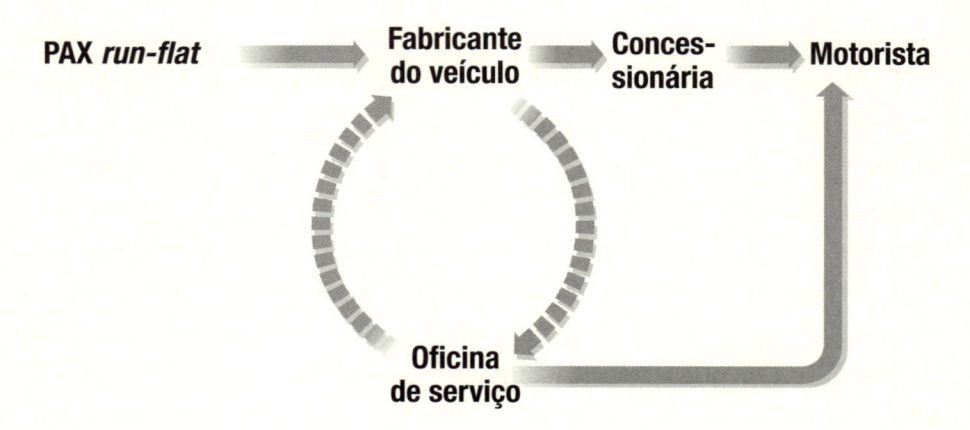

PAX *run-flat* ➡ Fabricante do veículo ➡ Concessionária ➡ Motorista ⟲ Oficina de serviço

Figura 1.3: Caminho de comercialização da inovação de pneus PAX *run-flat*.

de criação de um suporte inicial no mercado de reposição. Na verdade, para que os *run-flat* conseguissem bons resultados sobre suas proposições de valor integrais, como permitir um espaço interior extra graças à eliminação (ou redução do tamanho) do estepe, precisariam estar incluídos como parte do design do veículo, antes mesmo de ele entrar em linha de produção. E já que o ciclo de design para a fabricação de carros pode levar mais de 36 meses, isso significava que os fabricantes de automóveis teriam de decidir adotar a inovação da Michelin anos antes que os consumidores tivessem a chance de decidir se os pneus PAX eram uma opção atrativa.

Segundo, era necessário que novas concessionárias de carros entrassem em cena. Quando apresentam sistemas novos para seus carros (pense em ar-condicionado, freios ABS, vidros e direção elétrica, sistema de som, GPS), os fabricantes de automóveis primeiro tendem a oferecê-los como itens opcionais, pelos quais os compradores pagam mais, e somente mais tarde os incluem como parte do pacote padrão do carro. Se um item vem "de fábrica", vender os produtos aos clientes é fácil porque é preciso apenas contar com o suporte da montadora. Porém, quando se torna uma opção, um novo elemento é adicionado à combinação: o vendedor de carros novos da concessionária. Agora, as vendas também dependem do fato de o vendedor estar incentivado a orientar os clientes a comprar o pacote PAX para seus carros novos ou, digamos, um GPS ou pacote de rádio via satélite. E embora a Michelin tivesse profunda experiência em lidar com fabricantes de automóveis e revendedores de pneus, a relação deles com as novas concessionárias não estava tão bem estabelecida.

Por último, e mais importante, o PAX necessitava de oficinas de serviços para entrar em cena de maneira totalmente nova. Para as oficinas fazerem consertos em pneus inovadores, nunca foi preciso qualquer mudança mais importante às suas atividades, equipamentos ou capacidades. Por essa razão, elas nunca foram um problema para o sucesso de lançamentos de novos pneus. Contudo, consertar um pneu PAX era outra história: a oficina precisava de equipamentos completamente novos para prender o pneu à roda e/ou soltá-lo dela, novas ferramentas para fazer a calibragem do sistema de monitoração de pressão e um novo treinamento para a equipe que executasse esses reparos. Além disso, para garantir reparos corretos, a Michelin exigia que os técnicos passassem por um processo rigoroso de certificação para que fossem considerados aptos a consertar os pneus.

Embora as montadoras, concessionárias e oficinas de serviços sempre desempenhassem um papel no sucesso ou no fracasso dos pneus, a própria natureza da proposição do PAX alterou essa dinâmica. No passado, esses participantes tinham um papel secundário, mas, com o PAX, eles se tornaram fundamentais para realizar a proposição de valor. Portanto, precisavam ser geridos de uma forma muito diferente do que jamais foram.

Quando o sistema PAX foi desenvolvido, criou novas interações não somente entre a Michelin e esses integrantes, mas também entre os parceiros externos propriamente ditos. Para uma montadora, a atratividade para instalar pneus *run-flat* em um carro depende de quantas oficinas são capazes de consertar o pneu em caso de furo. Mas a atratividade para uma oficina de serviços instalar equipamento de reparo e treinar seu pessoal depende de quantos carros estejam circulando com o sistema PAX instalado. Mesmo com o PAX adotado como padrão em um número reduzido de novos modelos de carros, esses veículos seriam uma gota no oceano. Levaria muitos anos antes que pudessem representar uma porcentagem significativa de carros circulando e, por essa razão, demoraria muito para que se tornassem razoavelmente atrativos para as oficinas de serviços.

A Figura 1.3 apresenta um retrato muito diferente da criação de valor que a Michelin estava acostumada a gerenciar. O contraste com a Figura 1.2 é impressionante: novos atores são adicionados, antigos atores são eliminados; posições são deslocadas; e novos vínculos e relacionamentos são criados. Podemos observar que, subjacente à proposição de valor do PAX, estava a necessidade de uma reconfiguração completa do ecossistema dos pneus. E isso significava que a diferença entre o sucesso e o fracasso do PAX dependeria da capacidade da Michelin de ver e realizar essa reconfiguração.

A reconfiguração do ecossistema está no coração de qualquer nova proposição de valor que rompe o molde existente em seu setor. Keurig e Nespresso, ao combinar cafeteiras e cápsulas individuais, dependem da transformação de seus relacionamentos com os distribuidores; a Caterpillar, que oferece gestão de frota, monitoramento remoto e operação de suas máquinas de construção, depende da criação de novas interações em seus canteiros de obras; o Marriott, ao expandir seus serviços de hospedagem em hotel para pacotes de viagens, dependia da contínua integração de novos parceiros: qualquer organização que aspire fazer a transição de produtos independentes para soluções integradas, de projetos isolados para sistemas colaborativos, concorda com esse tipo de transformação. *Para que essas estratégias tenham sucesso, não basta administrar a inovação. Agora, você tem de gerenciar o ecossistema de inovação.*

Para muitas empresas, inclusive a Michelin, gerenciar os ecossistemas de inovação é problemático, pois as ferramentas e os sistemas que eles aprimoraram durante anos de gestão de inovações independentes bem-sucedidas são pouco adequados para enfrentar os desafios de interdependência, que são inerentes à transição para os ecossistemas. Essa é a origem do ponto cego da inovação. E isso é exatamente o que as ferramentas das lentes de longo alcance e os princípios apresentados neste livro vão permitir a você ver e gerenciar.

Epílogo do sistema PAX *run-flat*

Eu me solidarizo com os dirigentes da Michelin. Eles travaram uma batalha corajosa para estabelecer o sistema PAX como o novo padrão de pneus, tentando repetir o sucesso da empresa com os radiais lançados 50 anos atrás. Mas a estrutura do ecossistema PAX era inteiramente diferente. E o mais grave: a proposição de valor do PAX criou um papel totalmente novo para as oficinas de serviços – uma posição que eles não estavam muito dispostos a assumir. A não adoção por parte desse importante parceiro foi a principal barreira ao sucesso do sistema PAX.

A incapacidade de prestar serviços para os pneus PAX gerou reação dos consumidores e processos, e por sua vez, redução do entusiasmo das montadoras pelo sistema.

Simultaneamente, a especificidade do PAX estava sendo corroída pela expansão dos sistemas de monitoramento de pneus (Tire Pressure Monitoring Systems – TPMS). O TPMS foi desenvolvido para funcionar com o sistema PAX, mas também funcionava com pneus padrão. Bastava instalar um monitor de pressão de ar (normal nos pneus PAX, mas ainda incomuns nos anos 1990) para reduzir estouros e evitar até 79 mortes e 10.365 feridos a cada ano, só nos Estados Unidos. Além disso, embora a instalação padrão do monitoramento de pressão não anulasse as outras características únicas do sistema PAX, certamente reduziria a vantagem *relativa* do PAX. E isso reduziu o incentivo de todo mundo para continuar a seguir a visão do PAX – as montadoras viram um potencial reduzido para promover o sistema como um diferencial com base na segurança, e as oficinas viram razão menor ainda para investir em equipamentos de reparos especializados. A janela da oportunidade se fechara.

Um mercado alternativo

O obstáculo para o sucesso no mercado comercial não se deveu à falta de entusiasmo do motorista em relação à proposição de valor do PAX; foi porque as oficinas não deixaram que a proposição de valor se concretizasse. Curiosamente, uma versão modificada do sistema PAX tem sido sucesso absoluto no único mercado em que as estações de serviço não desempenham papel independente: as forças armadas. A frota do Exército dos Estados Unidos dos veículos blindados Stryker, lançados no serviço de combate em 2003, é equipada com pneus *run-flat*.

Usando uma lente de longo alcance, podemos ver que a diferença fundamental não foi porque o pneu furado em uma zona de guerra é uma preocupação maior do que os pneus furados na hora do rush (embora, de fato, sejam). Na verdade, a principal diferença é a estrutura de dependência.

A estrutura do mercado das forças armadas (Figura 1.4) favorece o sucesso dos pneus *run-flat* porque não existe intermediário entre o comprador (Departamento de Defesa) e a Michelin. Em vez disso, a ordem dos eventos é a seguinte: primeiro, o comprador concorda que eles vão adotar o sistema e depois especifica os tipos de pneus que quer nos veículos militares (diferentemente do mercado do consumidor, em que os carros são projetados para o comprador). E, de forma crítica, uma vez que as forças armadas são donas de suas próprias oficinas, o comprador assume, ele mesmo, o papel dos serviços. Usando a terminologia das lentes de longo alcance, no mercado das forças armadas o risco da cadeia de adoção é muito menor desde que o cliente concorde primeiro e depois o resto do sistema siga o exemplo.

A partir de 2010, mais de 3.500 Strykers foram construídos e desempenham papel importante nas campanhas do Iraque e do Afeganistão. Outros virão na esteira do veículo blindado leve, mais usado recentemente pelo exército americano. Infelizmente, o mercado das forças armadas sozinho não é suficiente para fazer do PAX um sucesso – não porque não seja lucrativo, mas porque, a princípio, a Michelin pretendia revolucionar todos os veículos que circulam nas ruas e estradas, não apenas um pequeno nicho de veículos de transporte militar. Nessas circunstâncias, a odisseia de 15 anos do PAX deixou a Michelin com uma pequena e cara – embora importante – lição.

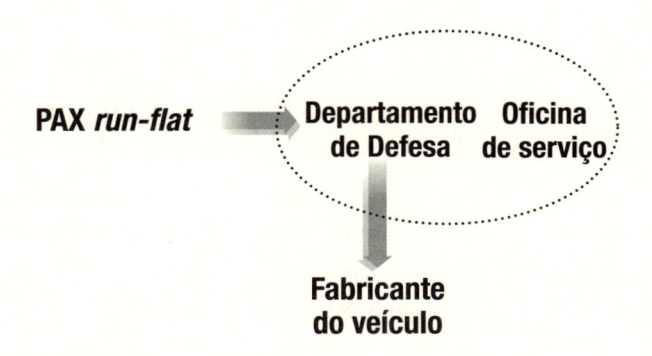

Figura 1.4: PAX no mercado das forças armadas.

Existe um caminho melhor?

É sempre fácil, mas nem sempre justo, criticar o fracasso depois de o fato ter ocorrido. Uma crítica injusta se concentra no fracasso e avalia a gestão pelo resultado, focalizando as escolhas específicas feitas. Uma crítica justa concentra-se na maneira como essas escolhas foram feitas, oferecendo uma abordagem que poderia ter sido razoavelmente usada para se chegar a recomendações defensáveis antes que os resultados fossem conhecidos.

O fracasso do PAX foi tão surpreendente porque, de uma perspectiva tradicional, a Michelin fez tudo certo. O erro da empresa foi não ter conseguido entender o ecossistema de inovação, do qual seu sucesso dependia.

No fim, o fracasso da Michelin se baseou em sua inabilidade de conquistar a adesão de estações de serviço suficientes para o sistema PAX. No princípio, a Michelin tratava as estações de serviço como prioridade baixa, por motivos naturalmente óbvios. Historicamente, o suporte desses *players* era tido como líquido e certo, mas no mundo do *run-flat* que a Michelin construiu, as estações de serviço eram uma peça fundamental. E como a Michelin subestimou o papel delas, investiu muito pouco na gestão dessa dependência crítica. Foi muito mais um problema estratégico do que financeiro. Quando deu o importante passo de reinventar toda a roda, a Michelin assumiu um papel completamente novo sem perceber.

Aprendemos que o consumidor é o árbitro final do valor. Mas ele não é o *único* árbitro. Muitas vezes, uma série de outros parceiros fica entre o inovador e o consumidor final, como os fornecedores, que precisam enviar componentes para sua fábrica, os distribuidores, que levam seu produto aos canais de varejo, e os varejistas, que é o local onde o consumidor final decide se compra ou não seu produto. Esses parceiros personalizam atividades para cada lançamento – novos arranjos de licitação, nova fabricação, novo apoio de marketing etc. Entretanto, as formas como as atividades estão organizadas e as formas como parceiros diferentes interagem uns com os outros tendem a seguir um conjunto de rotinas bem estabelecido. Desde que suas inovações se encaixem na rotina deles, os parceiros ficam invisíveis e seu sucesso é determinado em bases independentes. Mas quando sua inovação depende de que esses parceiros adaptem suas rotinas, como o sistema PAX da Michelin, eles se tornam um fator importante que, apesar de facilmente passar despercebido, é determinante para sucesso.

Os princípios e as ferramentas que vou explorar nos próximos capítulos ajudarão a garantir que você não caia nessa armadilha.

Ao longo deste livro, nossa abordagem será avaliar a proposição de valor de cada iniciativa de acordo com os três riscos da inovação:

Risco de execução – os desafios que você enfrenta na concretização da inovação com as especificações exigidas, no tempo exigido.

Risco da coinovação – até que ponto o sucesso da comercialização de sua inovação depende da comercialização bem-sucedida de outras inovações.

Risco da cadeia de adoção – até que ponto os parceiros terão de adotar sua inovação antes que os consumidores finais tenham a chance de avaliar a proposição de valor como um todo.

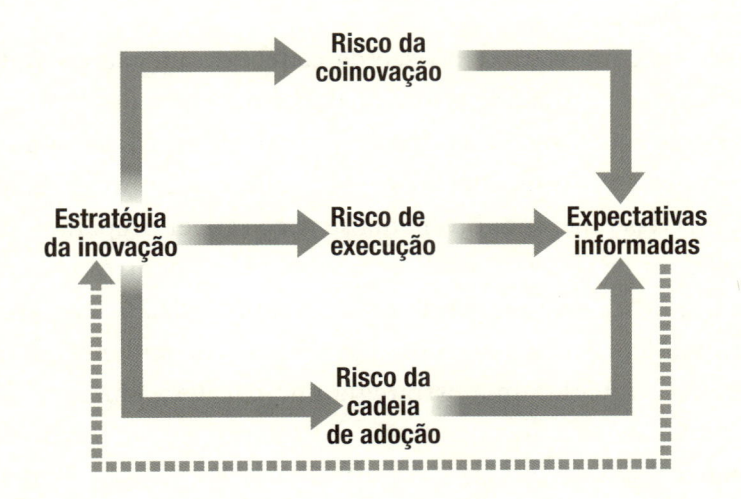

Figura 1.5: Os três riscos da inovação.

Cada um desses riscos é regido por uma lógica diferente. E como vimos na saga da Michelin, o sucesso exige que cada risco seja administrado. A Michelin conseguiu vencer os próprios desafios. Também foi bem-sucedida em conduzir os desafios da coinovação de seus parceiros (fabricantes de aros responsáveis por desenvolver a nova arquitetura de fixação; fornecedores de componentes responsáveis pelo desenvolvimento da solução TPMS). O erro foi não administrar bem o risco de adoção colocado pela pressuposição oculta em sua estratégia: de que as oficinas investiriam nos equipamentos de reparos do PAX antes que o mercado de massa adotasse o sistema.

As ferramentas tradicionais de gestão de estratégias, marketing, operações e projetos oferecem um guia excelente para enxergar e gerir o risco de execução e, portanto, não vou me concentrar neles aqui. Estes são recursos necessários, mas não suficientes, para o sucesso. Neste livro, pretendo pegar excelentes ideias e execuções primorosas como o ponto de partida e focar nas necessidades para o sucesso que estão além da propriamente dita. O objetivo deste livro é explicar como ver a interação entre seu próprio risco de execução e os riscos que são apresentados pelos parceiros de seu ecossistema. Vou explicar como revisitar sua estratégia para gerenciar de forma proativa essas interações e, assim, direcionar melhor os resultados.

O risco de coinovação e o risco da cadeia de adoção escondem-se no ponto cego da estratégia tradicional. Permanecem dormentes desde que suas inovações sigam as linhas estabelecidas. Mas quando você tenta romper com o molde, é provável que surjam dificuldades no ecossistema. Isso não será problema se você estiver preparado. Poderá ser devastador se não estiver. Exatamente como ocorre com o ponto cego quando você está mudando de faixa numa estrada e não vê o outro carro vindo, isso não diminui a gravidade do acidente. O mesmo vale para a estratégia: uma estratégia que não leva em consideração as dependências externas das quais seu sucesso depende não faz tais dependências desaparecerem. Significa apenas que você não as verá até que seja tarde demais.

A fim de evitar esses acidentes, é preciso adotar uma abordagem estruturada para inovar nos ecossistemas, um novo conjunto de questões norteadoras para serem formuladas quando seus próprios esforços não mais determinam seu sucesso. Os próximos capítulos lhe darão essa abordagem. Eles vão expandir seu foco além do usual e corrigir a obsessão com clientes, capacidades e concorrência. Eles lhe darão uma perspectiva que vai ajudá-lo a revelar as dependências que se escondem sob a superfície, evitar desastres previsíveis, bem como escolher e gerenciar as iniciativas de maneira mais inteligente e eficaz.

CAPÍTULO 2

Risco da coinovação

Enxergando as probabilidades reais quando você não inova sozinho

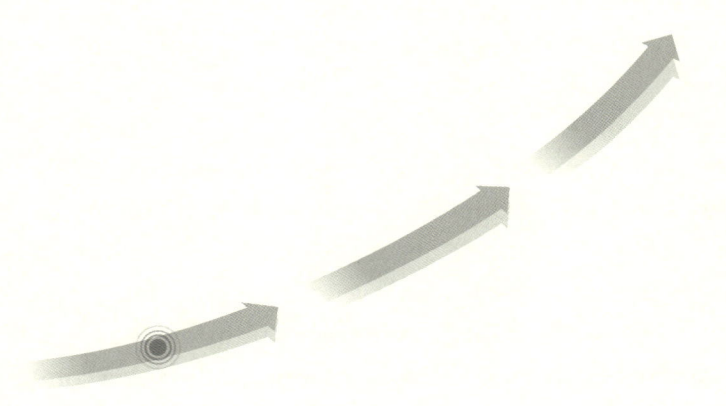

Colaborar. Cooperar. Cocriar. Coinovar. Os apelos para alavancar os esforços e a capacidade dos parceiros a fim de acelerar o caminho do crescimento da lucratividade estão cada vez mais veementes. Organizações de diversos setores descobriram novas formas de juntar uma rede complexa de parceiros e oferecer proposições de valor superior aos consumidores. A capacidade de criar e gerir esses ecossistemas de inovação provoca espanto e elogios dos clientes, além de admiração e medo entre os rivais.

Contudo, para muitas empresas, essas tentativas de coinovação são fracassos dispendiosos, caracterizados por promessas não cumpridas e expectativas perdidas. Por quê? Porque, quando você depende dos parceiros para alcançar o sucesso, este se torna vulnerável ao progresso de seus parceiros. É mais provável que ocorram atrasos e concessões quando o trabalho depende de cooperação.

Gestores competentes sabem que o sucesso requer foco obsessivo nas capacidades, nos clientes e na concorrência. Entretanto, muitas vezes, eles são vítimas do ponto cego do *risco da coinovação*. Embora os gestores tenham abundantes processos em andamento para avaliar e gerir seus próprios desafios de execução ("o que eu preciso para entregar meu projeto dentro do prazo, de acordo com as especificações e antes da concorrência?"), não entendem totalmente que também dependem dos desafios da coinovação de seus parceiros ("que obstáculos enfrentam as outras inovações das quais depende o sucesso do meu projeto?").

Independentemente da natureza da inovação complementar – tecnológica (uma bateria melhor para carros elétricos); processual (um novo processo de garantia de qualidade, uma nova interação de serviço); organizacional (uma abordagem de vendas integrada que combine ofertas de várias divisões) –, o risco da coinovação transforma as probabilidades do sucesso. Neste capítulo vamos usar a jornada da Nokia com a telefonia 3G para descobrir a lógica do risco da coinovação e identificar os passos para vencer esse desafio.

Grandes expectativas: a telefonia nos anos 1990

A primeira geração de telefonia móvel comercial surgiu nos anos 1980. Uma rede analógica com aparelhos grandes, caros e lentos foi usada principalmente pelos governos, policiais e militares. A segunda geração de telefonia móvel (2G) foi implementada no começo dos anos 1990. Baseada nos sinais digitais, essa nova rede era muito mais rápida e capaz de transmitir tanto a voz quanto uma pequena quantidade de dados, como os SMS (Short Message Service – mensagens de texto curto). A tecnologia 2G tornou possível e acessível ao consumidor comum possuir um aparelho pequeno que lhe permitisse chamar praticamente qualquer pessoa, a qualquer hora, em qualquer lugar. Depois de 15 anos de incubação em segmentos de nicho, os telefones celulares finalmente atingiram o mercado de massa.

Figura 2.1: o modelo DynaTAC 8000x da Motorola foi o primeiro aparelho de telefone celular portátil do mundo. Lançado em 1983, o telefone pesava 800 gramas, suportava 30 minutos de conversa depois de 10 horas recarregando a bateria e era vendido no varejo por $3.995. (© Motorola Mobility, Inc., Legacy Archives Collection. Reprodução permitida.)

Os anos 1990 foram o apogeu dos telefones celulares. Em todo o setor, todos os participantes – operadoras de telecomunicações, provedores de infraestrutura e fabricantes de aparelhos – desfrutavam de crescimento e lucro recordes graças a uma das maiores explosões de tecnologia na história. Em nenhum outro lugar isso se concentrou mais do que na Escandinávia, onde dois dos maiores competidores, a Ericsson, da Finlândia, e a Nokia, da Suécia, viviam e competiam lado a lado. O uso global do telefone celular estourou e, no ano 2000, as operadoras de rede móvel tinham mais de 700 milhões de usuários em todo o mundo.

Era uma boa hora para se estar em qualquer uma dessas empresas, e Jorma Ollila, à época CEO da Nokia, presidiu uma onda de expansão sem precedentes com a venda de aparelhos e sistemas móveis com um crescimento de 50% ao ano.

Entretanto, em 1999, concorrentes importantes em todo o globo – Nokia e Ericsson na Europa, NEC e Samsung na Ásia, e Motorola nos Estados Unidos – deparavam com uma realidade desagradável. Os clientes começavam a achar "lugar-comum" a incrível tecnologia que viabilizou as comunicações móveis, e novos rivais chegavam rapidamente de todos os cantos para ocupar os espaços, já que as barreiras de entrada haviam caído. Na Europa Ocidental, o problema era particularmente grave. Quase 70% dos adultos tinham um celular, o que deixava muito pouco espaço para crescimento com novos clientes. Como seria possível convencer os consumidores não só a trocarem seus antigos telefones, que funcionavam perfeitamente, por uma um versão mais atualizada, mas também fazê-los pagar muito mais pelo próximo aparelho? O que a Nokia precisa fazer para manter um crescimento lucrativo?

A solução da Nokia – e o consenso do setor – foi o 3G – a terceira geração de comunicação móvel que permitiria não somente a voz, mas também o fluxo contínuo de dados. Os precursores vislumbraram um mundo em que os consumidores poderiam falar ao telefone, assistir a vídeos e realizar comércio móvel. De repente, seu celular não era mais um simples telefone; era um aparelho de internet portátil, capaz de mantê-lo conectado à Web 24 horas por dia, sete dias por semana.

"O próximo estágio no crescimento dos negócios de comunicações será a multimídia e os serviços baseados em localização", previu Keiji Tachikawa, presidente da NTT DoCoMo – principal empresa de telefonia celular do Japão, que acabou se tornando a primeira a lançar uma rede global de 3G.

"Assim como não previmos o desenvolvimento do e-mail, da Web ou de outros serviços populares quando o PC apareceu pela primeira vez, não sabemos quais serviços surgirão no futuro para o 3G", disse Yrjö Neuvo, vice-presidente executivo e diretor de tecnologia da divisão de celulares da Nokia em Helsinki. "Mas sabemos que eles vão aparecer muito mais rápido" do que os avanços dos PCs. No fim de 2000, ao falar sobre a expectativa geral, Kurt Hellström, CEO da Ericsson, previu uma explosão do 3G, ao proclamar, de forma corajosa, que, até 2003, os negócios com o 3G se igualariam à movimentação com a tecnologia 2G da Ericsson.

Neste admirável mundo novo do 3G, todos sairiam ganhando. As operadoras de telecomunicações poderiam cobrar um preço maior pelo serviço extra, o que compensaria o declínio das receitas no tráfego de voz, e os fabricantes de aparelhos poderiam vender novos telefones compatíveis com a tecnologia. Os clientes estavam entusiasmados com a perspectiva de uma Web portátil e os analistas elogiavam as empresas por acolher um novo e ousado (e lucrativo) futuro. Os governos estavam animados com a possibilidade de leiloar os direitos de espectro – a permissão de que as operadoras precisam para transmitir seus sinais – a quem pagasse mais. E parceiros de conteúdos como ESPN, CNN e a BBC estavam entusiasmados com a perspectiva de novas fontes de receitas possibilitadas pela transmissão de informações aos consumidores a qualquer hora, em qualquer lugar. Em um artigo de 2000, até mesmo a sempre austera revista *Economist* acolheu o entusiasmo e as expectativas "da combinação embriagante de duas das tecnologias de crescimento mais rápido de todos os tempos: o telefone móvel (talvez 1 bilhão de assinantes no mundo todo até 2003) e a internet (mais de 400 milhões de usuários previstos até 2003). Juntando os dois... teremos a justificativa para o entusiasmo pelo 3G".

No afã de concorrer às licenças de 3G na Europa, as operadoras de telecomunicações gastaram mais de $125 bilhões em leilões promovidos pelos governos para adquirir os direitos de espectro. Depois gastaram uma quantia adicional estimada em $175 bilhões para construir suas redes, uma por uma, atualizando as torres de rádio por toda a Europa para que funcionassem com a rede 3G. A empolgação era palpável, e as expectativas, enormes.

De posse desse conhecimento, a Nokia entrou na luta para oferecer o primeiro aparelho 3G ao mercado europeu. Ela acreditava que sua competição com a Ericsson era uma corrida clássica para uma vantagem pioneira: que operadoras e clientes adotariam o primeiro aparelho de qualidade a ser lançado. Contudo, por serem mais focados em executar com primazia do que a concorrência, foram surpreendidos pelo risco da coinovação. Como a Nokia e o setor inteiro aprenderiam: era apenas uma corrida pelo primeiro lugar. Eles teriam de esperar por anos antes que os coinovadores estivessem prontos e a verdadeira corrida para os lucros pudesse começar. Se tivessem usado lentes de longo alcance, teriam feito as coisas de forma diferente.

Criando um telefone 3G

A Nokia vem trabalhando em protótipos de 3G desde o início dos anos 1990, quando os primeiros protocolos para 3G foram estabelecidos na Europa. Mas até mesmo com uma profunda especialização no mercado de celulares, os desafios continuaram a crescer. Foi muito difícil criar um telefone 2G capaz de processar sem problemas os oscilantes sinais de rádio de uma estação de base para outra, ficar ligado durante todo o dia e caber no bolso do usuário. Oferecer um telefone 3G que funcionasse bem implicava esforços heroicos de inovação por parte dos fabricantes de aparelhos e de toda a sua cadeia de suprimentos. Como notou um observador, "os aparelhos 3G, nos quais a Europa apostou grande parte de seu futuro tecnológico, são, de longe, os dispositivos eletrônicos de consumo mais complexos já projetados. Para dar certo, eles precisam combinar a riqueza dos aplicativos disponíveis num computador com a versatilidade itinerante de um telefone móvel. O truque é conseguir tudo isso dentro de uma pequena máquina elegante, equipada com várias faixas de rádio e uma bateria com dias e dias de duração sem recarga – e que, ainda por cima, precisa ser vendida a um preço acessível".

Foi um desafio de execução enorme, mas no final, a Nokia conseguiu realizá-lo. Quando a empresa lançou o telefone 6650 em 2002, tornou-se a primeira empresa de 3G do mundo compatível com GSM/WCDMA (compatível com redes por toda a Europa e a Ásia). A comemoração foi enorme. Eles ofereceram os produtos. Superaram a Ericsson. Eles foram os pioneiros!

Mas as boas-vindas eufóricas para a inovação dos aparelhos 3G se revelaram completamente em descompasso com o novo mundo que essa tecnologia representava. Em 2000, a Nokia previra que, até 2002, mais de 300 milhões de aparelhos estariam conectados com a internet móvel. O verdadeiro número estava perto de 3 milhões (com a maioria no NTT do Japão perto da rede DoCoMo, usando telefones DoCoMo – não os da Nokia). A meta de 300 milhões finalmente foi alcançada, mas somente em 2008 – seis anos de atraso que impediram não apenas a adoção do mercado, mas também – o que é até mais grave – receitas, lucros e crescimento.

Na base do erro da Nokia, estava o mal-entendido fundamental do risco da coinovação. A empresa não avaliou totalmente o quanto o sucesso de seus magníficos aparelhos dependia do êxito de comercialização de outras inovações que ainda precisavam ser desenvolvidas por uma série de parceiros que continuavam desconhecidos. A visão do 3G não era de aparelhos novos e melhores, mas uma visão de todo um estilo de vida móvel – vídeos personalizados transmitidos para seu telefone, serviços baseados em localização, sistemas de pagamentos automatizados, aplicativos para capacitar uma força de trabalho móvel – viabilizado por aparelhos mais novos e avançados. Além disso, a menos e até que esses outros parceiros apresentassem suas inovações, os aparelhos 3G da Nokia não serviriam para quase nada.

Avaliando os riscos

A Nokia era uma empresa genial e inovadora no auge da fama nos anos 1990. E, mesmo assim, caiu no que podemos chamar, em retrospecto, uma armadilha óbvia. Ganhou a corrida, mas perdeu o objetivo. Como puderam errar tanto? Não foi porque investiram pouco e muito menos houve incompetência de seus gestores. Foi porque focaram toda a energia executando seus próprios projetos e tentando cumprir o que prometiam. Isso, certamente, é admirável, mas quando esses compromissos dependem de outros desenvolvimentos para que se alcance o sucesso, "apenas" executar o trabalho não é suficiente.

Uma série de coisas tem de ser muito bem administrada para que um projeto tenha sucesso. Ao avaliar o risco da execução – a magnitude do desafio associado à conclusão do projeto dentro do prazo e de acordo com as especificações –, os líderes geralmente têm de administrar não somente suas próprias equipes, mas também vários outros fornecedores que contribuem de maneira importante para a execução do projeto. Por exemplo, para oferecer um aparelho de 3G, a Nokia teria de desenvolver radicalmente novos algoritmos para o processamento de sinais, novos designs de circuito para gestão de energia, novos designs de interface etc. – a Nokia tinha capacidade para fazer tudo por conta própria. Contudo, também necessitaria que seus fornecedores desenvolvessem novos conjuntos de circuitos integrados, memórias mais robustas, baterias... e por aí vai.

Gerentes de projetos são obcecados por especificações e prazos de entrega, encontrando formas de fechar a lacuna entre o ponto no qual se encontram hoje e onde precisam estar em determinada data. Alinhar, motivar e persuadir as pessoas certas para entrar na equipe certa com os recursos certos é a principal característica da execução. A Nokia teve sucesso em todas essas três áreas, e a capacidade da empresa para oferecer seus aparelhos 3G era impressionante.

Conduzir a transição dos aparelhos 1G para os 2G necessitava apenas dessa forma de esforço heroico dos fabricantes de aparelhos. E alcançar a diferenciação no auge do 2G foi, da mesma forma, uma questão de design revolucionário integrando componentes inovadores. Aqui, administrar com sucesso o risco de execução – oferecendo aparelhos melhores e mais finos com bateria de vida mais longa e telas de melhor resolução – traduzia o sucesso do projeto. Cada novo modelo lançado era acolhido pelas operadoras de telefonia móvel, que, em seguida, repassavam os novos celulares para os usuários finais. No mundo do 2G, a fórmula de sucesso era conhecida e clara: ofereça o projeto certo, dentro do prazo, de acordo com as especificações, antes da concorrência.

Entretanto, a transição para o 3G foi de natureza diferente em termos qualitativos. Com o 3G, a criação de um aparelho de valor dependia não apenas de sua própria qualidade, mas também da qualidade e da disponibilidade de uma ampla variedade de produtos e serviços que eram importantes na concretização da visão de dados móveis. Aqui, administrar o risco da execução é necessário, mas muito longe de ser suficiente, para assegurar o sucesso do projeto. A principal consideração para um fabricante de aparelhos num mundo do 3G não é apenas se ele pode inovar e apresentar, com sucesso, um novo modelo, mas se e quando os outros atores que não *os fabricantes de aparelhos* conseguirão oferecer as próprias inovações para tornar a visão do serviço de dados da tecnologia móvel 3G uma realidade.

Consideremos o que significa proporcionar um serviço como a transmissão personalizada de vídeo, que oferece clipes ao vivo dos eventos esportivos favoritos do cliente. Este é exatamente o tipo de serviço de valor agregado com base em assinatura que se esperava para atrair usuários em massa para a rede 3G. Naturalmente, você vai precisar de um smartphone. E do que mais?

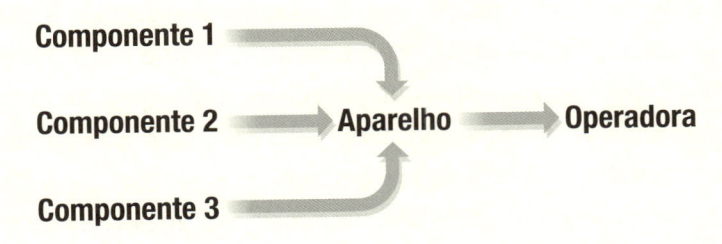

Figura 2.2: Elementos de risco da execução para aparelhos de telefonia móvel 2G.

```
Componente 1  ⎫
Componente 2  ⎬⟶  Software de formatação  ⎫
Componente 3  ⎭                             ⎪
                   Aparelho                 ⎬⟶ Operadora
                   Recursos de              ⎪
                   banco de dados           ⎪
                   DRM                      ⎭
```

Figura 2.3: Risco de execução e risco de coinovação para um aparelho 3G no caso de transmissão de vídeo em tempo real.

Vai precisar de um software de conversão de vídeo para reformatar as imagens da televisão para que elas caibam na tela de celulares de diferentes tamanhos. Quem faz isso? Não é a Nokia.

Vai precisar de inovações nos bancos de dados e nos roteadores que permitirão que operadoras como France Telecom e Vodafone saibam quais clientes fizeram assinatura para quais canais, com quais planos de pagamentos. Quem faz isso? Não é a Nokia.

Vai precisar de uma solução de DRM (Digital Rights Management – gerenciamento de direitos digitais) para assegurar aos proprietários de conteúdo como ESPN e Disney que suas preciosas propriedades intelectuais não serão pirateadas. Quem faz isso? Não é a Nokia.

Colaboração = dependência

Quando sua capacidade de comercializar uma inovação com sucesso depende da capacidade de seu parceiro comercializar com sucesso as próprias inovações, sua abordagem para avaliar e gerenciar o risco deve mudar. O grau do risco de sua coinovação depende da probabilidade conjunta de que cada um de seus parceiros será capaz de cumprir as próprias promessas de inovação dentro de um prazo específico. Como você deve avaliar a probabilidade do sucesso?

A maioria das organizações tem uma rotina estabelecida para realizar uma *due diligence* – consultar seus gerentes, verificar duas vezes com seus fornecedores, examinar seus históricos e precedentes –, a fim de desenvolver um nível de confiança sobre a possibilidade de conclusão bem-sucedida de uma iniciativa (dentro das especificações e do prazo estabelecido). Em contextos de ecossistema, é necessário desenvolver esse mesmo nível de *due diligence* com todos os coinovadores. Contudo, é a maneira como você integra suas descobertas distintas que vai alterar sua perspectiva.

Imagine-se numa reunião com três parceiros para discutir a atratividade de uma eventual colaboração. Todos vocês se comprometem a destinar os melhores recursos de suas empresas para suas iniciativas e todos acreditam que a probabilidade de cumprir com sua parte da solução dentro de um ano é muito elevada – 85%. Presuma que essas estimativas individuais sejam precisas. Quão confiante você precisa estar com o sucesso desse empreendimento conjunto?

A lógica da coinovação é uma lógica de multiplicação, não de médias. A natureza da probabilidade conjunta é que a possibilidade verdadeira de um evento acontecer é igual ao produto (não a média) das probabilidades subjacentes. Por exemplo, se eu jogar uma moeda no cara ou coroa, tenho 50% de chance de dar cara. Se eu jogar quatro vezes, continuo com 50% de chance de que dê cara em cada uma das vezes, mas tenho somente 6,25% de chance de que vá dar cara todas as quatro vezes (0,5 x 0,5 x 0,5 x 0,5). As mesmas regras se aplicam à coinovação. Embora cada fornecedor tenha uma chance melhor do que 8 em cada 10 de ter sucesso de forma independente, a chance de que sejam bem-sucedidos em conjunto no fim do ano é o produto de suas probabilidades independentes. Neste caso, é 0,85 x 0,85 x 0,85 x 0,85, ou 52%.

Cinquenta e dois por cento. Imagine suas típicas reuniões de análise de projetos – em que todos estão confiantes em sua capacidade de realizar o trabalho. É comum para gestores confiantes reconhecerem a fragilidade de seus esforços conjuntos?

Agora suponha que um desses parceiros seja responsável por um esforço de desenvolvimento particularmente desafiador e que a responsabilidade dele pelo sucesso seja 20%. Com apenas um elo fraco entre os quatro, a probabilidade conjunta despenca para 0,85 x 0,85 x 0,85 x 0,2, ou 12.

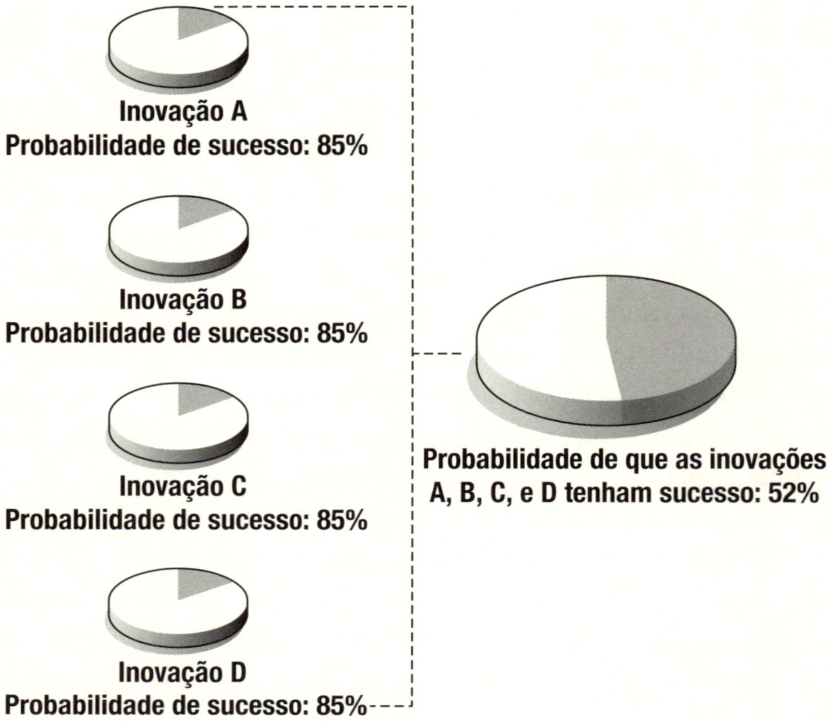

Inovação A
Probabilidade de sucesso: 85%

Inovação B
Probabilidade de sucesso: 85%

Inovação C
Probabilidade de sucesso: 85%

Inovação D
Probabilidade de sucesso: 85%

Probabilidade de que as inovações A, B, C, e D tenham sucesso: 52%

Figura 2.4: A diferença entre probabilidades conjuntas e independentes.

Doze por cento – deixe que os números se afundem (mas não permita que afundem você). Doze por cento é um número ruim? Não. Não existe isso de número ruim. Há somente más expectativas. Tudo bem com 12%, desde que você entenda a verdadeira probabilidade de sucesso e faça suas escolhas com base nesse conhecimento. Se a perda for razoável e houver lições a serem aprendidas, então talvez a aposta valha a pena. Se a recompensa em potencial é de 20 para 1, então uma aposta de 12% pode ser de fato muito atrativa. Não há problema em se fazer uma aposta de 12%, desde que você saiba que é uma aposta com 12% de chances positivas. O importante é entender, de antemão, a verdadeira probabilidade e assegurar-se de que, com o total conhecimento dos riscos, você ainda quer fazer a aposta.

Problemas surgem quando minimizamos o risco da coinovação, quando caímos na armadilha das médias, acreditando que, "desde que minha própria iniciativa tenha uma grande chance de sucesso, e uma vez que meus outros três parceiros também estejam confiantes, todo o empreendimento está bastante seguro". *O problema começa quando fazemos uma aposta de 12%, mas achamos que as chances são de 85%.*

Gerenciando o risco da coinovação

Para os investidores, identificar o risco da coinovação é a chave para fazer apostas inteligentes. Para os gestores, identificar o risco de coinovação abre novos caminhos para a ação. Além da decisão de "ir ou não ir", reconhecer o risco da coinovação também pode afetar a forma como você desenvolve sua estratégia e administra sua iniciativa. Quais são algumas das ações viáveis para mitigar o risco se você perceber que um ou mais participantes podem diminuir sua chance de sucesso?

Uma opção clara é adicionar recursos – dinheiro, talento, ou ambos – para turbinar o esforço do desenvolvimento. Mas quais esforços você deveria apoiar? Aplicar recursos para reforçar um elo fraco da corrente pode ter impacto muito maior em seu sucesso do que reforçar a própria inovação. Um aumento de 10% em suas próprias chances (de 85% para 95%) pode reduzir a ansiedade da equipe, mas move a probabilidade conjunta por somente dois pontos percentuais (de 12% para 14%). Em contraste, se você aumentar as chances de seu parceiro mais fraco em 10% (de 20% para 30%), mudará a probabilidade conjunta para 6% (de 12% para 18%). O número pode parecer baixo, mas é 1,5 vez mais provável de que seja bem-sucedido do que a configuração inicial, além de ter chances substancialmente maiores de sucesso do que se você focasse seus esforços em âmbito interno. Com as probabilidades conjuntas cada vez mais claras, pode até mesmo ser mais lógico *retirar* os recursos de seu projeto para sustentar o esforço total: se redistribuir os recursos puder melhorar proporcionalmente as chances de seu parceiro (de 20% para 30%), e não diminuir suas próprias chances (digamos, de 85% para 75%), então você estará aumentando as chances de sucesso para 16%.

Por outro lado, você poderia considerar a ideia de aplicar recursos para atrair várias partes para trabalhar no mesmo desafio: se temos dois parceiros, cada qual com chances independentes de 20%, trabalhando no mesmo problema, a probabilidade esperada para resolver o desafio duplica. A chance do sucesso agora é de 24%.

Outra opção é reavaliar a visão para oferecer, pelo menos inicialmente, uma proposição de valor mais modesta. Se seu elo fraco tem a probabilidade de sucesso de 20%, seu total de probabilidade cai para 12%. Se você se desfizer completamente desse elo – por exemplo, desistindo da ideia de personalizar a transmissão do conteúdo de vídeo e, em vez disso, estabelecer canais de vídeo não personalizados, o que eliminaria a necessidade de inovação de banco de dados –, eliminaria o impacto em suas chances. A probabilidade aumentaria para 61%. Há uma clara escolha conflitante aqui: uma chance maior de sucesso com uma proposição de valor mais limitada. Mas, em alguns casos, é melhor aceitar uma vitória menor do que se arriscar a perder o jogo totalmente. Se essa é a escolha certa em uma dada situação, isso vai depender de quão bem sua empresa pode aceitar o risco e quanto está em jogo com uma inovação em particular.

Finalmente, lembre-se de que essas probabilidades não caracterizam se um esforço de desenvolvimento alguma vez terá sucesso. Com mais tempo e recursos, as chances aumentam. Na verdade, essas probabilidades identificam se um esforço terá sucesso em determinado período. Desse modo, uma alavanca definitiva de manipulação são as expectativas em relação ao tempo. Optar por uma linha de tempo menos agressiva pode ir contra a natureza, mas dá a seus coinovadores mais lentos a chance de acompanhar o ritmo.

Um aviso importante: esses valores numéricos ilustram o argumento. Na vida real, é claro, não temos acesso a essas probabilidades precisas. Podemos, porém, usar avaliações de risco simples – uma escala de um a cinco ou risco alto/médio/baixo em todo o sistema – e aplicar a mesma lógica. Em cenários em que é mais difícil ou custoso especificar os níveis de risco, fazer esses exercícios ajudará a identificar quais componentes de riscos mereceriam ser explorados em profundidade.

O importante não são os números. Eles estão aqui para esclarecer a intuição do que significa administrar num mundo de dependência e de probabilidades conjuntas. O principal é identificar o risco da coinovação e seus efeitos potenciais. Com um foco limitado no risco de execução, esses efeitos e escolhas tornam-se menos visíveis e, portanto, mais difíceis de administrar. Quando usamos uma lente de longo alcance para identificar os riscos da coinovação de forma mais clara, nossa abordagem para muitas escolhas estratégicas – escopo, tempo, parceria, liderança – muda drasticamente.

Nokia antes e depois

A Nokia ganhou a corrida dos telefones 3G, mas foi a corrida errada. No final de 2002, ela foi a primeira a promover o lançamento do 6650 na Europa e, logo em seguida, na América do Norte. Foi um prêmio vazio. A verdadeira corrida não poderia começar antes que os serviços digitais estivessem disponíveis. O 6650 era uma Ferrari num mundo sem estradas. Na ausência de complemento crítico, a oferta do 3G era nada mais do que uma sombra de sua autopromessa – um serviço de 2G turbinado, não uma mudança radical para um admirável mundo novo de serviços de dados na arena digital que motivou bilhões de dólares em investimentos.

Foi somente no final dos anos 2000 que a visão dos serviços digitais móveis para o mercado de massa finalmente começou a se materializar, mais notadamente com o surgimento do iPhone da Apple em 2007. Até 2010, a Nokia era a maior produtora do mundo de telefones 3G. Porém, como a "inteligência" dos smartphones passou de aparelhos com aplicativos de hardware para softwares utilizados no telefone, a Nokia parecia despreparada. Os telefones eram excelentes como produtos, mas pobres como soluções. A verdadeira essência do jogo havia mudado bem abaixo de seu nariz.

Em seu memorando "Burning Platform", salientando as sérias dificuldades enfrentadas pela Nokia, Steve Elop, recém-nomeado CEO, reconheceu que "a batalha dos aparelhos tornou-se uma guerra de ecossistemas que inclui não somente hardware e software do aparelho, mas também desenvolvedores, aplicativos, e-commerce, propaganda, serviço de busca, redes sociais, serviços com base em localização, comunicações unificadas e muitas outras coisas". É uma batalha em que o sucesso significa atrair e reter, além dos consumidores, os coinovadores. Em fevereiro de 2011, reconhecendo as mudanças nas circunstâncias, a Nokia aliou-se à Microsoft, adotando a mais recente versão do sistema operacional Windows Phone, dando um fim à plataforma Symbian, que mantinha desde 1998. O futuro chegou, mas chegou tarde e a Nokia não estava preparada para essas implicações.

Não pergunte *se*, mas *quando*

Os infortúnios do 3G da Nokia com o risco da coinovação estão longe de ser únicos. Os da Philips Electronics com a HDTV nos anos 1980 resultaram em fracasso não porque a empresa não pudesse oferecer uma televisão formidável, com qualidade de imagem superior – isso, ela fez maravilhosamente. O problema foi a chegada tardia das câmeras de televisão e dos padrões de transmissão de alta definição, que deixaram a Philips com uma baixa contábil de $2,5 bilhões que abalou a estabilidade financeira da empresa em seu cerne. A Philips estava certa sobre a visão, mas errada no *timing*: a HDTV foi a onda do futuro, mas essa onda só chegou à praia do mercado de massas no final dos anos 2000. Infelizmente, estar metade certo oferece pouco conforto no meio de todo o fracasso. Essa mesma história vem sendo repetida na saga da televisão tridimensional, pois empresas líderes como a Sony, a LG e a Toshiba fizeram investimentos enormes em uma corrida que começou na linha de partida, deixando-os em uma espera infindável pela chegada da programação em 3D – que pode ou não chegar – para liberar o potencial do mercado.

Com muita frequência, os gestores fazem a pergunta errada quando começam a jornada de suas inovações. Em reuniões e nas salas da diretoria, com almoços e bebidas, a conversa se concentra em "podemos fazer isso?" e "como isso pode ser feito?". Se a visão for de produtos farmacêuticos personalizados, geração de energia solar, um design inovador para uma furadeira ou uma nova linha de xampus orgânicos, com talento, dinheiro e tempo suficientes, a maioria dos objetivos pode ser alcançada. Assim como a Nokia, empresas ambiciosas irão, repetidas vezes, colocar seu olhar na próxima inovação interessante. E, como no caso da Nokia, o sucesso muitas vezes vai se mostrar efêmero. Por quê?

A verdadeira pergunta não é *se* isso pode ser feito, mas *quando*. Não somente *quando* seremos capazes de concluir o projeto, mas *quando* seremos capazes de alinhar o ecossistema necessário para que a completa proposição de valor se torne realidade. A questão do *se* fala do sucesso de forma abstrata. A questão do *quando* fala concretamente de retorno, atratividade e viabilidade. Estar certo sobre a visão oferece um conforto frio se estivermos errados sobre o *timing*. A falta de adequação do *timing* é uma das principais fontes de falha da inovação. Mas, como veremos no Capítulo 6, entender a natureza da coinovação pode oferecer dicas poderosas para estabelecer melhores expectativas de tempo.

A boa notícia

Confrontar as chances reais de sucesso pode ser doloroso. Mas, se pudermos ver os riscos de forma clara – tirando-os de nosso ponto cego e colocando-os perfeitamente em nosso foco –, então poderemos administrá-los. Não saber das chances reais não faz o risco desaparecer; apenas nos leva a estabelecer objetivos irreais no começo e a sofrer o custo do fracasso no final.

O risco da coinovação não torna as coisas ruins – apenas diferentes. Quando entendermos o risco da coinovação, mudaremos o modo como classificamos as prioridades em termos de oportunidades e ameaças, como pensamos sobre posicionamento e *timing* do mercado, e como elaboramos nossas ofertas e mitigamos nossos riscos. De fato, as muitas maneiras como medimos e recompensamos o sucesso mudam totalmente. Eis a boa notícia: quando vemos o que realmente impulsiona a possibilidade de sucesso, melhoramos nossas chances de bom êxito.

CAPÍTULO 3

Risco da cadeia de adoção

Vendo todos os clientes antes de seu cliente final

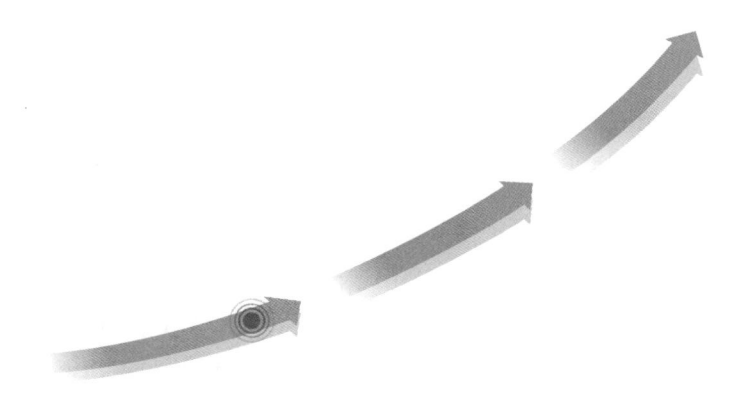

Vários intermediários estão entre você e seu cliente final: o distribuidor que precisa concordar em colocar seu produto no mercado, o varejista que precisa concordar em exibi-lo e o vendedor que precisa concordar em vendê-lo. Seu sucesso depende de que cada um desses parceiros adote sua inovação e veja o valor criado para eles. Se algum desses parceiros não comprar a ideia, você jamais conseguirá alcançar seu cliente final. Quando o melhor produto perde? Quando o consumidor não tem a chance de escolhê-lo.

Neste capítulo, analisaremos o *risco da cadeia de adoção*, a extensão até a qual os parceiros precisarão adotar sua inovação antes de os consumidores finais terem a chance de avaliar a proposição de valor completa. Aqui nossa pergunta passa de os parceiros serem ou não capazes de proporcionar as coinovações necessárias para se verão a proposição de valor como algo benéfico não só para o cliente final, mas também para eles mesmos.

Todos nós sabemos que existe uma tensão natural entre aqueles que vendem um produto e seus compradores-alvo. Na raiz disso, há um mal-entendido em relação à ideia de valor – o equilíbrio entre custos e benefícios. Embora tanto os inovadores quanto os consumidores usem os termos "custo" e "benefício" para descrever a maneira como pensam em relação ao valor, eles pensam de modo muito diferente sobre esses termos.

Consideremos o Office 2007 da Microsoft. Quando foi lançado, a maioria dos usuários empresariais concordou que ele era superior ao antecessor, o Office 2003. O software tinha melhor qualidade de código, era mais confiável e oferecia mais recursos. Segundo Jeff Raikes, presidente da Divisão de Negócios da Microsoft, "a versão RTM (Release To Manufacturing) do Microsoft Office 2007 apresenta os aprimoramentos mais importantes para os produtos há mais de uma década". E a diferença de preço era zero: os clientes empresariais pagam à Microsoft uma taxa fixa mensal, por usuário, para fazer um leasing do Office, independentemente de qual versão utilizem. As empresas precisariam pagar o mesmo para usar tanto o Office 2007 quanto o Office 2003. Um produto melhor pelo mesmo preço, isso soa como uma vitória óbvia. Porém, aqueles que tomam as decisões na maioria das empresas de grande e pequeno portes escolheram manter o Office 2003, claramente inferior. Por quê?

Custo (total) *versus* benefício (relativo)

Os inovadores e clientes veem os "benefícios" e os "custos" de perspectivas muito diferentes. Não enxergar a diferença é a receita para um desastre.

Os inovadores pensam nos benefícios em termos do que o produto realmente oferece – o benefício absoluto entregue ao cliente. No entanto, os clientes pensam nos benefícios em termos de valor agregado – o benefício relativo entregue pelo produto comparado às alternativas disponíveis. Cada grupo também tem um entendimento diferente em relação aos custos: enquanto os inovadores tendem a pensar no preço que cobrarão pela inovação como o determinante do custo do cliente, os clientes veem o custo em função desse preço *mais* todas as outras alterações que precisarão realizar para poder usar a inovação (além do desembolso inicial, o custo de um novo treinamento, as atualizações de equipamentos etc.). Enquanto os inovadores tendem a focar a entrega de uma oferta cujos benefícios absolutos superam o preço de compra, a adoção acontecerá somente se o cliente enxergar de forma clara um excedente: ou seja, os benefícios *relativos* devem superar o custo *total*. Essas diferenças podem levar a uma lacuna na avaliação. E essa lacuna pode causar uma decepção.

A adoção do Office 2007 atrasou porque, mesmo que esse programa fosse gratuito, o custo total era alto – alto demais – para a maioria dos

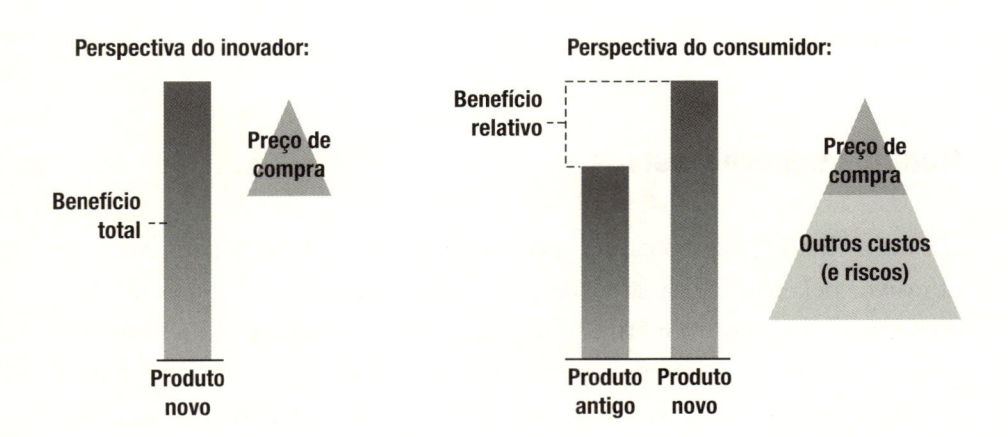

Figura 3.1: Inovadores e consumidores têm visões diferentes sobre o que constitui "benefícios" e "custos".

consumidores aceitá-lo. Se você é um CIO que está considerando uma atualização do Office, sua ideia de custo vai muito além do preço, incluindo novos treinamentos, atualizações de hardware, tempo de troca e todos os imprevistos que inevitavelmente aparecem ao se realizar uma mudança em toda a empresa. Enquanto os representantes de vendas alegam que o Office 2007 é 99,9% compatível com o 2003, o que mantém o cliente acordado a noite toda é esse 0,1% restante. Não saber se a incompatibilidade afeta a nona iteração da fonte helvética ou uma macrocrítica de faturamento muda completamente a atratividade da oferta (o risco percebido é um fator de contribuição importante para o custo não baseado em preço). E, mesmo que nenhum desses custos apareça nas receitas do inovador, todos eles serão cobrados em relação aos benefícios da inovação. De forma frustrante para a Microsoft, os custos totais do Office 2007 excederam os benefícios relativos para a maioria dos consumidores.

No final, o fator-chave de adoção do Office 2007 não foi uma alteração em seu benefício relativo, mas uma redução no custo total que se acumulou com o passar do tempo. À medida que os problemas de incompatibilidade e os *bugs* eram resolvidos de forma gradual, e as empresas seguiam os ciclos naturais de substituição do hardware dos computadores, tornava-se mais fácil justificar a atualização para o 2007... até que a próxima versão do Office foi lançada em 2010, e o ciclo completo teve início novamente.

Rebolos superabrasivos

Dê uma olhada pela sua casa. É provável que você tenha de agradecer aos abrasivos pela forma lisa da torneira da pia, a ponta afiada de seus talheres e os minúsculos componentes que fazem seu computador funcionar. Os abrasivos formam parte da categoria de materiais duros utilizados para moldar e polir os objetos macios em uma grande variedade de processos de fabricação. Constituem um mercado industrial maduro com uma receita aproximada de $4 bilhões em 2010.

Figura 3.2: Um rebolo em uso. (*Foto cortesia de Saint-Gobain Abrasives.*)

Os rebolos superabrasivos foram uma inovação que nasceu quando a GE introduziu os diamantes sintéticos em 1955. Naquela época, os líderes do setor concordaram que os superabrasivos transformariam a indústria. Eles eram muito mais duros do que seus similares convencionais (óxido de alumínio, carboneto de silício) e, portanto, ofereciam muitos benefícios: eram mais duráveis, exigiam menor frequência de tratamento (o processo pelo qual a camada externa do rebolo mantém a aspereza e a precisão), podiam ser usados a velocidades maiores, alcançavam taxas de produção mais altas e permitiam conseguir produtos melhores, com acabamentos mais finos e tolerâncias mais rígidas. Os superabrasivos eram mais caros, com preços até 30 vezes superiores àqueles dos rebolos convencionais; porém, duravam até 100 vezes mais. Com maior tempo de vida, taxas de produção mais altas e menor necessidade de intervenção humana, os superabrasivos apresentavam uma eficiência geral maior *e* melhor desempenho. As expectativas eram grandes.

No entanto, apesar da grande promessa, hoje os superabrasivos respondem por apenas 15% do mercado de abrasivos. Essa inovação levou quase 50 anos para ter êxito em relação ao alvoroço inicial e abocanhar uma fatia de mercado, embora tenha alcançado determinado patamar. O que deu errado?

O benefício relativo dos rebolos superabrasivos era real e alto. Porém, os custos totais também eram altos. Eles não eram apenas mais caros para comprar; significavam novos custos ao serem usados. Para aproveitar a vantagem das velocidades maiores de esmerilhação, os fabricantes precisariam investir em esmeris de alta velocidade (as operatrizes alimentadas por máquinas motrizes usadas para esmerilhar). O rebolo mais duro significava que as máquinas usadas para polimento também precisavam ser trocadas. E, como as velocidades mais altas exigiam maior precisão na forma como os rebolos eram tratados e balanceados, isso significava que o staff precisava de novo treinamento e capacitação.

O saldo do custo total/benefício relativo dependia da aplicação. Quando as exigências de tolerância rígida combinavam com a corrida de produções longas, com as etapas de fabricação selecionadas nos setores automotivo e aeroespacial, o excedente total era positivo, e os rebolos superabrasivos tiveram incursões profundas no mercado. Mas, fora desses nichos, levando em consideração o custo total da proposição de valor, a maior parte do mercado optou por manter os rebolos tradicionais.

Com uma fatia de mercado de 15%, os rebolos superabrasivos foram uma inovação bem-sucedida? Isso depende de seu ponto de vista. O sucesso sempre é avaliado em relação às expectativas. Para os primeiros entusiastas, o nicho de mercado dos superabrasivos foi uma decepção. Afinal, aquilo que prometia ser uma revolução acabou se revelando um avanço pequeno, porém saudável. No entanto, várias empresas desenvolveram uma visão equilibrada dos benefícios relativos e do custo total dos rebolos superabrasivos. Elas planejaram suas organizações e alocaram seus recursos com o nicho de mercado como um alvo explícito. Para elas, 15% de penetração no mercado era uma margem alta, motivo de comemoração.

Da adoção às cadeias de adoção

Muitas inovações dependem de uma cadeia de intermediários que fica entre elas e o cliente final. Considere suas opções de café da manhã. Antes de decidir se gosta do novo cereal Strawberry Delight Cheeriflakes que o pessoal de marketing da Z Cereals está tentando vender para você, vários outros atores precisam entrar em cena. O gerente da fábrica precisa decidir quando e como ajustar a produção para acomodar a nova receita; o distribuidor precisa concordar em acomodar uma gama mais complexa de produtos; o pessoal de vendas precisa promovê-lo; o varejista precisa concordar em alocar um espaço na prateleira para a nova oferta (o que significa tirar espaço de outras); e todo mundo precisa entrar em acordo quanto aos preços e condições. Juntos, eles formam a cadeia de adoção do Cheeriflakes. E se algum deles decidir não apoiar a nova oferta, os consumidores nunca terão a chance de comprá-la. E a empresa Z nunca terá a chance de realizar a venda.

Uma vez que os produtos tenham sido estabelecidos, essas transferências de responsabilidades são contínuas (na verdade, alcançar essa continuidade é o elemento principal do que significa estar estabelecido). Mas as novas ofertas podem atrapalhar a rotina existente. Quando as cadeias de adoção são frágeis, os resultados são incertos.

No mundo interdependente atual, o inovador de sucesso deve tratar cada parceiro como um cliente, mesmo que não tenham um relacionamento direto de negócios.

Enquanto a lógica da coinovação é a da multiplicação (não das médias), as cadeias de adoção seguem a lógica dos mínimos (não do excedente líquido). Consideremos as duas propostas de inovação, A e B,

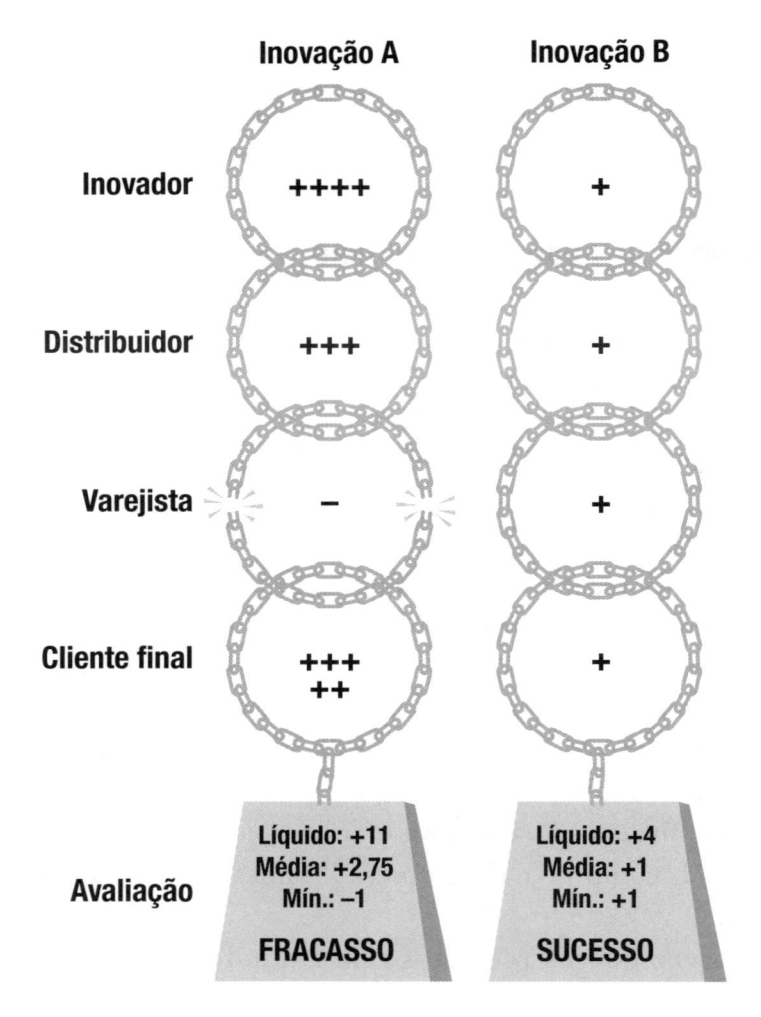

	Inovação A	Inovação B
Inovador	++++	+
Distribuidor	+++	+
Varejista	−	+
Cliente final	+++++	+
Avaliação	Líquido: +11 Média: +2,75 Mín.: −1 **FRACASSO**	Líquido: +4 Média: +1 Mín.: +1 **SUCESSO**

Figura 3.3: Excedente ao longo da cadeia de adoção para duas inovações. Espera-se fracasso se algum elo for negativo.

ilustradas na Figura 3.3. Ambas exigem que sua inovação passe por dois intermediários antes de chegar ao cliente final: o distribuidor, que vende o produto ao varejista, que, por sua vez, vende o produto ao cliente final. A inovação A gera um valor alto para o inovador (é altamente lucrativa, com um excedente de +4), um valor alto para o distribuidor (margens altas e baixos custos de manuseio, com um excedente de +3), um valor um pouco negativo para o varejista (custos iniciais mais elevados, dores de cabeça com novo treinamento e serviços pós-venda, apesar das margens ligeiramente mais altas, com déficit de −1) e um valor muito alto para o cliente final (excedente de +5). A inovação B gera um excedente positivo, porém baixo, para todos na cadeia (excedente de +1 para cada um dos quatro atores). O excedente líquido do sistema gerado pela inovação A é 11 (4 + 3 − 1 + 5). O excedente líquido do sistema gerado pela inovação B é 4 (1 + 1 + 1 + 1). Em qual deles você deveria apostar?

Todos nós fomos treinados para "focar no cliente", "ouvir a voz do cliente", fazer o máximo para "satisfazer o cliente". Porém, à medida que a cadeia de adoção se torna explícita, raramente temos apenas um cliente. Qual cliente da cadeia é mais importante? Todos eles! Cada intermediário que faz parte do ecossistema precisa enxergar o excedente desde a adoção da inovação. Uma única situação de rejeição é suficiente para quebrar toda a cadeia.

A lógica da cadeia de adoção determina que a inovação A, apesar do valor bem maior que gera para o cliente final (+5 *versus* +1), e do excedente líquido mais alto que gera para a cadeia como um todo (+11 *versus* +4), fracassará. Fracassará não porque o cliente final não vai preferi-la, mas porque o cliente final nunca terá a chance de escolhê-la. Contanto que a inovação A seja pior para o varejista do que sua alternativa atual, ela será um elo quebrado na cadeia de adoção. De forma irônica, apesar da geração mais baixa de valor, a inovação B passará pela cadeia de adoção. Uma vitória moderada, mas possível, é infinitamente mais valiosa do que uma grande vitória, porém hipotética.

No entanto, como foi o caso do risco da coinovação, o ato de reconhecer as fontes de risco da cadeia de adoção pode sugerir inúmeras formas de abordá-la. Em vez de desistir do esforço, o inovador sábio revisará o plano da inovação A buscando eliminar o déficit do varejista – encontrando um parceiro alternativo, um caminho alternativo ou realocando o excedente ao longo da cadeia para deixar o varejista com um excedente positivo (por exemplo, mudar o excedente do cliente final de +5 para +3 para passar o varejista de −1 para +1). Essas etapas de mitigação são, por si sós, inovações na estrutura de ecossistemas. *O risco pode ser gerenciado de forma proativa, mas somente se for identificado com antecedência.*

Por mais claro que possa parecer na teoria, na prática é fácil para os inovadores ignorar os incentivos e as motivações dos intermediários com os quais não têm um elo direto. Por esse motivo, pode ser tentador dirigir seu olhar para dentro, para os problemas que você é capaz de controlar melhor. Mas ignorar sua dependência em relação aos outros não evitará que eles derrubem seus esforços de inovação.

O segredo é fazer as perguntas difíceis *desde o primeiro dia*, revelando o que todo mundo na cadeia de adoção precisa para levar sua inovação adiante. Quais são essas perguntas difíceis? São as perguntas que buscam restrições e problemas, em vez de apoio e consenso descompromissado. Relembremos o desastre da tecnologia *run-flat* da Michelin no Capítulo 1. E se a empresa, em vez de ter perguntado às oficinas mecânicas "vocês estão dispostas a incorporar um novo maquinário e treinar novamente seu staff para consertar os pneus PAX?", tivesse perguntado "vocês estão dispostas a incorporar um novo maquinário e treinar novamente seu staff para consertar os pneus PAX *mesmo antes de haver um número significativo desse tipo de pneu nas ruas?*"? A resposta teria sido intragável. Mas teria sido útil do ponto de vista crítico. A liderança da Michelin teria tido a oportunidade de modificar sua estratégia para descobrir como lidar com o problema da adoção das oficinas mecânicas bem antes do lançamento do PAX, em vez de correr e improvisar quando já era tarde demais.

Se os inovadores na Michelin tivessem realmente compreendido a natureza dos desafios de sua cadeia de adoção, poderiam ter abordado o mercado de forma muito diferente. Por exemplo, uma opção (entre várias outras) poderia ter sido uma exclusividade plurianual para uma única montadora. Isso aumentaria a vantagem diferencial da montadora em comparação com suas rivais, em troca de uma forte garantia de que todas as suas concessionárias instalariam o equipamento para conserto em suas oficinas de serviços durante o primeiro ano do lançamento. Com o equipamento instalado, essas concessionárias poderiam consertar os pneus PAX em qualquer marca de carro, já que, quando a exclusividade terminasse, uma infraestrutura de serviços já estaria instalada. No Capítulo 8 exploraremos essas estratégias com o objetivo de estabelecer uma área de cobertura mínima viável. Para os inovadores que acreditam que têm um grande produto, como foi o caso da Michelin com o PAX, limitar de forma proativa o tamanho de um sucesso inicial pode ser uma estratégia desafiadora de se abraçar. Mas o desastre de um lançamento sem ter abordado os problemas da cadeia de adoção é muito pior. A única maneira de discutir essa opção com seriedade é iniciar a discussão com uma visão de longo alcance do ecossistema.

O risco da cadeia de adoção é produto do cabo de guerra entre a inovação e o *status quo*. O desafio é convencer os parceiros críticos de que há um valor positivo para que se juntem aos seus esforços quando sentem que estão indo bem do jeito que estão. Às vezes isso é um problema de comunicação. Mas, como veremos no exemplo a seguir, normalmente isso exige inovar o próprio ecossistema de inovação.

Como o cinema digital transformou menos em mais

No final dos anos 1990, a fábrica de sonhos de Hollywood tinha um sonho. Desde seus primórdios, as estrelas – de Charlie Chaplin passando por Cary Grant, Marilyn Monroe, Julia Roberts até Russell Crowe – eram todas projetadas em nossa imaginação através da mesma tecnologia: o filme de celuloide. A tecnologia digital permitia uma nova mágica em quase todas as etapas do cinema (efeitos especiais, edição, som), mas a projeção dos filmes permaneceria restrita ao padrão do setor por mais de meio século. Enquanto o barulho do clique-claque dos carretéis pode evocar sorrisos nostálgicos na plateia, para os estúdios a necessidade de imprimir, despachar e reaver latas volumosas de filme analógico era cara e ineficiente. E, no meio de um fértil boom tecnológico, uma nova maneira de distribuir, projetar e apreciar os filmes finalmente surgiu na forma do cinema digital.

À medida que os formatos analógicos em toda a mídia desapareciam, a transição para o cinema digital pareceria algo certo. Criado nas bases já formadas pelo desenvolvimento do disco a laser e, de forma mais exitosa, do DVD, o caminho tecnológico para a era digital estava claro. A proposição de valor não era ambígua: qualidade de imagem com resolução mais alta, melhor proteção contra a pirataria, flexibilidade de programação, potencial para exibição em 3D e – para os estúdios – eliminação das caras impressões dos filmes. Levar essa nova e emocionante tecnologia às massas exigia avanço tecnológico. O mais crucial era o desenvolvimento dos projetores digitais. Felizmente para os estúdios, os primeiros projetores comerciais de DLP (processamento digital de luz) tornaram-se disponíveis para comercialização no início de 1996.

No entanto, como vimos no caso do 3G no Capítulo 2, a mera disponibilidade de uma inovação não é suficiente para o sucesso: normalmente, vários desafios da coinovação precisam ser superados para que a proposição de valor se torne realidade. As coinovações exigiam que o progresso do cinema digital incluísse a conversão dos filmes analógicos em digitais e recursos de transferência/armazenamento de dados. Isso também já estava pronto. O desenvolvimento do *digital telecine scanner*, em 1989, que converte rapidamente um filme em um formato digital, significava que os filmes poderiam ser filmados/gravados em filme/película e ainda projetados digitalmente. Isso foi uma grande dádiva para os estúdios, pois permitia que evitassem o desafio de convencer os diretores e o staff de produção a adotar novos equipamentos e técnicas. Os recursos de armazenamento e distribuição também se alinhavam: os discos rígidos naquela época eram capazes de armazenar filmes digitais se fossem divididos em várias unidades, e o conteúdo poderia ser distribuído de forma eficiente na internet por meio das linhas T3 de alta velocidade recém-desenvolvidas. Até 1999, esses elementos-chave do sistema de projeção do cinema digital já estavam prontos, e os espectadores tiveram acesso ao cinema digital pela primeira vez quando *Star Wars: Episódio I – A Ameaça Fantasma* foi exibido em Los Angeles e Nova York.

Em fevereiro de 1999, o *New York Times* anunciava que "os projetores digitais poderiam ocasionar mudanças drásticas na indústria cinematográfica". Mas, infelizmente para os estúdios, apesar da viabilidade e da disponibilidade desse sistema miraculoso, e do potencial de economizar milhões em custos e acrescentar milhões em receita, o cinema digital passaria os próximos sete anos no esquecimento. Contudo, enquanto os projetores digitais foram usados em menos de 5% das telas de cinema dos Estados Unidos até o final de 2006, foram usados em aproximadamente 40% até o final de 2010. Por que levou quase uma década para que essa tecnologia nova e atrativa alcançasse mais de um punhado de cinéfilos? E o que aconteceu para finalmente acelerar sua ascensão? A resposta está na cadeia de adoção.

Quem ganha?

No ecossistema do cinema digital, vários atores-chave tiveram de adotar a tecnologia para que esta alcançasse o frequentador de cinema em geral.

Os grandes estúdios de cinema certamente viram valor em apoiar e desenvolver o cinema digital. Acima de tudo, deixar o celuloide para trás também significava evitar o gasto anual de $1 bilhão com os custos de impressão e expedição associados ao filme tradicional. O custo para produzir a impressão de um filme girava entre $2 mil e $3 mil por cópia. Então, se um lançamento nacional típico nos Estados Unidos fosse exibido em cerca de 3 mil telas, só o custo de impressão do estúdio poderia chegar a $7,5 milhões.

O cinema digital também abriu a possibilidade de lançar o filme no que os "iniciados" chamam de uma abordagem "dia e data". Tradicionalmente, os filmes eram lançados de forma escalonada, o que permitia aos estúdios controlar e minimizar os custos de transportar cópias caras e pesadas ao redor do mundo. Com o cinema digital, os filmes poderiam ser lançados em qualquer lugar de forma simultânea, oferecendo uma alternativa aos filmes pirateados para plateias globais (mais) ansiosas. Além disso, a tecnologia de filme digital permitia a criptografia, o que ajudaria a reduzir bastante, embora não eliminasse, a pirataria dos filmes, à qual os estúdios atribuíam um custo de mais de $3 bilhões por ano.

O braço de distribuição dos estúdios, assim como os distribuidores independentes, também se beneficiaria da maior flexibilidade em adaptar o filme a uma plateia específica. Entrar na era digital significava que

```
    Projetor
    digital ━━━┓
     ++        ┃
               ▼
    Estúdio ━━▶ Cinema ━━▶ Espectador
    +++++          −            +
```

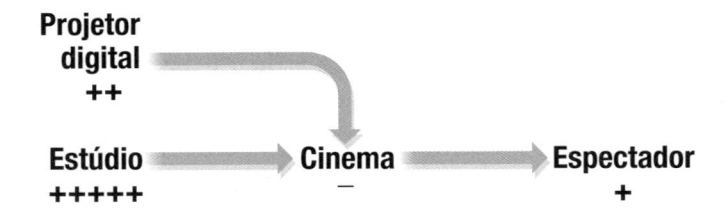

Figura 3.4: O ecossistema do cinema digital em 2003.

as legendas e várias versões de trailers pudessem ser facilmente ajustadas para alcançar melhor determinada situação. Os donos dos cinemas poderiam trabalhar de forma mais eficiente, com necessidade de um staff menor para operar e manter o equipamento de projeção. Claro que os fornecedores de projetores e atualizações dos equipamentos, bem como os técnicos de serviço para os quais o cinema digital gerava uma nova e grande corrente de receita, viram o valor óbvio na transição digital. E os espectadores também sairiam ganhando, aproveitando uma experiência de cinema mais sofisticada. Melhor resolução significava que as imagens seriam mais brilhantes, mais nítidas e mais atrativas. "O que você acha que as pessoas percebem quando veem pela primeira vez um filme analógico e um digital projetados lado a lado?", perguntou Jim Korris, diretor executivo do Entertainment Technology Center da University of Southern California. "As pessoas percebem que passaram a vida toda assistindo a filmes que tremem. O cinema digital é como olhar para fora de uma janela. É uma rocha firme."

Então, se todos enxergavam o benefício da adoção do cinema digital, onde estava o problema? A resposta está em uma peça para quem os benefícios eram altos, mas não altos o suficiente para compensar o custo total: as salas de cinema. Imagine que estamos em 2003 e você é dono de uma sala de cinema independente ou de uma rede de salas e tenha acompanhado o desenvolvimento dessa nova tecnologia. O cinema digital é uma possibilidade empolgante: você poderia facilmente ajustar quais filmes seriam exibidos em cada tela e, assim, aproveitar os picos de demanda dos sucessos inesperados; você ouviu falar que seria possível transmitir concertos e eventos esportivos ao vivo, oferecendo uma nova forma de atrair o público; e ainda há a possibilidade de passar principalmente os filmes em 3D, com preços de ingressos mais altos, mas que seriam exibidos somente com projetores digitais. O benefício relativo é alto.

Mas o custo total também é. Os cinemas são um negócio com uma margem relativamente baixa. Historicamente, a maior parte do lucro não vem da venda dos ingressos, mas das concessões. Para a maioria, o custo de conversão de $70 mil a $100 mil por tela necessário para comprar o projetor digital e oferecer suporte de hardware e software para uma sala de projeção atualizada era proibitivo. Além do mais, os projetores digitais tinham vida útil de apenas 10 anos, em comparação com os 30 a 40 anos dos projetores tradicionais. Adicione-se a falta de clareza sobre os padrões de formatos concorrentes que levariam anos para serem definidos, e é fácil entender por que o dono de uma sala de cinema considerando os custos de manutenção contínua dessa nova e incerta tecnologia, e comparando-a com a alternativa familiar do celuloide, demoraria a incorporar o cinema digital. "Talvez façamos isso no ano que vem... ou no outro ano."

O diretor James Cameron, que há muito tempo defendia a promessa de passar para a era digital, fez a seguinte observação: "O cinema digital e o 3D abrem as portas para que os cineastas minem completamente o novo território criativo. Cabe aos exibidores, agora, adotar essas novas tecnologias no lado da exibição, para que o público tenha uma razão para procurar o cinema e deixar de lado seu computador e televisor de tela plana." Fácil para um diretor dizer isso – para ele, os benefícios relativos excediam bastante os custos. Os exibidores viam isso de forma diferente. "Não temos condições de adotar um equipamento caro", disse Ayron Pickerill, dono de uma pequena sala de cinema em Montana. "E, se não tivermos isso, e tudo for digital, estaremos fora do negócio; isso é tudo que resta." É de se admirar que a tática preferida tenha sido adiar?

Nos primeiros anos do novo milênio, essa atitude era consenso entre os donos de salas de cinema em todo o país, causando ruptura crucial na cadeia de adoção. A menos que os custos e riscos da adoção para os donos dos cinemas fossem reduzidos, era provável que as audiências em massa jamais passassem por essa experiência – e os estúdios tivessem a economia de custos – do cinema digital.

Os padrões tecnológicos não são suficientes

Em 2002, os sete principais estúdios cinematográficos – Disney, Fox, Metro-Goldwyn-Mayer (MGM), Paramount Pictures, Sony Pictures Entertainment, Universal Studios e Warner Bros. Studios – uniram-se para formar a Digital Cinema Initiatives, DCI. "Achamos que, se deixássemos para o exibidor decidir, isso nunca aconteceria", observou Dan Fellman, executivo da Warner Bros. O propósito do grupo era estabelecer um conjunto de especificações para o cinema digital com a esperança de que os padrões em todo o setor reduzissem a incerteza e incentivassem a adoção. A luta levou anos de testes e ensaios. Julian Levin, presidente do Conselho da DCI e vice-presidente executivo de cinema digital na 20th Century Fox, atenuou a questão ao dizer que o trabalho estava "demorando um pouco mais do que as pessoas esperavam". Em julho de 2005, a DCI publicou suas especificações, finalmente resolvendo a questão dos padrões.

Mas mesmo com esses padrões tecnológicos em andamento, os donos das salas de cinema não estavam dispostos a mergulhar de cabeça no cinema digital. Outra inovação teria de ser introduzida no ecossistema para equilibrar o risco de adoção. De maneira interessante, nessa transição guiada pela tecnologia, a peça que faltava no quebra-cabeça não era um avanço tecnológico, mas um avanço financeiro.

Como uma estrutura financeira inovadora salvou o cinema digital

O cinema digital prometia enormes benefícios líquidos não só para os estúdios cinematográficos, mas também para todo o ecossistema agregado. O problema, no entanto, era que os benefícios não estavam distribuídos de maneira uniforme. E, como a salas de cinema eram um elo crítico na cadeia – ou seja, não havia nenhuma maneira de fazer isso sem elas, nem de tirá-las da cadeia –, seria impossível que o cinema digital tivesse êxito como uma solução ganha-ganha-perde-ganha. O desafio era encontrar uma proposição do tipo ganha-ganha-ganha-ganha – uma forma de dividir o excedente com os cinemas para que eles *quisessem* adotar a inovação.

Com um reconhecimento claro da vantagem do cinema digital para o resultado final, os dirigentes dos estúdios lutaram para encontrar uma solução antes que a confiança no potencial do cinema digital começasse a desaparecer. Com a imprensa chamando a arena do cinema digital de "oeste selvagem", e os exibidores longe de uma aposta segura na adoção digital, algo precisava acontecer. Como observou John Fithian, presidente da National Association of Theater Owners: "Eles teriam de agir juntos esse ano ou tudo iria por água abaixo."

A solução da taxa da cópia virtual

Em um setor no qual os elos entre as partes não eram exclusivos (cada estúdio enviava o mesmo filme para vários cinemas; cada cinema exibia os filmes de vários estúdios), seria necessário uma forma elegante que permitisse aos estúdios contribuírem com o custo da conversão digital dos cinemas de maneira que todas as partes achassem justa.

Em todo o setor, surgia a ideia de um modelo de financiamento no qual os estúdios contribuiriam com o custo da conversão digital. Os estúdios concordaram: "A parte do financiamento deveria ser relativamente proporcional aos benefícios obtidos por cada parte", disse Chuck Goldwater, CEO da DCI. A National Association of Theater Owners expressou sua preocupação de que, independentemente da forma, o plano de financiamento deveria servir para todo o setor, "apoiado por todos os grandes estúdios cinematográficos por meio de uma entidade ou um consórcio de entidades financeiras, e todos os outros estúdios que desejassem participar do plano deveriam ter a oportunidade de fazê-lo". Isso evitaria o pesadelo da fragmentação, em que estúdios diferentes tivessem exigências financeiras e condições diversas para exibir seus filmes. O desafio não era apenas concordar em subsidiar a participação dos donos dos cinemas, mas também encontrar a forma correta de fazê-los aderir (e fazer isso sem se meter em dificuldades com questões antitruste).

Entra a VPF. O programa VPF (taxa de cópia virtual) é uma inovação financeira que permite aos estúdios subsidiar o alto custo da adoção do cinema digital nas salas de cinema. O VPF lançou um novo ator no ecossistema – o integrador do cinema digital. No modelo VPF, em vez de os cinemas serem obrigados a cobrir os custos de atualização e manutenção dos equipamentos, esse novo integrador arca com o desembolso inicial dos equipamentos e ajuda com a manutenção e a integração tecnológica. Os lucros do integrador vêm de um leasing de cinco a dez anos com opção de compra firmada com os cinemas, que são subsidiados pelo VPF. Para cada filme projetado de forma digital, e não analógica (economizando, assim, milhares de dólares aos estúdios e evitando custos de impressão, expedição e recuperação), o estúdio divide o benefício pagando uma taxa de cópia virtual de aproximadamente $1 mil para o integrador digital em nome do exibidor. Na vigência do contrato, o convênio VPF pode cobrir cerca de 80% dos custos de conversão do exibidor. Ao término do

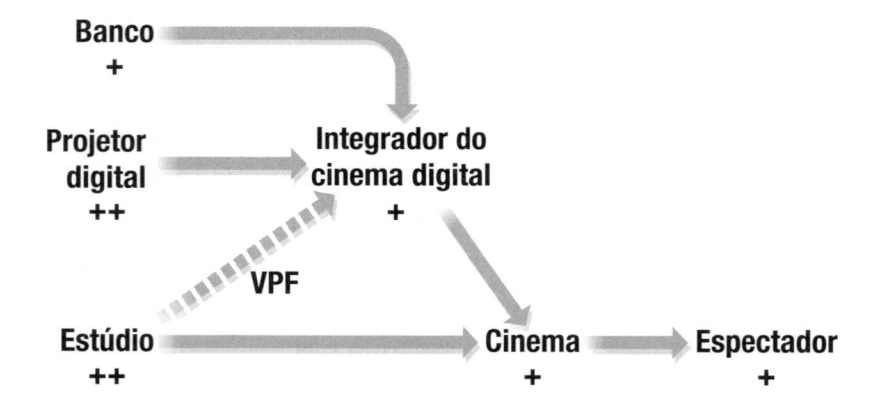

Figura 3.5: Ecossistema do cinema digital após o lançamento do programa VPF (taxa de cópia virtual).

contrato, o exibidor fica com o equipamento, garantindo que o cinema digital se torne um padrão no setor.

O avanço revolucionário do VPF surgiu em 2005, permitindo finalmente que o sonho do cinema digital se tornasse realidade. O ano 2006 foi amplamente considerado o ano de transição para o cinema digital, já que as salas em todo o país começavam a adotar gradualmente a promessa do cinema digital. E, em 2007, as redes de cinema AMC Entertainment, Cinemark USA e Regal Entertainment Group – que controlavam de forma coletiva quase 30% do total de telas nos Estados Unidos – formaram sua própria organização integradora, a Digital Cinema Implementation Partners (DCIP), impulsionando a adoção em massa do cinema digital.

Em 2009, *Avatar*, o grande sucesso de James Cameron, filme de ficção científica em 3D que quebrou inúmeros recordes, levou os espectadores a perceberem que as ofertas tridimensionais modernas estavam muito além dos truques dos anos de 1950. Nos primeiros dois meses após o lançamento de *Avatar*, 81% dos $601 milhões da bilheteria bruta nos Estados Unidos vieram das vendas dos ingressos em 3D. Em alta no entusiasmo do público pelos filmes em 3D, *Toy Story 3*, da Disney, tornou-se o desenho a alcançar o topo das bilheterias em 2010. Até o fim do ano, 38% das telas nos Estados Unidos e quase 25% das telas no mundo todo haviam se convertido em digitais. A revolução finalmente havia chegado.

O cinema digital ainda enfrenta obstáculos. À medida que surgem novas gerações de equipamentos, provavelmente haverá problemas de controle de qualidade e compatibilidade, já que todos ao longo da cadeia de adoção chegarão ao mesmo nível. Além disso, a questão do armazenamento digital no longo prazo é problemática. Os custos da conservação digital são significativamente mais altos do que os dos filmes tradicionais. E há as questões sobre sustentabilidade e tamanho do adicional cobrado nos ingressos dos filmes em 3D. Apesar dessas preocupações, será praticamente impossível reverter a mudança para o cinema digital. Conforme a base instalada de projetores analógicos encolhe, já que os fabricantes de analógicos abandonam o mercado, e conforme os estúdios deixam de

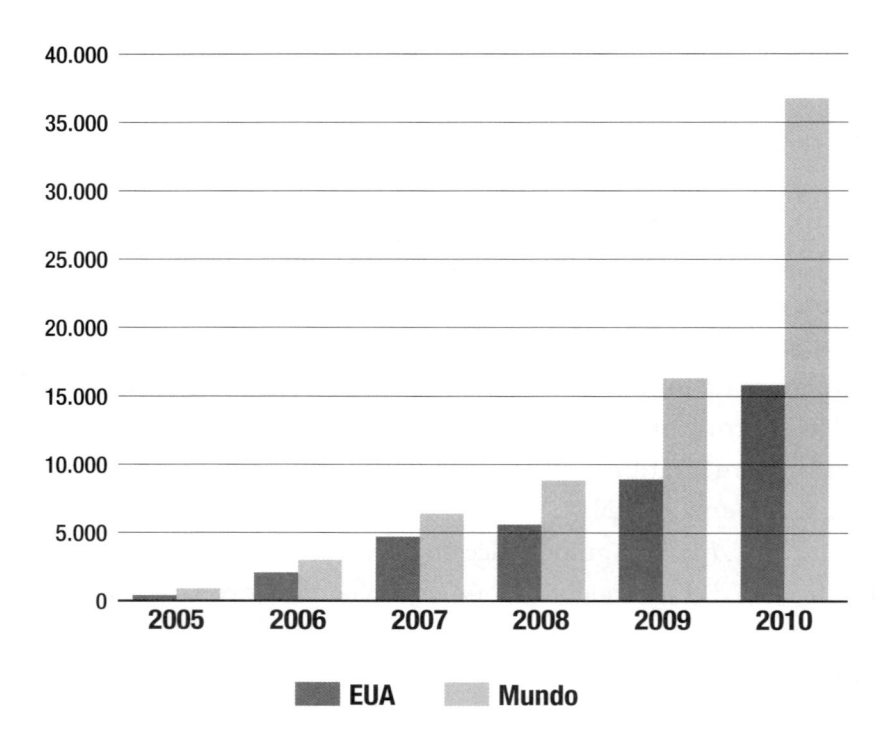

Figura 3.6: Instalações do cinema digital.

imprimir e expedir os filmes analógicos, podemos esperar que o filme de celuloide tenha o mesmo destino do álbum gravado de LP na era da música digital e se torne um nicho de curiosidade.

Avaliando o sucesso do cinema digital

À primeira vista, a progressão do cinema digital pode ser considerada frustrantemente lenta. Acima de tudo, nos quase 10 anos de atraso antes da adoção em massa, todo mundo poderia ter aproveitado seus benefícios. Porém, se olharmos no caminho da adoção completa, veremos que os passos incrementais dados – e a ordem na qual foram dados – foram necessários para a vitória do cinema digital. Os estúdios foram espertos em primeiro definir os padrões do setor, evitando a possibilidade de um caos da alta tecnologia, já que os diferentes elos da cadeia apoiavam tecnologias diferentes, impedindo o consenso necessário para um lançamento em massa. O conteúdo tridimensional estava em alta, criando uma demanda visível dos consumidores pelo cinema digital que os donos das salas podiam enxergar. Porém, com uma solução de financiamento e pagamentos de VPF, os exibidores não precisavam esperar pelos sucessos em 3D antes de concordar em dar seus primeiros passos. As salas habilitadas para o cinema digital começavam a tirar proveito de uma receita adicional de novas fontes de conteúdo, como transmissões ao vivo de eventos esportivos, concertos e óperas. E ter dado os primeiros passos, fazendo uma atualização para suportar a enorme quantidade de ofertas digitais e em 3D que logo estariam chegando, foi mais um salto do que um obstáculo. E os benefícios para as salas de cinema em adotar o cinema digital aumentaram, e os estúdios conseguiram reduzir o subsídio do VPF para aqueles que realizaram a adoção tardiamente.

Exploraremos a confluência da liderança e inovação bem-sucedida de forma mais aprofundada no Capítulo 5. Mas vale a pena observar que, para que ocorresse a adoção em massa do cinema digital, a liderança foi necessária da única parte com recursos e incentivos econômicos suficientes que importavam: os estúdios cinematográficos. Nem os distribuidores independentes nem os fornecedores de equipamentos estavam em condições de liderar, devido à fragmentação, ao poder de barganha limitado em relação aos exibidores e à falta de força financeira. Os integradores deram um grande salto para o cinema digital ao lançar o modelo VPF, mas, sem a participação dos estúdios, a estrutura financeira teria caído por terra. Foram os estúdios que, ao abandonarem primeiro o filme de celuloide, estabelecendo os padrões digitais, e posteriormente colaborando com os integradores das salas digitais, abriram caminho para a adoção em massa do cinema digital. Com o VPF, os estúdios assumiram um novo papel, criando um novo conjunto de elos no ecossistema. Eles encontraram uma solução brilhante para induzir a mudança digital. E, ao limitarem a participação a uma janela de tempo fixa, criaram um processo para tirar a si mesmos do caminho – e do gancho –, uma vez que o sistema já estava arraigado.

Visando as soluções da cadeia de adoção

Os problemas da cadeia de adoção exigem soluções específicas. Não apenas intervenção e investimento, mas intervenção e investimento com alvo no lugar certo e da forma correta. Os estúdios cinematográficos poderiam ter gasto seus recursos tentando criar emoção para o público, produzindo mais filmes ou forçando tecnologias mais avançadas, mas nenhuma dessas opções teria afetado o problema principal que atrasou o cinema digital. Em vez disso, ao identificar os operadores das salas de cinema como o principal gargalo, eles sabiam onde concentrar seus esforços, criando uma solução financeira voltada especificamente para transformar a avaliação negativa dos exibidores em uma avaliação positiva.

Para os rebolos superabrasivos, a compreensão do equilíbrio entre o custo total/benefício relativo significou ajustar as expectativas do mercado. Ao reconhecer que as vantagens oferecidas por essa incrível inovação estavam acompanhadas por uma série de custos não baseados no preço, o setor compreendeu que a proposição líquida seria positiva apenas para um subgrupo de usuários e encontrou formas de executar operações lucrativas visando o nicho, e não a corrente predominante.

Enxergar a realidade do risco de sua cadeia de adoção o deixa em uma posição melhor para realizar escolhas mais inteligentes logo no início. Os inovadores sábios terão um plano para abordar cada elo da cadeia de adoção com um excedente negativo *antes* de seu lançamento. Modificarão sua estratégia para criar um excedente para o adotador problemático ou encontrar uma maneira de alcançar o cliente final sem a ajuda do elo problemático. E se não conseguirem encontrar uma forma de abordar esses desafios, compreenderão que talvez seja melhor abrir mão da oportunidade e transferir os recursos para a próxima opção da lista.

Uma perspectiva de longo alcance poderá ajudá-lo a revelar a natureza real dos desafios da cadeia de adoção. Com uma visão clara, será mais fácil ver os esboços da solução correta. Desenvolvê-los pode exigir esforço e inovação, como foi o caso do VPF, mas o retorno desses esforços é alto. Você não deve desviar seu olhar ao se confrontar com um parceiro com um excedente negativo. O segredo é não se apressar em agir até que as dinâmicas fundamentais estejam claras. É fácil investir em usuários finais satisfatórios, mas nem sempre é eficaz. Lembre-se de qual cliente na cadeia de adoção é o mais importante. *Todos eles.*

REFLEXÃO SOBRE A PARTE I

Ecossistemas internos e externos estão em toda parte

A maioria dos exemplos apresentados neste livro ocorre no "ecossistema externo", entre as diferentes organizações que precisam trabalhar juntas para que uma nova proposição de valor dê certo. Contudo, todas as ideias que veremos aqui também se aplicam ao "ecossistema interno", ou seja, à sua organização. Sempre que uma iniciativa depender do apoio de outros setores de sua empresa, você estará diante de uma combinação dos desafios da coinovação e da cadeia de adoção. O departamento financeiro precisará mudar as regras de alocação de custos e receitas entre as divisões de produtos para incentivar a cooperação? A organização de atendimento conseguirá oferecer suporte à solução depois que o produto for lançado? O esquema de incentivos tornará a inovação atrativa para a força de vendas, ou os representantes precisarão de novos incentivos? Departamentos de recursos humanos, marketing, jurídico... quando você identificar quais relacionamentos atuais na organização precisam mudar para que o novo projeto prospere, poderá iniciar a definição de estratégias sobre como administrar as dependências. A lógica que exploramos e as ferramentas que vamos desenvolver independem das fronteiras de sua empresa. Embora os papéis do poder e da política sejam diferentes dentro e fora de sua organização, os princípios da lente de longo alcance permanecem os mesmos.

Do mesmo modo, embora os exemplos muitas vezes sejam extraídos de situações que envolvem tecnologia e produtos, as ideias e os princípios de ecossistemas se aplicam do mesmo modo em outros cenários.

Imagine, por exemplo, executivos de recursos humanos tentando implementar um novo sistema de gestão de talento; diretores de instituições de ensino supervisionando reformas curriculares, autoridades governamentais avaliando o mérito das diferentes opções políticas e normativas; organizadores de comunidades desenvolvendo um plano para melhorar o bairro. Ainda que sejam diferentes em termos dos recursos que podem utilizar e das metas que estão tentando alcançar, eles podem aproveitar os benefícios de um amplo conjunto de ferramentas para perceber e administrar a interdependência, a fim de aumentar sua eficácia e chances de sucesso.

Por fim, embora desenvolvidos no contexto do lançamento de inovações, os argumentos estão diretamente relacionados com o desafio da globalização que permeia o ingresso em novos mercados geográficos. Aqui a mensagem é clara: além de adaptar a proposição de valor de acordo com as preferências locais, é essencial estar ciente de como a mudança afetará o contexto de ecossistema no qual a proposição de valor adaptada será desenvolvida. Usando as lentes dos riscos de adoção e coinovação, em conjunto com as ferramentas que serão apresentadas a seguir, traremos à tona as diferenças ocultas em diferentes mercados que afetarão o modo como você estabelece as prioridades na implantação do novo projeto e como reformula a oferta adaptada propriamente dita.

De certa maneira, os desafios dos ecossistemas podem ser vistos como as tradicionais dificuldades do gerenciamento de projetos. A principal diferença é a maneira como traçamos as fronteiras que circulam o projeto. Lentes de curto alcance o deixarão focado no risco da execução, tendendo a ignorar as implicações dos coinovadores e parceiros da cadeia de adoção. Contudo, como veremos nos próximos capítulos, avaliar sua inovação usando lentes de longo alcance não só mudará o que você vê, mas também o modo como aborda as principais escolhas estratégicas (Parte II) e descobre novos meios de mudar fundamentalmente a natureza do jogo (Parte III).

PARTE II

Escolhendo sua posição

III. Ganhando o jogo

II. Escolhendo sua posição

I. Enxergando o ecossistema

Capítulo 4
Mapeando o
ecossistema

Capítulo 5
Papéis e
relacionamentos

Capítulo 6
O lugar certo
na hora certa

Casos principais:
E-books e
insulina inalável

Prontuários
médicos
eletrônicos

Music players e
litografia de
semicondutores

Ferramentas:
Esquema
de valor

Prisma de
liderança

Matriz do
precursor

CAPÍTULO 4

Mapeando o ecossistema

Identificando peças e lugares

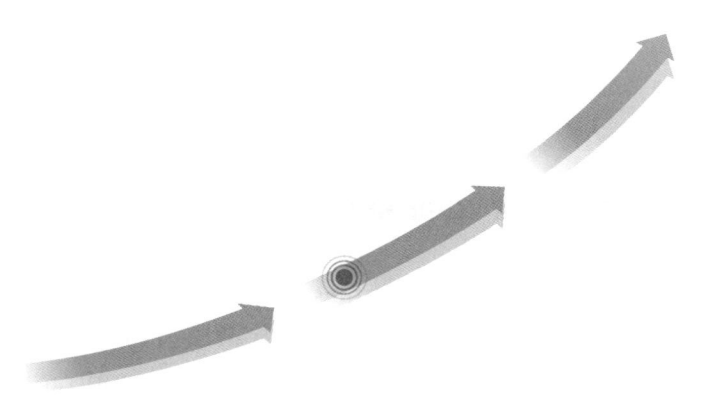

Imagine quatro parceiros em uma mesa de reunião discutindo o esforço inovador mais recente de suas empresas. Mesmo quando compartilham a visão do que estão tentando alcançar – qual é o novo valor que a iniciativa conjunta está tentando criar –, eles normalmente terão visões diferentes sobre como seus esforços separados se unirão. Quem fará a primeira jogada? Quem depende de quem? Quem enfrentará o cliente e quem atuará apenas como uma engrenagem invisível? Em um mundo de cadeias de suprimento, o caminho linear de A passa para B, que passa para C, que passa para D, está relativamente claro. Um mundo de ecossistemas, no entanto, é um mundo de trocas – A, B, C e D, todos precisam trabalhar juntos e de forma simultânea, e as combinações de funções possíveis são enormes. Em geral, o desafio não é que os parceiros discordem abertamente sobre o que deve acontecer primeiro ou sobre quem é responsável pelo quê. É que essas questões não são exploradas de forma suficiente. Em vez disso, após terem concordado sobre a visão final, os parceiros supõem que também estejam de acordo sobre a melhor maneira de chegar lá. Uma premissa realmente perigosa.

Quando as estratégias requerem explicitamente a colaboração, eles partem de uma premissa implícita sobre a estrutura. Neste capítulo, tornaremos essa premissa explícita, explorando uma abordagem sistemática para esclarecer não só quem precisa estar unido para trazer sua proposição de valor à vida, mas também onde estarão posicionados e quais riscos existem no plano. Ao tornar a estrutura do ecossistema explícita, tornaremos nossas estratégias mais robustas.

Das proposições de valor aos esquemas de valor

Sua proposição de valor é uma promessa. É uma visão do novo valor que seus esforços de inovação criarão, assim como para quem esse valor será criado. Para uma inovação eficaz, será necessário encontrar uma forma de transformar a proposição de valor em ação. Quando a proposição de valor requer a convergência entre vários elementos, é necessária uma abordagem que permita avaliar as configurações alternativas e gerar acordo e compreensão compartilhados entre os parceiros sobre como esses elementos devem se reunir.

Para fazer isso, usaremos uma ferramenta de mapeamento que chamo de *Esquema de valor* (veja a Figura 4.1). O esquema de valor está relacionado com as cadeias de valor e de suprimento. A diferença principal é que, enquanto esta última tende a focar a sequência linear da transferência de tarefas dos fornecedores para produtores, para os distribuidores e para os clientes finais, o esquema de valor é explícito quanto ao local *específico* e aos elos de complementadores que delimitam o caminho direto ao mercado, mas que continuam se mostrando críticos para o sucesso. Na verdade, é a facilidade com que esses parceiros fora do caminho podem ser ignorados quando se usam ferramentas de estratégia tradicionais que dá origem ao ponto cego da inovação. O esquema de valor está no coração de todas as ferramentas que desenvolveremos daqui em diante.

O esquema de valor é um mapa que torna seu ecossistema e suas dependências explícitos. Ele estabelece a disposição dos elementos necessários para concretizar a proposição de valor – como as atividades são posicionadas, como estão relacionadas e qual ator é responsável por qual parte. Começamos identificando o conjunto completo de parceiros e especificando suas posições; os fornecedores dos quais seu projeto depende, os intermediários que aparecem entre você e seus clientes finais e os complementadores cujas ofertas são agrupadas em diferentes pontos ao longo do caminho. Depois, identificamos as mudanças nas atividades e nos elos que esperamos de cada participante. Por fim, avaliamos como essas mudanças afetam a probabilidade de que todo o sistema realmente se junte para entregar proposição de valor.

Já vimos os esquemas de valor ao descrever vários casos até agora – o sistema PAX da Michelin, a telefonia 3G, o cinema digital – para identificar os atores e os elos que formam o ecossistema.

As etapas para construir um esquema de valor são diretas:

1. Identificar seu cliente final. Pergunte: *Quem é o alvo final da proposição de valor? Quem, em última análise, precisa adotar nossa inovação para que tenhamos sucesso?*
2. Identificar seu próprio projeto. Pergunte: *O que precisamos entregar?*
3. Identificar seus fornecedores. Pergunte: *De quais contribuições precisaremos para criar nossa oferta?*
4. Identificar seus intermediários. Pergunte: *Quem aparece entre nós e o cliente final? Quem mexe em nossa inovação depois de nós e para quem ela é passada no caminho até o cliente final?*
5. Identificar seus complementadores. Para cada intermediário, pergunte: *Precisa acontecer mais alguma coisa até que esse intermediário possa adotar a oferta e passá-la adiante para o cliente final?*

6. Identificar os riscos do ecossistema. Para cada elemento no mapa, pergunte:
   a. *Qual nível de risco de coinovação esse elemento apresenta – como eles são capazes de se incumbir da atividade necessária?*
   b. *Qual nível do risco de adoção esse elemento apresenta – até que ponto eles estão dispostos a se incumbir da atividade necessária?*

   Normalmente, é mais produtivo caracterizar o status de cada elemento de seu esforço de inovação com uma série contínua de sinais verde-amarelo-vermelho. Para o risco de coinovação, o sinal verde significa que eles estão prontos e em posição; amarelo significa que ainda não estão em posição, mas que existe um plano – talvez estejam atrasados, mas chegarão lá; e vermelho significa que não estão em posição e não há um plano definido. Para o risco de adoção, o sinal verde significa que seus parceiros desejam muito participar e ver o excedente claro do seu envolvimento; amarelo significa que são neutros, mas estão abertos à persuasão; e vermelho significa que eles têm razões muito claras para eleger o *status quo* e preferem não participar da proposição tal como está. Ao avaliar o risco implícito nos novos elos, é importante considerar os incentivos de cada parte conectada para decidir se irá interagir nesse novo caminho.
7. Para todo parceiro cujo status *não* for verde, tente entender a causa do problema e identificar uma solução viável.
8. Atualizar o projeto regularmente. Seu esquema de valor é um documento vivo e, como as condições mudam com o passar do tempo, será necessário modificá-lo.

Figura 4.1: Um esquema de valor genérico mapeia os atores e elos que formam o ecossistema.

Ao trazer à tona esses relacionamentos, o esquema de valor obriga todos os envolvidos na conversa: a enfrentar os desafios que vão além de suas próprias responsabilidades imediatas; a considerar como desejam organizar e tratar dos riscos que são inerentes a todo esforço de colaboração; e a lidar com essas questões de forma proativa. Observe que, aqui, o que importa são os elementos, e não sua propriedade. Ainda que venham da mesma empresa, elementos diferentes devem ser avaliados de forma separada.

Raramente uma inovação significativa tem início com um projeto com todos os sinais verdes. Também não é necessário. Alguns sinais amarelos são aceitáveis, contanto que estejam acompanhados de um plano para que fiquem verdes. Os sinais amarelos são um sinal de que haverá atrasos, mas estes não precisam ser nada fora do normal. Os sinais vermelhos, no entanto, são um grande problema. Qualquer sinal vermelho que apareça em seu mapa – seja por causa da incapacidade de um parceiro de cumprir o combinado ou da má vontade em cooperar, ou devido a um problema de sua parte – deverá ser sanado. Isso pode significar vários cenários, desde gerenciar incentivos até encontrar um meio de eliminar o elo problemático de seu projeto. Normalmente, a identificação do caminho mais promissor é um processo iterativo. Somente depois de fazer os ajustes necessários, você poderá ligar seus motores com confiança.

Isso não quer dizer que ver todos os sinais verdes é garantia de sucesso. Você ainda enfrentará todas as incógnitas comuns do mercado e seus caprichos. A execução é crítica. Entretanto, a não ser que exista um plano para mudar para sinal verde de cabo a rabo, espere atrasos e decepções mesmo que você faça sua parte de forma impecável.

O enganoso e-reader

Apliquemos a metodologia do esquema de valor para analisar por que a Amazon e a Sony alcançaram resultados totalmente diferentes no desenvolvimento do mercado de e-readers, e como esses resultados estavam enraizados na abordagem completamente diferente que usaram para construir seus ecossistemas.

Mesmo antes da World Wide Web, as empresas de tecnologia tentaram descobrir como passar seus livros para o formato digital. Já no início de 1990, a Sony lançou o Data Discman Reader. No entanto, com um conteúdo limitado (uma pequena quantidade de títulos de referência, romances e as Páginas Amarelas), que só estava disponível nos CDs da Sony, poucos consumidores acharam atrativo o dispositivo de $550. O Rocket, desenvolvido pela NuvoMedia em 1998, foi o primeiro produto a permitir que e-books fossem baixados de um PC. Naquele mesmo ano, o SoftBook, desenvolvido pela SoftBook Press, chegou com um modem interno que tornava o PC desnecessário. Em 2000, a Gemstar lançou dois modelos que se vangloriavam de ter telas com retroiluminação e baterias de longa duração. Cada uma dessas inovações impulsionou a tecnologia do e-reader, mas tinha limitações: eram muito caras, desengonçadas, e suas telas, que causavam fadiga ocular, tornavam a leitura um verdadeiro

Figura 4.2: Uma tentativa inicial de e-reader – o Data Discman da Sony (1990). *(Alan Levenson / TIME & LIFE Images / Getty Images.)*

sofrimento. Como não ofereciam uma experiência melhor do que o velho livro em papel, os clientes não viam nenhum incentivo para comprá-los.

Então, em 2000, no que muitos profundos conhecedores do setor viam como uma prova de que o livro eletrônico estava pronto para o grande público, os varejistas on-line venderam 500 mil cópias baixadas do romance de Stephen King *Bag of Bones* (publicado no Brasil como *Saco de ossos* pela Objetiva, 1999) em apenas 48 horas. Todas as grandes editoras – Random House, HarperCollins, Simon & Schuster, TimeWarner e Penguin – lançaram cópias digitais, na esperança de aproveitar as vantagens dessa nova forma de atrair leitores e, nos anos seguintes, observou-se um crescimento do setor de e-books. A receita da Random House com e-books dobrou; a Simon & Schuster viu um crescimento de dois dígitos nas vendas desse tipo de produto; a Microsoft e a Acrobat concorriam para distribuir software compatível com os novos e-books. No entanto, nenhum dispositivo de leitura eletrônico ganhou força no mercado, e os e-books permaneceram com uma curiosidade de P&D. Como apontou Carolyn Reidy, presidente da Simon & Schuster: "O hardware não era amigável e era difícil encontrar, comprar e ler e-books." A adoção em massa pelos consumidores continuava uma ilusão.

Foi nesse ambiente que a Sony, gigante japonesa do setor de eletrônicos, lançou o leitor portátil PRS-500 Portable Reader, em setembro de 2006. Esse novo esforço chegou dois anos após o fracasso do e-book Librié no mercado local, onde o produto não vingou por causa da inércia das editoras japonesas. Com conteúdo escasso e forte gestão dos direitos digitais (DRM), os e-books foram desativados poucos meses depois das tentativas de reduzir a pirataria que selaram seu destino. A Sony tinha grandes esperanças de que o mercado dos Estados Unidos fosse mais receptivo ao valor oferecido pelo dispositivo. O CEO (Chief Executive Officer) Sir Howard Stringer observou: "Fomos muito cautelosos no lançamento [do Reader] porque, como vocês sabem, ele foi um fracasso no Japão dois anos atrás. Esta é uma versão totalmente diferente, com software e economia completamente diferentes."

Custando $350 no varejo, o Reader era quase 20% mais barato que o Librié. Também alegava ter uma tela mais brilhante, maior duração de bateria e capacidade de memória. Os usuários podiam escolher entre cerca de 10 mil títulos disponíveis na Connect.com, a livraria on-line que a Sony lançou junto com o Reader. Os e-books podiam ser baixados (no formato BBeB, de propriedade da Sony) em um PC e depois transferidos do PC para o Reader por um cabo USB.

O Reader da Sony era uma Lamborghini em comparação ao Model Ts das tentativas anteriores. Mais fino e mais leve, com uma tecnologia de "tinta eletrônica" muito elogiada por ser tão agradável aos olhos quanto o papel, foi considerado o iPod do setor de livros. Alcançou o que nenhum outro leitor havia conseguido: uma experiência de leitura que se aproximava da impressão tradicional, com todas as vantagens (armazenamento, facilidade de pesquisa e portabilidade) inerentes à mídia digital. O lançamento aconteceu em meio a um grande alvoroço da imprensa, que aclamou o Reader foi como o *"gadget* que poderia transformar nossa maneira de ler".

Então, por que, depois de lançar esse dispositivo excepcional, a Sony não conseguiu cumprir sua promessa? A resposta está no seu esquema de valor.

Encontrando dicas nos esquemas

O cliente-alvo da Sony era claro: o grande público leitor.

O projeto (o Reader), seus fornecedores e intermediários (os varejistas que venderiam o hardware) também eram claros.

A Sony trouxe enorme volume de recursos tecnológicos para o projeto do Reader. Desenvolveu tanto o hardware do Reader como o novo DRM padrão (BBeB) para gerenciar o conteúdo. Fez parcerias com fornecedores de ponta como a E Ink, empresa que desenvolveu a extraordinária tecnologia da tela. Alavancou sua marca, sua força em marketing e os relacionamentos de distribuição existentes para garantir que o Reader chegasse às mãos dos leitores. À época do lançamento, a Sony tinha sinais verdes em toda a linha do projeto, fornecedor e intermediários.

Mas um grande e-reader não é suficiente para completar a proposição de valor do cliente. Eles também precisam de algo para ler. Entram os complementadores da Sony.

O plano da Sony para levar os e-books até os leitores dependia de convencer os autores, as editoras e seu próprio varejista, o Connect.com, a comprar a ideia.

Mesmo que a Sony conseguisse convencer alguns autores a publicar e-books (sinal amarelo), era a editora que controlava o fluxo de conteúdo. E as editoras eram problemáticas tanto em termos de coinovação quanto nas frentes de adoção.

Como coinovadoras, as editoras pareciam parceiros razoáveis. Precisariam inovar, modificando seus sistemas e processos internos para gerenciar e distribuir os e-books. Esse era um obstáculo técnico, mas que podia ser gerenciado. *Sinal amarelo para a editora.*

No entanto, do ponto de vista da adesão ao projeto, as editoras não deixavam claro se e como abordariam a questão dos e-books. Primeiro, os aspectos econômicos e jurídicos dessa nova oferta precisavam ser esclarecidos: Quanto custará um e-book? Como serão feitos os pagamentos dos *royalties* aos autores? Como deve ser a linguagem contratual? Quais seriam as margens? As editoras – empresas conservadoras e apegadas a um modelo de negócios tradicional – não se comprometeriam com os e-books até que essas questões fossem resolvidas. E a Sony não estava em condições de resolvê-las. *Primeiro sinal vermelho para a editora.*

Segundo, havia a questão dos padrões. Vários formatos de arquivo de e-books estavam tentando se estabelecer nas editoras e empresas de hardware. Iam dos formatos de propriedade de gigantes como a Adobe e a Microsoft, passando pelos esforços realizados pelas start-ups, até as propostas de código aberto. Porém, a ideia de ter seu conteúdo protegido por direitos autorais na selva digital – o sonho de todo *hacker* – dava um frio na espinha das editoras. Os sistemas de gestão de direitos digitais (DRM) concorrentes faziam várias reivindicações e tentavam impor métodos diferentes para proteger esse conteúdo valioso, mas a cacofonia das abordagens juntou-se à confusão, diminuindo a confiança das editoras em se comprometer com qualquer uma das abordagens. A solução de

DRM proposta pela Sony, o formato BBeB, era apenas mais uma opção não comprovada em um campo já repleto. *Segundo sinal vermelho para a editora.*

Mudar qualquer um desses sinais para verde não seria suficiente. A Sony precisaria do caminho livre para mudar *todos* para verde antes que as editoras adotassem a novidade de maneira significativa.

A distribuição do e-book era um problema à parte. A Sony lançou seu próprio ponto de venda no varejo on-line – o Connect.com – para aumentar a área de cobertura do conteúdo. Mas estabelecer uma loja on-line e atrair tanto fornecedores como compradores para torná-la um local onde valha a pena realizar transações é um desafio muito diferente de criar um excelente hardware. Assim, embora a Sony tivesse um plano, este estava muito distante do que daria certo. *Sinal amarelo; talvez vermelho.*

Lance incerteza sobre a demanda e você terá espaço para muita discussão, muita confusão e muito estardalhaço, mas pouco progresso. O Reader era um excelente dispositivo, mas os clientes não estavam se estapeando para comprá-lo. Junte isso à história de décadas de alarmes falsos, e tente encontrar onde estava o incentivo para que as editoras se comprometessem com a visão específica do e-book da Sony. O setor tradicionalmente avesso a riscos preferia discutir os padrões enquanto usava uma abordagem gradual (esperar para ver) até digitalizar seus livros. Prefeririam o *status quo* de vender exemplares impressos por meio dos varejistas on-line e os sistemas tradicionais já estabelecidos.

E, enquanto as editoras se portavam timidamente, os clientes finais também seriam contidos. A falta de um conteúdo adequado significava que o Reader da Sony não iria avançar no mercado; o ritmo lento das vendas do dispositivo dissuadiu as editoras de resolver rapidamente as inúmeras questões que resultariam em mais conteúdo. Na época do lançamento do Reader, Nick Bogaty, diretor executivo do International Digital Publishing Forum (IDPF), ressaltou: "Eu sempre disse que quatro fatores precisam estar estabelecidos para que o mercado decole. Você precisa de um dispositivo que torne a leitura agradável, conteúdo a um preço justo, uma grande seleção de conteúdo e e-books que sejam fáceis de usar."

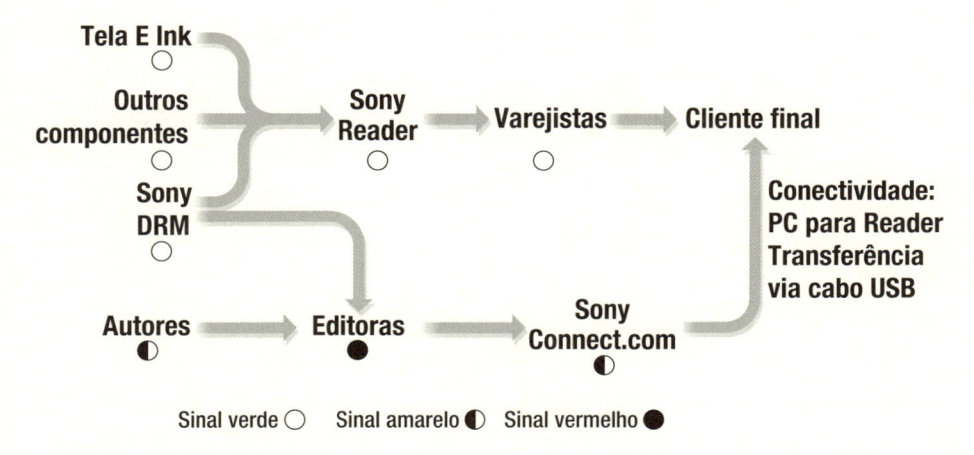

Figura 4.3: O esquema de valor do Sony Reader no lançamento.

Diagrama (fluxo):
- Tela E Ink (Sinal verde) → Sony Reader
- Outros componentes (Sinal verde) → Sony Reader
- Sony DRM (Sinal verde) → Sony Reader / Editoras
- Autores (Sinal amarelo) → Editoras (Sinal vermelho)
- Sony Reader → Varejistas (Sinal verde) → Cliente final
- Editoras → Sony Connect.com (Sinal amarelo) → Conectividade: PC para Reader Transferência via cabo USB → Cliente final

Legenda: Sinal verde ○   Sinal amarelo ◐   Sinal vermelho ●

A Sony acertou com o primeiro elemento. Mas mesmo com 10 mil títulos, o conteúdo disponível em sua loja on-line era uma coletânea aleatória – em termos de comparação, uma livraria independente com um bom estoque conta com até 50 mil títulos, enquanto as megastores da Barnes & Noble chegam a oferecer 200 mil títulos. Além disso, os níveis de preço dos e-books disponíveis não eram baixos o suficiente para convencer os leitores a investir os $350 iniciais do dispositivo. Embora a lista tivesse títulos que custavam apenas $4, a diferença entre o preço de um best-seller no Connect.com e o mesmo livro em capa dura cobrado pelas livrarias tradicionais era insignificante.

O processo de várias etapas necessário para adquirir um e-book reduzia ainda mais o benefício aos usuários. Com um livro já em mente, ainda era necessário buscar uma livraria on-line, encontrar o livro no site, comprar o título de um vendedor desconhecido on-line, baixar o arquivo no seu PC e depois conectar seu Reader para a transferência. Para a maioria dos consumidores, era mais fácil ir à livraria local ou encomendar o livro on-line, em vez de se adaptar a um estoque irregular, uma lista arbitrária, um processo inconveniente para colocar os e-books no Reader e preços altos. Os avanços da Sony em relação aos dispositivos e-reader, embora importantes, seriam insignificantes se o livro impresso continuasse sendo a melhor experiência.

Como esse caos punha os livros eletrônicos para fora do jogo, a Sony resolveu sentar no seu ovo de ouro e esperar. E continuou esperando, esperando... No burburinho do lançamento do PRS-500, estava claro que o foco da Sony era oferecer um excelente hardware como segredo para revelar o potencial dos e-books. Porém, sem dúvida, o hardware era uma pedra angular, e não a estrutura inteira. Como o esquema de valor mostra nitidamente, o excesso de dependências precisava ser administrado para que os e-books ganhassem força.

Se a administração da Sony tivesse tentado criar um esquema de valor nas primeiras fases de desenvolvimento do Reader, seria obrigada a confrontar o fato de que não estava claro qual seria o caminho do conteúdo até o dispositivo, independentemente da excelência do hardware. O exercício teria obrigado a uma mudança no caminho: encontrar uma forma de eliminar os sinais vermelhos das editoras, reduzir a expectativa do lançamento ou abandonar o Reader e ir atrás de outro projeto.

O fato de o Reader ser um sinal verde para a Sony não compensava os demais sinais vermelhos. E, sem um plano claro sobre como abrir os sinais fechados, o Reader morreu na praia. Como leitor de e-book, o dispositivo da Sony era louvável; como solução de e-book, era um esforço inútil.

A jornada da Sony com os e-readers é a história de um grande produto à espera de um mercado. Infelizmente para a Sony, quando o mercado finalmente surgiu, começou a funcionar sob as condições da Amazon.

Os conquistadores do Kindle

Enquanto o setor editorial discutia como tornar os e-books uma proposição vencedora, a Amazon entrou na briga. Em 2007, a maior varejista de livros do mundo lançou o Kindle, a inovação que finalmente levou os e-books ao grande público. Como dispositivo, o Kindle era considerado inferior ao Reader da Sony. Descrito por um analista como "francamente feio do ponto de vista industrial", o Kindle era maior do que o Reader, mais pesado e tinha uma tela inferior. Além disso, era uma plataforma *muito* fechada que só permitia baixar conteúdo da Amazon e impedia

```
        Conectividade:
         rede sem fio
              ○
       Amazon DRM e           Amazon                            Cliente
      outros componentes  →   Kindle   →   Amazon.com   →        final
              ○                 ○              ○

       Autores  →  Editoras
          ◐           ◐
```

Sinal verde ○   Sinal amarelo ◐   Sinal vermelho ●

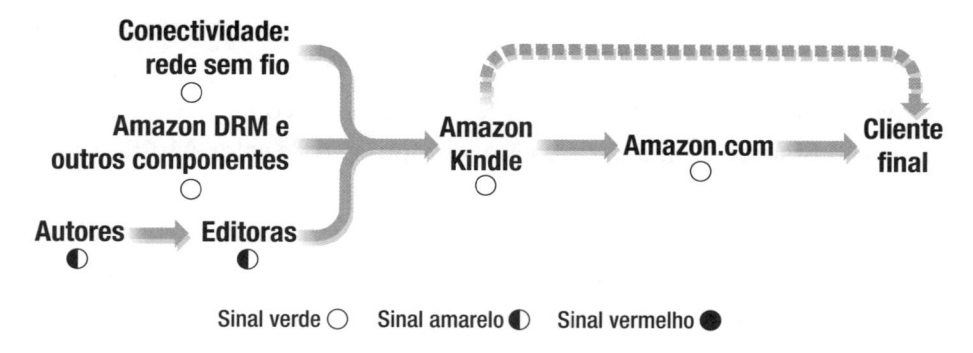

Figura 4.4: O esquema de valor do Kindle da Amazon no lançamento.

os usuários de transferir os livros comprados de ou para qualquer outro dispositivo, compartilhar com amigos ou até mesmo conectar o aparelho a uma impressora.

Como a Amazon conseguiu triunfar com um produto inferior? Engendrando uma solução. Dê uma olhada no esquema de valor da Amazon (Figura 4.4). Qual é a principal diferença entre a abordagem da Sony e a da Amazon?

Para os leitores, o Kindle proporcionava uma compra em um só lugar, uma forma simples e barata de comprar e aproveitar qualquer coisa, desde *Jane Eyre* até o best-seller mais recente da lista do *New York Times*. Ao apresentar o Kindle, Jeff Bezos, CEO da Amazon, anunciou: "Isto não é um dispositivo, é um serviço." Ao contrário do Reader da Sony, o Kindle proporcionava uma experiência completa ao cliente: uma ampla biblioteca, que inicialmente incluía mais de 90 mil títulos, chegando a cerca de 330 mil dois anos depois; o preço justo (enquanto um livro novo de capa dura custa normalmente em torno de $25, a maioria dos livros do Kindle, incluindo títulos novos e best-sellers, custava $9,99 ou menos); e a capacidade de baixar o livro na hora, usando a rede sem fio da Amazon. Bezos explicou sua visão de como oferece uma experiência otimizada ao usuário: "Você compra diretamente pelo dispositivo... Uma das razões pelas quais as pessoas estão tão animadas com esse aparelho é porque ele não necessita do PC. Elas não têm aquele pavor de 'como vou fazer isso interagir com meu PC?' Funciona de forma simples como um dispositivo independente."

É fácil elogiar a proposição de valor. Mas, conforme demonstrado pelo burburinho inicial em torno do Reader, a Sony também tinha uma visão convincente. A principal diferença estava na forma como a Amazon alinhou o ecossistema para dar vida à sua proposição de valor. Muitas vezes esquecido, mas essencial para seu sucesso, foi o que a Amazon mudou na retaguarda para criar sua oferta. Como seu esquema de valor deixa claro, para criar essa experiência sem falhas, a Amazon alterou a forma como os elementos críticos do ecossistema estavam configurados, aumentando sua posição de sucesso no varejo *e* simplificando a proposição de valor para todas as partes envolvidas. Alguns sinais amarelos, sim, mas um plano claro para que todos eles fiquem verdes.

Como uma das maiores histórias de sucesso da internet, a poderosa plataforma de varejo da Amazon proporcionou-lhe alavancagem suficiente para abordar as editoras com várias inovações que incentivariam a criação de livros digitais para o Kindle. Afinal de contas, esse "rei da selva do varejo" era responsável por cerca de 30% dos livros vendidos nos Estados Unidos. As editoras não poderiam dar de ombros. Mas a Amazon *não* apenas forçou as editoras a apoiar o Kindle, como também criou condições no ecossistema que tornaram a tão aguardada revolução do e-book uma proposição mais atrativa para as editoras do que qualquer tentativa anterior.

Primeiro, a Amazon enfrentou a questão do DRM. O Kindle era um aparelho de arquitetura fechada e protegido por patentes, o que significava que os usuários não poderiam imprimir seus e-books, lê-los em outro dispositivo ou compartilhá-los com outras pessoas. Embora fosse um inconveniente para os consumidores, essa restrição era crítica para reduzir a percepção das editoras em relação ao risco e ao custo total para tomar a decisão sobre a adoção. Na linguagem do Capítulo 3, o esforço de passar os leitores de +4 para +2 valerá a pena se as editoras passarem de −1 para +1. Analisando todo o ecossistema, a Amazon fez uma escolha inteligente ao realocar valor para seu elo mais fraco, a editora. Esse sistema forte de DRM deu às editoras uma sensação de segurança muito necessária, em um momento em que os perigos da pirataria – conforme demonstrado pela popularidade dos sites de compartilhamento de arquivos nos setores de filmes e músicas – estava no topo da lista de suas preocupações digitais.

A Amazon também aumentou o benefício relativo das editoras subsidiando, com eficácia, sua participação por meio de um modelo do varejo contraintuitivo. Tradicionalmente, as livrarias pagam às editoras determinada porcentagem de uma lista de preços de livros para adquirir um título e depois o vendem aos clientes com lucro. (Então, se o preço de um livro da lista for $25,00, e a editora cobrar 50% da livraria, a livraria pagará somente $12,50. Se a livraria vender o livro com 20% de desconto do preço da lista, por $20,00, ela ganhará $7,50.) No caso dos e-books, a Amazon pagava à editora 50% do preço da lista da versão impressa, mas depois vendia o e-book por $9,99. Então, se o preço de um livro de capa dura padrão, naquela época, fosse $25,00, a Amazon pagaria à editora $12,50 – ou seja, a empresa perdia $2,51 com cada e-book vendido. Para impulsionar o início do ecossistema de e-books, a Amazon sacrificou parte dos lucros iniciais com o novo produto, mas conseguiu compensar grande parte da diferença vendendo o Kindle a $399 (o que, de acordo com algumas estimativas, alcançava margens de $200 por unidade).*

No curto prazo, todos saíram ganhando: a editora recebia o mesmo valor que teria recebido por uma versão impressa e viu as vendas aumentarem; o cliente experimentou uma leitura mais barata, e melhor como disseram alguns, sem ter de sacrificar uma ampla escolha de livros; e a Amazon surgiu como líder na revolução do livro eletrônico. Era uma posição pela qual valia a pena brigar. Segundo a Forrester Research, até 2015, espera-se que os consumidores dos Estados Unidos gastem $3 bilhões em e-books. Esse crescimento previsto é muito impressionante, dado que, de acordo com o IDPF, as vendas de e-books em 2007 foram apenas algo em torno de $10 milhões. Mas a entrada do Kindle colocou fogo no mercado: até o final de 2010, as vendas de e-books rapidamente chegavam aos $120 milhões. Quando lançou o Kindle 3, em 2010, a

---

* Em 2010, por ordem das editoras, a Amazon abandonou o modelo de preço de varejo fixo, permitindo que as editoras determinassem, de forma direta, os preços dos e-books e recebessem uma comissão de 30% sobre cada venda.

Amazon controlava 80% da fatia de mercado de livros eletrônicos e, com as vendas do Kindle estimadas em 6 milhões de unidades para aquele ano, a empresa detinha 48% da fatia de mercado dos e-readers.

Desconstruindo os esquemas de valor do e-book

A Sony e a Amazon criaram seus esquemas de valor usando peças idênticas, porém organizadas, em posições muito diferentes. Ao contrário da Sony, a Amazon seguiu um projeto que a colocava firmemente na função de integradora, unindo todos os elementos necessários para a própria criação de valor, proporcionando uma experiência ampla e intuitiva aos clientes. Assumiu ainda mais responsabilidade na organização do sistema do que a Sony. Enquanto a Sony pressupôs que seus sinais vermelhos de alguma forma mudariam por conta própria, a Amazon mudou de vermelho para verde ao assumir a liderança e abrir caminho para todo o setor.

Os esforços da Amazon e da Sony para dominar o mercado de e-books foram totalmente inversos: a Sony tinha competência em termos de hardware, mas era uma estranha no ecossistema; a Amazon estava bem posicionada no ecossistema, mas não era tão competente em termos de hardware. O ecossistema de e-books – assim como vários dos esforços de inovação dos dias atuais – é basicamente um sistema de interdependências. O sucesso não seria determinado pela vitória da iniciativa em algum ponto isolado – a conquista exigiria mover todo o grupo de parceiros na mesma direção. Exploraremos com mais detalhes as estratégias para a construção de um ecossistema de sucesso nos Capítulos 7 e 8.

O grande foco da Sony no elemento de hardware deixou um enorme ponto cego que acabou invalidando seus esforços. O pioneiro Reader pode ter sido o primeiro de sua categoria a ser lançado no mercado em 2006, mas, até 2010, lutava para conseguir manter o posto de número cinco no mercado de e-readers.

Por outro lado, a vontade da Amazon de entrar na briga com um plano para levar todo o sistema adiante significava que os e-books finalmente poderiam ganhar força segundo as próprias condições da Amazon.

O mercado de e-books continuou evoluindo com a entrada de novas plataformas, como o iPad da Apple e o Nook da Barnes & Noble, assim como com a separação das plataformas de hardware de leitura, como o Kindle App. A dinâmica competitiva certamente deverá mudar com o amadurecimento do ecossistema.

A única certeza em tudo isso é que, na corrida entre projetos concorrentes, os ganhadores serão aqueles que tiverem um plano para conseguir o sinal verde de ponta a ponta no sistema. Criar um esquema de valor é um exercício de disciplina que o obriga a construir todo o cenário em volta de seu projeto *desde o início*. Mostra onde há uma estratégia coerente, onde há inconsistências e onde você está apenas acenando ("Oh, isso finalmente entrará nos eixos"). E, como isso lhe proporciona uma visão clara de todos os elementos e respectivos status, o esquema de valor permite gerenciar seus sinais amarelos e vermelhos desde o começo, em vez de realizar uma série de ajustes táticos nas surpresas de última hora, no momento de lançar a inovação no mercado.

Para ver por que a clareza inicial é tão importante, consideremos um dos fiascos mais decepcionantes na história da indústria farmacêutica: a insulina inalável. Veja se você é capaz de encontrar o ponto de ruptura – o momento do ponto cego.

A promessa da insulina inalável

Na virada do século XXI, a insulina para administração pulmonar era a queridinha das grandes indústrias farmacêuticas – e por uma boa razão. Há mais de 347 milhões de diabéticos no mundo inteiro. Dos 25 milhões de diabéticos nos Estados Unidos, 4,8 milhões precisam administrar a própria insulina, e a maioria faz isso através de injeções (uma pequena fração usa bombas de insulina). Ao possibilitar que os pacientes usem um inalador (parecido com aqueles usados pelos pacientes com asma), a insulina via pulmonar administra a dose correta do hormônio de forma não invasiva – sem a necessidade da temida agulha. Era uma inovação que poderia diminuir a dor, aumentar a conveniência e melhorar a qualidade de vida de milhões de diabéticos em todo o mundo.

A agitação em torno da insulina via pulmonar era enorme. "Nunca tivemos uma reação dessas a qualquer outra iniciativa anunciada", afirmou o Dr. Jay S. Skyler, diretor assistente do Diabetes Research Institute da University of Miami Miller School of Medicine e pesquisador chefe de um estudo sobre pacientes. A imprensa popular abraçou a ideia. O *USA Today* publicou a seguinte manchete: "Insulina sem injeções é quase uma realidade." E o *London Times* anunciou em destaque "O potencial dos medicamentos inaláveis em mudar a medicina é impressionante".

É fácil enxergar por que o mundo estava tão entusiasmado. Além do desejo compreensível dos pacientes de escapar da agulha, a insulina inalável prometia maior aceitação. Mais de 90% dos diabéticos sofrem do tipo 2 da doença, e o início normalmente ocorre devido a escolhas erradas no estilo de vida. A diabetes apresenta um alto nível de não aceitação nos estágios iniciais. O estigma associado à doença e o desconforto das injeções diárias de insulina significam que normalmente há uma janela de cinco a oito anos entre o momento em que os pacientes precisam da insulina e a hora em que realmente começam o tratamento. Essa opção nova e não invasiva ajudaria os pacientes a aceitar sua doença mais cedo, salvando vidas e reduzindo custos para a sociedade, evitando as complicações nas fases tardias. (O total dos custos anuais estimados com a diabetes só nos Estados Unidos é de mais de $200 bilhões.) Um relatório de 2003 da Pharmaprojects mostrava as seguintes expectativas: "Se aprovados, esses produtos poderão expandir o mercado da insulina em várias vezes seu valor atual, já que os pacientes estariam mais dispostos a seguir o tratamento se pudessem ministrá-lo por inalação em vez de injeção."

Em 1998, a corrida pelo mercado da insulina via pulmonar começou para valer. A Novo Nordisk começou a desenvolver o AERx. Mais tarde, nesse mesmo ano, a Pfizer e a Aventis iniciaram um empreendimento conjunto para criar o Exubera. A Eli Lilly entrou na corrida com um dispositivo chamado Air. E, em 2001, a MannKind Corporation, uma start-up de biotecnologia da Califórnia, entrou em cena com seu próprio projeto de insulina via pulmonar.

Enquanto os estudos clínicos e as pesquisas de mercado eram realizados de forma meticulosa, o entusiasmo crescia e todos no setor previam um sucesso arrasador. Em 2001, a Morgan Stanley Dean Witter previu vendas anuais de mais de $1,5 bilhão para o Exubera até 2009. Três anos mais tarde, o Credit Suisse First Boston previu que o dispositivo geraria receitas de $1 bilhão por ano até 2007.

As expectativas eram altas, mas o desenvolvimento da insulina inalável era uma tarefa monumental. Peter Brandt, chefe da divisão de negócios farmacêuticos da Pfizer nos Estados Unidos, reconhecia o desafio: "A Pfizer tinha de criar meios de produzir a insulina inalável, uma substância que nunca havia existido... o Exubera é tanto uma inovação de fabricação quanto um avanço médico de tirar o fôlego."

A Pfizer liderou o invento através de uma combinação entre seus próprios avanços revolucionários e os tropeços de suas rivais. "Com um tempo de execução de dois anos e meio a três anos, a Pfizer terá um produto arrasador em mãos", previu Robert Hazlett, analista da SunTrust Robinson Humphrey. Em 12 de janeiro de 2006, a empresa anunciava o sucesso empresarial à altura da proeza de sua área de P&D. Aproveitando a vantagem de uma cláusula contratual gerada pela fusão da Aventis com a Sanofi, a Pfizer ganhou uma ação pelo direito de adquirir a participação da Aventis no Exubera por $1,3 bilhão de coroas dinamarquesas (US$260 milhões), obtendo o controle total do medicamento. Isso parecia um golpe de mestre quando, 15 dias depois, o Exubera recebeu a aprovação regulatória da EMEA (European Medicines Agency) na Europa, seguida, apenas um dia depois, pela aprovação da Food and Drug Administration (FDA, a agência de controle de medicamentos e alimentos dos Estados Unidos).

Em sua aprovação, a FDA excluiu os pacientes que fumavam e os pacientes que tinham insuficiência pulmonar ou doenças cardíacas.

A FDA também exigiu que todos os pacientes fizessem um teste de função pulmonar antes de iniciar o tratamento para garantir que seus

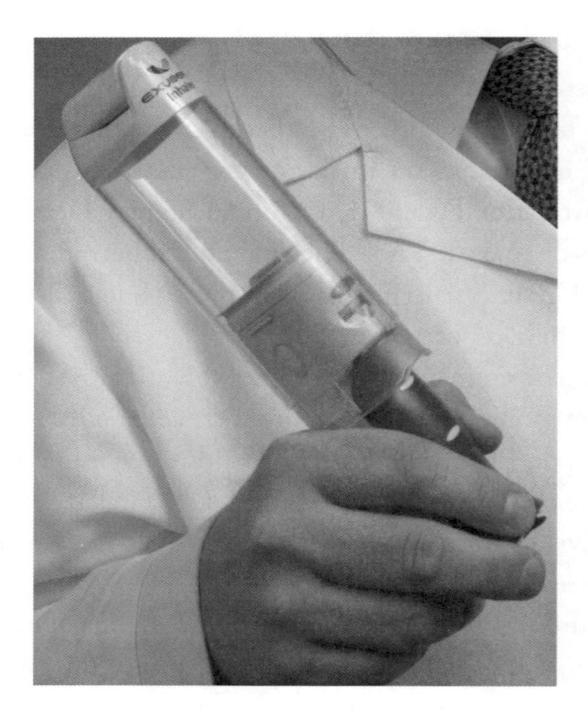

Figura 4.5: O inalador Exubera da Pfizer. *(AP Photo / Mark Lennihan.)*

pulmões fossem capazes de absorver a insulina e recomendou um teste de acompanhamento seis meses após o início do tratamento e, daí em diante, uma vez por ano. Nem a restrição foi considerada um problema.

A Pfizer ganhou a corrida e superou os principais obstáculos tecnológicos nesse sentido. Diante do extraordinário risco do projeto, certamente viria uma vitória excepcional.

O Exubera estava longe de ser um produto perfeito, fato que todos reconheciam. Na verdade, todas as empresas farmacêuticas que desenvolviam as soluções da insulina inalável, assim como os analistas de Wall Street, a enorme comunidade da área de saúde e a imprensa, estavam cientes em relação a uma série de limitações. Os dispositivos inaladores da primeira geração eram volumosos, a insulina em pó era mais cara do que a alternativa injetável e a novidade da abordagem significava que os médicos e as enfermeiras precisariam de longo treinamento para poder ensinar os pacientes a usar corretamente o inalador.

Além disso, cada um desses desafios fora identificado anos antes do lançamento do Exubera, quando este ainda estava nos primeiros estudos clínicos. A Pfizer, os analistas e a comunidade médica avaliaram cada um desses fatores como gerenciáveis. Sim, os primeiros dispositivos foram considerados volumosos por um subgrupo de pacientes, mas, sabendo disso, a Pfizer já tinha uma segunda geração de dispositivos mais elegantes em desenvolvimento e contabilizou esse volume ao fazer suas previsões de vendas. Sim, a insulina era mais cara, mas esse era o mesmo caso de quase todo novo medicamento. A Pfizer, que conhecia muito bem as exigências das seguradoras e farmacopeias, planejou que o Exubera atingisse gradualmente um nível de copagamento cada vez mais favorável ao longo do tempo, assim como outros medicamentos de insulina bem-sucedidos haviam feito no passado. Sim, o dispositivo exigia treinamento, mas a estratégia da Pfizer tinha um plano de lançamento inicial com alvo nos endocrinologistas e diabetologistas que tivessem "enorme experiência não só com o uso da insulina, mas também com agentes orais e, o mais importante, com essa população de pacientes". O plano claro era primeiro conseguir que esse segmento crítico líder de opinião comprasse a ideia e só então, quatro a seis meses depois, iniciar o lançamento do produto para os clínicos gerais e outros que não fossem especialistas e tivessem menos conhecimento, fossem mais generalistas e não se mostrassem tão receptivos aos novos tratamentos com insulina.

A Pfizer tinha uma visão clara de todas essas limitações e criou uma estratégia que lhe permitiria superá-las e prosperar. Na época do lançamento do Exubera, a Pfizer previu com confiança vendas de $2 bilhões até 2010. Enquanto isso, as rivais Eli Lilly, Novo Nordisk e MannKind estavam correndo o máximo que podiam para entrar no mercado e obter algumas das vantagens. Os analistas de Wall Street também viram essas limitações e as incorporaram em suas previsões. As críticas supostamente objetivas recuaram em relação às estimativas da Pfizer. Tanto o Morgan Stanley como o Bear Stearns acreditavam que os altos custos de fabricação e treinamento seriam um problema e estimaram em $1,5 bilhão as vendas do Exubera até 2010. O WestLB foi ainda mais cauteloso, projetando "apenas" $1,3 bilhão.

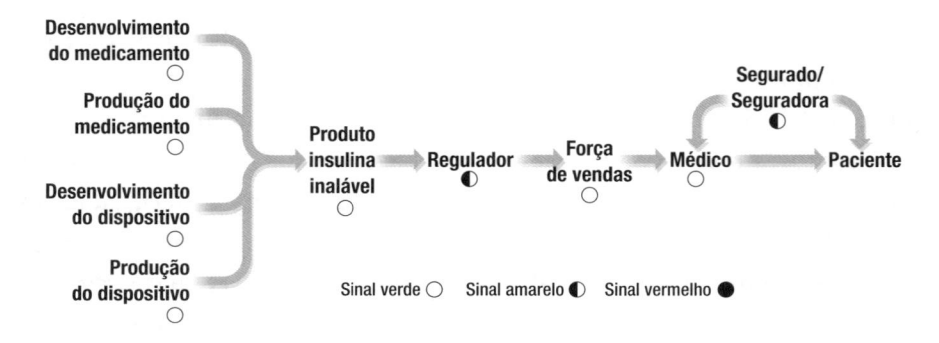

Figura 4.6: Esquema de valor que caracteriza o caminho esperado pela Pfizer para comercializar a insulina via pulmonar em 2005, enquanto a empresa aguardava a aprovação regulatória (exclui as farmácias).

O grande debate era se o Exubera seria um *grande* sucesso ou *apenas* um sucesso.

Após a FDA aprovar o Exubera para venda em janeiro de 2006, a Pfizer fez grandes investimentos para preparar o mercado: desenvolveu uma primorosa série de materiais educativos, estabeleceu um *call center* operante 24 horas por dia para oferecer suporte aos pacientes e treinou 2.300 representantes de vendas sobre as complexidades de apresentar o Exubera e convencer médicos e enfermeiras a prescrever o produto. Até outubro, a empresa havia alcançado mais de 5 mil endocrinologistas e diabetologistas – seu grupo-alvo de lançamento. E, em janeiro de 2007, a Pfizer lançou "toda sua força em quadra" para atingir clínicos gerais e enfermeiras.

A Pfizer tinha uma visão clara dos desafios – e um plano claro para superá-los. Não havia sinal vermelho à vista.

Ou pelo menos eles achavam que não.

"Morreu na praia"

Até o final de 2006, as vendas do Exubera foram "insignificantes". Culpando o lento desempenho inicial por causa dos obstáculos de marketing e treinamento, a Pfizer esperava ansiosamente o lançamento completo em 2007 com a cabeça bem erguida. A empresa manteve a projeção de que as vendas do Exubera alcançariam $2 bilhões, embora talvez não até 2010, como havia afirmado anteriormente. Mas, até julho de 2007, a Pfizer relatou que as vendas "continuavam sendo decepcionantes".

Em outubro de 2007, a Pfizer "desligou os aparelhos" de seu moribundo invento. O Exubera estava morto. Total das vendas: $12 milhões.

Um momento de pausa para considerar a diferença entre as expectativas de $1,2 bilhão e as vendas reais de $12 milhões – um erro de 100 para 1. As vendas alcançadas corresponderam a 1% do planejado. Desconcertante. O Exubera foi considerado "um dos fracassos mais impressionantes da história da indústria farmacêutica".

A saída da Pfizer foi inicialmente considerada uma oportunidade por suas concorrentes, cujas ofertas de insulina inalável tentariam não cometer os mesmos erros do Exubera. "Esse foi um problema típico da geração zero de um produto", disse Mads Krogsgaard Thomsen, Chief Science Officer da Novo Nordisk. "Todas essas características desfavoráveis – o tamanho, o número de etapas a serem administradas... – foram revistas em nosso produto." O presidente do Lilly, John Lechleiter, também estava confiante nos esforços de sua empresa. "[A saída da Pfizer] realmente não diminui nosso entusiasmo pelo produto. Acreditamos que há lugar para uma forma mais conveniente de administrar a insulina. Como dissemos o tempo todo, o dispositivo, a tecnologia por trás da abordagem que estamos fazendo, será mais conveniente para os pacientes, mais fácil de usar. Não estamos retrocedendo nenhum centímetro... [há] uma grande oportunidade para a pessoa que conseguir lançar o produto certo."

Porém, em cinco meses, tanto a Novo Nordisk como a Lilly encerrariam seus próprios esforços com a insulina inalável. No fim, a Pfizer teve uma baixa contábil de $2,8 bilhões em seu esforço com o Exubera. Essa cifra astronômica fez o prejuízo de $260 milhões da Novo Nordisk com o AERx e o de $145 milhões da Eli Lilly com o Air parecerem ninharias.

É tentador explicar o fracasso do Exubera como fruto de um produto imperfeito (o volumoso inalador), a necessidade de um treinamento oneroso (todos os pacientes precisariam ser ensinados, normalmente por médicos e enfermeiras já sobrecarregados) ou as estimativas erradas da fobia em relação às agulhas e às melhorias nas canetas de insulina (que destruíram o benefício relativo de uma opção não baseada em uma injeção). Também é tentador culpar uma equipe de executivos que talvez tenha se apaixonado pelas próprias ideias e ignorado todos esses sinais de alerta.

Mesmo tendo contribuído para o insucesso, esses fatores não conseguiam explicar o fracasso. A Pfizer é uma grande empresa, reconhecida por suas proezas de marketing. Havendo trabalhado com milhares de pacientes e centenas de médicos durante os anos dos estudos clínicos do Exubera, havendo conduzido inúmeros grupos de foco, eles sabiam melhor do que ninguém que alguns pacientes adotariam o inalador, enquanto outros esperariam até que um dispositivo menor estivesse disponível (é por isso que eles já estavam na segunda geração do dispositivo). Claro que levaram isso em consideração ao estabelecer suas expectativas. Como os maiores produtores de canetas de insulina do mundo, a Novo Nordisk e a Eli Lilly sabiam melhor do que ninguém sobre os avanços nas canetas e as reações dos pacientes em relação às agulhas, mas, ainda assim, entraram na corrida com seus próprios projetos de insulina inalável. Claro que contabilizaram os inconvenientes da insulina inalável em suas expectativas. E, em relação ao fato de a diretoria da Pfizer ter se apaixonado de forma irracional (ou política) por um querido perdedor, lembre-se de que ela entrou com uma ação para obrigar a Sanofi-Aventis a ceder o controle do Exubera, o que também viam como "a próxima grande onda do mercado".

Os laboratórios Pfizer, Lilly e Novo Nordisk corriam em direção à mesma meta. O erro não foi da Pfizer – foi um erro da indústria. Um fracasso tão grande assim não acontece por causa de problemas na execução ou má interpretação das preferências dos clientes. Ocorre – assim como os outros fracassos dos pneus *run-flat*, da tecnologia HDTV e da telefonia 3G – por causa de um ponto cego.

O ponto cego da insulina inalável

Qualquer outra empresa que corresse para entregar sua própria insulina inalável invejaria a maneira como a Pfizer superou os desafios de desenvolvimento e produção tanto do medicamento como do dispositivo, a forma como passou pelo desafio regulatório conseguindo a aprovação da FDA e o caminho cuidadoso (e oneroso) que estava abrindo para educar a comunidade da área de saúde em relação à insulina. O que todos ignoraram, no entanto, foi uma mudança sutil, mas crucial, no ecossistema que ocorreu porque a insulina inalável... *precisava ser inalada*.

Quando a FDA aprovou o Exubera, incluiu uma ressalva crucial exigindo que os pacientes fizessem um teste de função pulmonar FEV_1, realizado em um dispositivo chamado espirômetro. A boa notícia: o FEV_1 era muito comum e fácil de ser administrado – não havia risco de coinovação aqui. A má notícia era que isso tornava muito fácil ignorar sua verdadeira implicação.

A reação da Pfizer à notícia foi notável.

Ao resumir o plano de lançamento do Exubera no mercado para os analistas de Wall Street, o chefe da divisão de negócios farmacêuticos da Pfizer nos Estados Unidos explicou: "Nosso primeiro alvo são os médicos que, basicamente, representam grandes usuários de insulina agora e, portanto, têm muita experiência... com essa população de pacientes. Portanto, por definição, isso significa que haverá um grande número de endocrinologistas nesse grupo. Ou seja, nossa primeira meta no lançamento... é alcançar aqueles com muita experiência, principalmente endocrinologistas, com materiais como kits de iniciação ou experiência inicial..." O plano era alcançar primeiro os endocrinologistas e usar sua compra para dar suporte para que a segunda leva forçasse os clínicos gerais.

Na mesma reunião, quando perguntaram ao Dr. Michael Berelowitz, vice-presidente sênior da Pfizer e responsável pela área global de pesquisas médicas e resultados, sobre como a empresa planejava reagir à exigência do teste de função pulmonar e à disponibilidade de espirômetros, ele respondeu: "No que diz respeito ao teste de função pulmonar exigido para o Exubera... nas práticas de atendimento básico, há o requisito de que os médicos [clínicos gerais] sejam capazes de realizar o exame de função pulmonar nos pacientes com asma e assim por diante. Então, eles têm disponibilidade desse tipo de equipamento, e se sentem à vontade para trabalhar com eles. Isso é o que ouvimos dos médicos quando conversamos

108 SOB A LUPA DA INOVAÇÃO

```
Desenvolvimento
do medicamento
      ○
Desenvolvimento
do medicamento                                                        Segurado/Seguradora
      ○                                                                        ◐
                    Produto                                  Teste de
                    insulina → Regulador → Endocrinologista → função → Endocrinologista → Paciente
                    inalável              ○                ● pulmonar      ●              tratado
Desenvolvimento                                                    ○
do dispositivo
      ○
Produção do
dispositivo            Sinal verde ○   Sinal amarelo ◐   Sinal vermelho ●
      ○
```

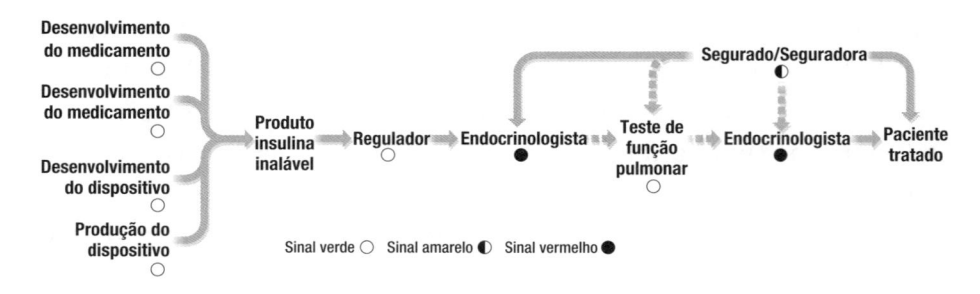

Figura 4.7: Esquema de valor do caminho real para realizar o lançamento da primeira fase no mercado para endocrinologistas após aprovação regulatória (exclui as farmácias).

com eles, que demonstraram aceitar a ideia. Portanto, não vemos a questão como um problema."

Você consegue ver a contradição? Isso passou despercebido antes, durante e após a pergunta do analista – por todo mundo. Mas quando o plano se tornou realidade, a falta de ligação era total.

"Não vemos isso como um problema." Eles deveriam ter usado uma lente de longo alcance.

O teste de função pulmonar não seria um problema para os clínicos gerais. Mas o plano da Pfizer (que seguia as normas testadas e aprovadas do setor) estava articulado em torno dos primeiros especialistas a adotar o novo produto. Havia falta de ligação crítica entre a forma como os dois executivos conceberam o plano. Um esquema de valor claro teria trazido à tona a pergunta correta: o que significa para um endocrinologista ter de fazer um teste de função pulmonar antes de prescrever um tratamento? Resposta: algo muito diferente do que significaria para um clínico geral que tivesse de fazer isso.

Embora seja um equipamento padrão usado pelos clínicos gerais para fazer o teste de asma, o espirômetro não é comum nos consultórios dos endocrinologistas. Assim, o especialista teria de encaminhar o paciente a outro médico, ambulatório ou laboratório e, então, marcar uma nova consulta antes de iniciar o tratamento.

Consideremos agora o fato de que há carência crítica de endocrinologistas nos Estados Unidos. O tempo de espera para marcar uma consulta pode ser de três até nove meses. Na verdade, muitos endocrinologistas estavam tão sobrecarregados que nem sequer estavam atendendo pacientes novos.

A exigência do teste de função pulmonar significa que, além de avaliar a reação do endocrinologista ao desafio do treinamento (o que já havia sido contabilizado), precisamos considerar o quanto o médico estará disposto a adiar o tratamento de um paciente por semanas ou meses – e a reação do paciente à inconveniência desse adiamento, assim como à necessidade de várias consultas. Sem falar na opinião das empresas de assistência médica em relação a ter de pagar uma segunda consulta ao especialista.

Na avaliação *post mortem* do Exubera, em outubro de 2007, Ian Read, o então presidente mundial de operações farmacêuticas da Pfizer (e atual CEO), comentou: "Claramente subestimamos a barreira de ter de mobilizar os pacientes ou a comunidade médica antes do Exubera. Acho que um dos maiores problemas que subestimamos foi a resistência dos médicos e pacientes em usar o Exubera, ou seja, uma forma de insulina diferente da utilizada até agora. Então, essa é uma grande barreira. A segunda é, por si só, o encargo que a tecnologia do Exubera representava na prática – desde o teste de função pulmonar, o treinamento necessário para usar o dispositivo e o tamanho do aparelho. Como todos esses fatores podem ter contribuído para o insucesso, acho que precisamos ver essas questões como um todo."

Se tivesse usado lentes de longo alcance para ver "essas questões como um todo" desde o início, a Pfizer teria encontrado uma peça do quebra-cabeça que passou despercebida – um ponto cego dificilmente identificado, a não ser que você estivesse realmente procurando "pelo em ovo". Isso foi a gota d'água.

Assim com a Sony com os e-readers, a Pfizer conseguiu criar um milagre tecnológico. A Lilly e a Novo Nordisk estavam logo atrás com produtos que pareciam ainda mais promissores. Mas o que precisava ser melhorado não era o produto; era o caminho. Assim como a importância das oficinas no caso dos pneus *run-flat*, era fácil ignorar o teste de função pulmonar precisamente porque já estava disponível. Mas há uma diferença crucial entre estar disponível e ser acessível. No momento em que o teste de função pulmonar tornou-se uma exigência regulatória, o sucesso *exigia* um plano para solucionar o "ciclo do teste pulmonar" sob a ótica do endocrinologista. E, na falta desse plano, o fracasso era praticamente certo.

A partir de maio de 2011, a única grande empresa que ainda trabalhava com a insulina via pulmonar era a MannKind, que, até o momento em que escrevo esta narrativa, gastou cerca de $1 bilhão do dinheiro do próprio fundador, Alfred Mann, convencido de que a qualidade tanto de sua insulina quanto de seu dispositivo era materialmente superior à de suas rivais. (O dispositivo MedTone, da MannKind, tinha um décimo do tamanho do volumoso Exubera, e seu Technosphere Insulin System imitava muito bem a liberação de insulina que uma pessoa saudável experimenta no início de uma refeição.) Embora a FDA não tivesse aprovado a oferta da MannKind em janeiro de 2011, de acordo com o presidente e COO Hakan Edstrom, a empresa está "decidida a conseguir" a aprovação. Mais do que apenas ser boa no desenvolvimento de um grande produto, desejo que a MannKind tenha uma visão clara para reconhecer os desafios de seu ecossistema e encontrar uma maneira de gerenciá-los bem antes do lançamento.

A importância dos esquemas de valor

Tanto a Sony como a Pfizer fracassaram ao avaliar a estrutura do ecossistema que suas estratégias implicavam. Moral da história: enormes alocações de recursos e grandes grupos de talentos próprios não são capazes de mudar os sinais vermelhos no caminho para o sucesso. Se sua proposição de valor exigir a colaboração de várias partes, a construção de uma profunda compreensão da estrutura de colaboração será crítica. O fato é que as complexidades atuais exigem uma nova conversa inicial que os assoberbados gestores podem considerar um exagero no início. Mas já se foram os dias em que bastava dizer "claro, vamos resolver isso no futuro".

A criação de um esquema de valor é um exercício de disciplina em equipe. Obriga você e seu time a serem explícitos em relação à proposição de valor e às etapas que seguirão para torná-la realidade. Obriga-o a enxergar as dificuldades antes de se tornarem problemas. As etapas explícitas do exercício exigem que você faça perguntas que até poderiam ser facilmente adiadas ou deixadas de lado, ou das quais você nem se daria conta de que precisa perguntar. Quem é exatamente seu cliente final? O varejista que exibe seu produto? A pessoa que o utiliza? Em que ordem seus parceiros devem agir? Quem passa o que para quem? Quem é a marca visível e quem é a engrenagem invisível? Onde os coinovadores entram no caminho crítico? Quem vem em primeiro lugar e quem vem em seguida? Quem está pronto e disposto? Quem está pronto, mas não está disposto? Quem não está nem uma coisa nem outra?

Mas a criação de um esquema de valor também é um exercício de comunicação. Força um diálogo que trará suas premissas – e a de seus colegas e parceiros – à tona. Essas perguntas devem ser feitas no início. Você poderá ficar surpreso com a frequência com que as equipes que trabalham com a mesma meta abrangente têm visões radicalmente diferentes sobre o caminho para chegar lá. Na falta de uma forma estruturada para articular e visualizar o plano, é fácil ignorar os demais e as inconsistências, contradições e desconexão.

Se forem deixadas desarticuladas, as visões contraditórias não entrarão em conflito até que os comprometimentos sejam feitos e as peças sejam encaixadas. Mas quando a estratégia encara a realidade, os detalhes se tornam um desastre. Nesse momento tardio, claro que o resultado é discordância e desperdício: discordância em relação a quem entendeu mal, pulou uma etapa ou deve ser o culpado; desperdício de tempo e esforço, já que a equipe tem de correr para refazer o trabalho, paralisar e remendar o sistema.

Mesmo usando essas ferramentas, ainda não há qualquer garantia de que o projeto que você criou será bom. Mas, ao seguir a metodologia através de um esforço dedicado, *baseado em equipe*, você poderá garantir sua melhor jogada. Usar lentes de longo alcance para aproveitar e direcionar os insights coletivos de seus parceiros reduz as chances de você ser vítima do ponto cego. Ter uma abordagem disciplinada no início de um projeto lhe permite enxergar os impedimentos que você, mais cedo ou mais tarde, terá de enfrentar. Acende uma luz forte no caminho entre você e seu cliente final. Modifica a noção "se nós criarmos isso, eles comprarão a ideia?" para a pergunta "se construirmos isso, *como eles comprarão a ideia?*". É importante saber se a resposta é "não temos certeza" antes de comprometer seus recursos.

CAPÍTULO 5

Papéis e relacionamentos:

Liderar ou seguir no ecossistema de inovação?

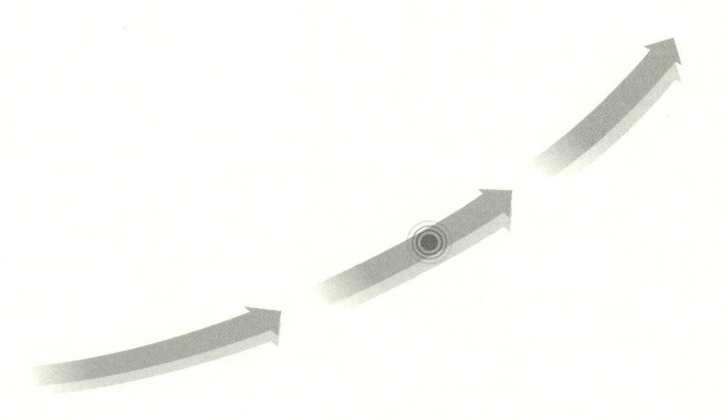

Ser bem-sucedido nos ecossistemas de inovação requer um plano claro e específico sobre como os diferentes elementos e atores precisam se unir. Isso levanta uma questão: Quem é responsável por concretizar o plano? Quem deve tomar as rédeas e conduzir o empreendimento, aceitando os riscos na tentativa de obter a glória e os ganhos da liderança? Ao imaginar o lucro relativo e o prestígio de líderes como Intel, Microsoft e Amazon, é fácil concluir: "Eu quero liderar." Mas querer liderar e liderar efetivamente são duas coisas diferentes.

Analisemos a seguinte história:* um gerente sênior da IBM e um gerente sênior da Oracle se encontram com o dono de uma revendedora de valor agregado de médio porte. Todos eles formam parte do mesmo ecossistema – a IBM e a Oracle colaboram e concorrem no setor de tecnologia da informação (TI), e a revendedora trabalha com as duas – e eles começam a conversar sobre quem é o líder. "Fácil", diz a pessoa da IBM, "é claro que nós somos líderes aqui. Somos os maiores, os mais bem estabelecidos e contamos com a maior rede". O gerente da Oracle retruca: "Vocês são o passado e nós somos o futuro. Estamos aumentando nossa rede de parceiros rapidamente e conseguindo mais negócios, então nós somos os líderes." Finalmente, o revendedor entra na conversa: "Com o devido respeito, nós somos os líderes. Vocês fabricam os produtos, mas nós orientamos os clientes. Somos nós que influenciamos quem consegue a venda, então nós somos os líderes."

Quem é o líder do ecossistema na história? A resposta é ninguém.

Sim, cada um desempenha uma parte importante no sistema global, mas sair na foto não é o mesmo que ser responsável por ela. O líder não é aquele que diz: "Eu sou líder." Ele é aquele sobre o qual *todo mundo* diz: "Ele é o líder." Este é o teste decisivo da liderança e a razão pela qual ninguém mais na história é bem-sucedido: um "líder" sem seguidores é apenas um homem de terno.

Cada participante em um ecossistema precisa se perguntar se deve liderar ou seguir. Não apenas "Quero ser o líder?", e sim, "Há uma boa razão para que os outros estejam dispostos a me seguir?".

Criar seguidores entre as empresas parceiras implica mais do que apenas ter uma visão estratégica sólida ou uma grande marca preexistente. Tudo isso é útil, mas não é suficiente. Na maioria dos casos, criar seguidores implica fazer os investimentos iniciais e assumir os riscos necessários para fazer o sistema funcionar, e só depois ser recompensado.

Para ser claro, o "líder" e o "seguidor" do ecossistema não são o "vencedor" e o "perdedor" do ecossistema. Para que a proposição de valor tenha êxito, todos devem ganhar. A diferença entre líderes e seguidores

---

* Esta é a caricatura de uma troca real de um workshop que orientei há vários anos.

é a maneira como eles ganham – o investimento e os riscos que correm no início, e o tempo e o tamanho de suas recompensas no final.

O desafio principal do líder do ecossistema é criar um projeto que crie valor para o usuário final, assegure que todos os parceiros necessários obtenham excedente suficiente para justificar sua participação e lucro suficiente no final para fazer os esforços do próprio líder valerem a pena.

Qual das frases acima é a mais difícil?

No final. Os líderes de ecossistemas bem-sucedidos obtêm seu retorno extraordinário no final, depois de o ecossistema estar estabelecido e operante. Mas, no início, eles criam, sacrificam e investem para garantir a participação de todos os demais.

A Amazon, ao criar a infraestrutura tecnológica e depois subsidiar as editoras para que pudessem juntar-se ao esforço do Kindle; os estúdios cinematográficos, ao encontrarem uma maneira de financiar os sistemas de cinema digital para os exibidores – não há nenhuma dúvida de que estavam liderando nesses casos, cujos projetos estavam sendo seguidos. A liderança eficaz exige não só um projeto eficaz, mas também paciência, vontade de se comprometer e normalmente (mas nem sempre) um bolso bem recheado também. Sem os meios e o desejo de manter o curso até que seus esforços rendam frutos, você não tem nada.

Então, quem pode liderar? Quem deve liderar? Para ajudar a responder a essas perguntas, uso uma ferramenta que chamo de o *Prisma da Liderança.* Ela ajuda a esclarecer quais atores em um ecossistema estão aptos a disputar a liderança e quais não devem desperdiçar seus recursos exceto em desempenhar uma função (lucrativa) de seguidor. O prisma da liderança se baseia na lógica do benefício relativo/custo total do Capítulo 3 para avaliar o excedente esperado de cada elo da cadeia em seu esquema de valor. Depois considera quais atores têm o excedente esperado suficiente para justificar o investimento a fim de compensar os déficits que existirem no sistema. Somente os que cumprirem esses critérios terão a chance real de conseguir permanecer e de serem os líderes do ecossistema.

Para esclarecer a lógica de liderança em um ecossistema, vamos explorar o esforço de várias décadas para mudar dos prontuários médicos em papel, sujeitos a erros, aos prontuários médicos eletrônicos (PMEs).

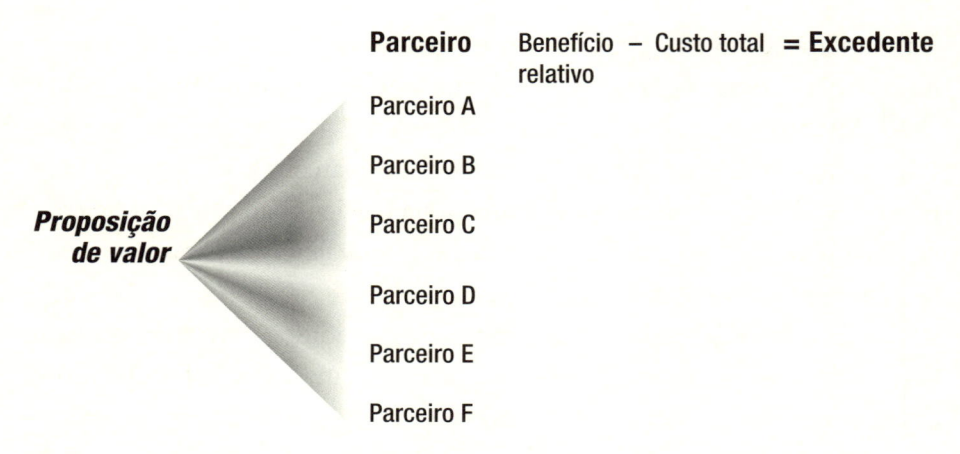

```
                    Parceiro    Benefício − Custo total = Excedente
                                relativo
                    Parceiro A

                    Parceiro B

  Proposição        Parceiro C
   de valor

                    Parceiro D

                    Parceiro E

                    Parceiro F
```

Figura 5.1: Um prisma de liderança genérico identifica todos os atores no ecossistema e o excedente esperado de sua participação.

Nossa pergunta é: Quem vai estar em posição de liderar o esforço dos PMEs no emaranhado dos riscos da coinovação e da adoção? Foram necessários quase 50 anos de falsos começos para que surgisse o candidato. Quem deve liderar?

Prontuários médicos eletrônicos

Todo ano, milhares de pacientes morrem por causa de erros médicos que poderiam ser evitados nos hospitais dos Estados Unidos. Em 1999, o Institute of Medicine estimou, de forma impressionante, que o número poderia chegar a 98 mil. Recentemente, um estudo realizado em abril de 2011, do Institute for Healthcare Improvement, revelou que eventos adversos ocorrem em um terço das internações hospitalares – aumentando as projeções de danos que poderiam ser evitados. Esses erros médicos podem resultar de uma série de erros – desde infecções causadas por mãos que não foram lavadas até falhas cometidas por um staff esgotado –, porém grande parte se deve à manutenção de um sistema arcaico de prontuários em papel que, em 2010, ainda era usado em cerca de 80% dos hospitais nos Estados Unidos.

Estima-se que somente as falhas relacionadas com prescrições equivocadas afetem 1,5 milhão de pessoas por ano, e matem milhares, a um custo de $3,5 bilhões por ano. Esses erros na medicação ocorrem quando as receitas são escritas às pressas por um médico – e depois são lidas às pressas por um farmacêutico. "Parece evidente que muitas, talvez a maioria, das soluções para os erros médicos finalmente cheguem por meio de uma tecnologia da informação mais avançada", declarou o Dr. Robert Wachter, chefe do UCSF Medical Center, em 2004.

Em um setor de $2 trilhões (o maior dos Estados Unidos) que, de várias formas, é guiado pela tecnologia, a dependência do papel e da caneta na área de saúde para documentar os prontuários dos pacientes é o que mais surpreende. Outros setores altamente ligados à informação investem 10% de suas receitas em TI, mas o setor de saúde gasta somente 2%. Então, por que podemos ter nosso cérebro escaneado por uma máquina de ressonância magnética de última geração e as falhas em nossos batimentos cardíacos controladas por marca-passos que podem fazer transmissões sem fio das atualizações de nossa condição cardíaca, mas ainda temos de confiar em que o farmacêutico adivinhe o que o médico escreveu na receita?

Profundos conhecedores da área de saúde, empresas pioneiras em tecnologia e autoridades têm discutido uma alternativa digital para os prontuários médicos em papel desde os anos 1950. Além do benefício óbvio de ser mais seguro, os estudos apontam para um ganho de quase 30% em eficiência por meio da redução da papelada (um médico preenche, em média, mais de 20 mil formulários por ano) e de exames desnecessários e redundantes. Por fim, de acordo com pesquisadores seniores da RAND Corporation, "a adoção dos sistemas de PMEs poderia gerar uma economia entre $142 e $371 bilhões com eficiência e segurança".

Para o setor de TI na área de saúde, a implementação bem-sucedida dos PMEs é uma grande oportunidade. Ao longo dos anos, empresas de pequeno e grande portes investiram intensamente para buscar uma forma de implementar os PMEs no setor de saúde – mas, na maior parte das vezes, deixaram um rastro de inícios falsos. Por quê?

Ao usarmos o prisma da liderança, podemos identificar a origem do colapso, bem como o caminho para uma solução.

Os primeiros PMEs surgiram no final dos anos de 1960. Larry Weed, da University of Vermont, deu início a uma das primeiras tentativas, chamada PROMIS (Problem-Oriented Medical Information System – Sistema de Informações Médicas Orientado aos Problemas). Em seguida, nos Estados Unidos, houve esforços semelhantes em um pequeno número de hospitais e universidades, gerando uma série de acrônimos. Em Salt Lake City, o LDS (Latter-Day Saints) Hospital desenvolveu o processamento lógico por meio da avaliação médica (HELP – Health Evaluation Trough Logical Processing) e, em Boston, o Massachusetts General Hospital criou o registro ambulatorial armazenado em computador (COSTAR – Computer Stored Ambulatory Record). Empresas líderes, da IBM até a 3M, e novatas como HBOC (posteriormente adquirida pela McKesson) e SMS (agora parte da Siemens Corporation) também investiram pesado para atingir essa meta. No entanto, apesar do entusiasmo e dos investimentos iniciais, essa primeira onda de PMEs não conseguiu dar início à revolução. Enquanto os primeiros desdobramentos nos hospitais pioneiros mostraram que os benefícios dos PMEs eram reais, os obstáculos tecnológicos eram grandes demais para tornar o progresso significativo: os computadores eram pesados, o processamento era caro e havia dificuldade em se manter o armazenamento. As expectativas de uma adoção ampla e os ganhos com eficiência falharam na enorme quantidade de riscos da coinovação, resultando em enormes baixas contábeis, saídas e ineficiência contínua em todo o sistema.

Até o ano 2000, muitos dos desafios tecnológicos que apareciam no caminho dos prontuários médicos eletrônicos haviam sido resolvidos. Na parte de hardware – microprocessadores, memória e telas de computador –, estavam anos-luz à frente de onde haviam estado nos esforços iniciais. O laptop mais barato, com o pior desempenho em 2000, era muito mais potente do que os melhores mainframes dos anos 1960 e 1970.

Para os proponentes do PME, a mudança mais importante seria a adoção em massa da internet, o que permitiu a transferência e a comunicação dos prontuários com facilidade. As maiores empresas de tecnologia viram uma oportunidade no setor e investiram milhões no desenvolvimento de soluções para os PMEs em várias funções. Na metade dos anos 1990, a IBM estava novamente envolvida com o desenvolvimento de PMEs em diversas frentes. A rede Pre-Scribe da empresa, que oferece às farmácias os recursos para as receitas eletrônicas, já era utilizada em mais de 5 mil estabelecimentos até 1997. O Health Data Network Express, anunciado em 1998, era um sistema baseado na Web que registrava e salvava as informações que um paciente compartilhava com uma enfermeira ao ligar com um problema de saúde. Aprofundando sua missão para encontrar uma solução de TI para as organizações na área de saúde, a IBM se uniu a vários fornecedores no início do ano 2000 – incluindo a Kaiser Permanente, uma empresa de assistência médica com quase 9 milhões de associados – para digitalizar os prontuários dos pacientes.

A Intel, líder em chips para computadores, também entrou no jogo do PME à medida que o século avançava. Em 2006, uniu forças com várias outras empresas *blue-chip* (Wal-Mart, Intel, Pitney Bowes, Applied Materials, British Petroleum e Cardinal Health) para criar o Dossia, um programa liderado pelo empregador que planejava fornecer prontuários médicos eletrônicos para mais de 2,5 milhões de pessoas. "É hora de modernizar o sistema de saúde", exclamou Craig Barrett, presidente do Conselho da Intel.

Os esforços simultâneos de vários especialistas de TI na área da saúde também favoreceram o desenvolvimento do PME. A Epic Systems Corporation, fundada em 1979, criou e implantou um software em organizações de médio e grande portes da área da saúde. A Cerner Corporation, outra novata, ofereceu software e suporte para práticas que buscavam soluções digitais. Gigantes do setor de equipamentos médicos como GE, Siemens e Toshiba entraram com suas próprias ofertas de TI.

No lado do consumidor, em 2007 a Microsoft entrou no cenário com o lançamento do HealthVault, um sistema gratuito de PME baseado na Web que os próprios pacientes controlavam. A ideia era que os pacientes pudessem gerenciar os próprios PMEs e, por fim, dessem aos médicos, clínicas e hospitais (que concordassem com a parceria com a Microsoft) autorização para acessar e atualizar os prontuários médicos. O Google

Health, uma oferta semelhante, entrou em campo no ano seguinte, mas, infelizmente, deixou de oferecer o serviço depois de 2011.

Esses esforços foram numerosos, variados e bem financiados – com alvo nos hospitais, órgãos governamentais, empregadores, pacientes e empresas de assistência médica. Contudo, mesmo com essa diversidade de abordagens e esforço intenso, em 2009 apenas 9% dos hospitais americanos haviam implantado os sistemas de PMEs. E, mesmo entre as instalações equipadas com essa tecnologia, o uso real estava bem abaixo do potencial. Por quê?

Uma proposição de um dia, algum dia

À medida que os obstáculos da coinovação aos PMEs iam finalmente desaparecendo, vidas eram salvas – e dinheiro seria ganho. Então por que o PME começou a ganhar um ritmo sério somente em 2011? A resposta está em reconhecer que, além da tecnologia, é necessário realmente colocar os PMEs em operação em um conjunto de hospitais. E não menos importante: identificar quem dispõe dos meios – e da disposição – de liderar esse enorme esforço de mudança.

Um hospital é uma grande organização, uma matriz complexa de prestação de cuidados, economia e marca. Para que um hospital adote um sistema completamente novo de manutenção de prontuários, uma cadeia de adotadores teria de ser contratada – administradores, chefes de departamentos e staff médico –, cada qual com seus próprios meios de analisar os custos e benefícios da proposição do PME. (Observe que, para fins de maior clareza, estou apresentando um ecossistema simplificado aqui. Acrescentar as infinitas complexidades do sistema de saúde dos Estados Unidos para incluir os lobistas, órgãos reguladores e o anfitrião de outros participantes do ecossistema tornaria a análise mais complicada, mas não afetaria a mensagem nem o método.)

Como seriam o custo e o benefício para os parceiros nessa cadeia de adoção? (Apresentarei números ilustrativos que vão de uma escala de 1 a 10 para esclarecer esse ponto.)

```
                         Segurado/
                         Seguradora
Fornecedor   Administração   Departamento   Médico   Paciente
   de TI     hospitalar      hospitalar
```

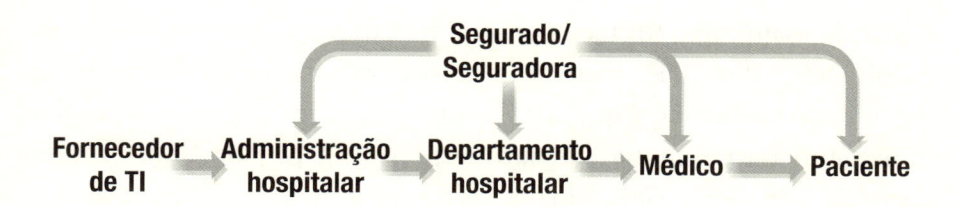

Figura 5.2: Uma cadeia de adoção simplificada de PMEs (que exclui órgãos reguladores, entre outros).

Para o fornecedor de TI, a resposta é bem direta: um enorme investimento inicial no desenvolvimento do sistema de PME e um processo caro de implantação e vendas em todos os locais do cliente poderiam gerar uma grande recompensa na forma de alto preço de venda ($20 a $50 milhões não estão fora de cogitação para um grande hospital), assim como a promessa de uma receita recorrente com manutenção e atualizações do sistema (na ordem de 20% a 25% ao ano). *O custo é alto: 5. O benefício é mais alto: 8. Excedente: +3.*

Para a administração do hospital, os benefícios do PME são extremamente claros: com esse sistema em funcionamento, milhares de erros podem ser evitados, levando a uma redução de complicações, custos e até mesmo de mortes. Na verdade, a promessa do PME converge perfeitamente para o pilar da ética médica: *primum non nocere*, "primeiro, não fazer o mal". E, enquanto os médicos são aqueles que fazem esse juramento, a filosofia permeia o sistema.

O preço é um problema, lógico. Implantar um sistema de PMEs é uma proposição cara, que exige novo treinamento de todo o staff e custos de manutenção constantes. Os custos diretos são evidentes. E os custos indiretos – treinamento, gestão de projetos e de mudanças, personalização – podem representar quase o dobro do desembolso inicial. No entanto, apesar da despesa, a maioria dos administradores concordará: os benefícios de vidas salvas e a eficiência obtida superam o custo. E, no ambiente competitivo da atualidade, os fornecedores da área de saúde estão ávidos para que as pessoas os vejam como inovadores do ponto de vista tecnológico.

Ainda assim, não foi fácil conseguir a adesão dos administradores hospitalares. Por quê? Primeiro, porque, embora todo mundo tenha concordado inicialmente que o PME é uma ideia interessante, as pessoas começaram a se perguntar: No que mais esses $40 milhões poderiam ser gastos para melhorar o cuidado prestado aos pacientes? E se treinássemos o staff para que lavassem as mãos antes e depois de qualquer contato com o paciente? Afinal de contas, a falta de higiene contribui para o alto índice de infecções pegas em hospitais que, de acordo com a Organização Mundial de Saúde, matam mais de 90 mil pacientes por ano em todo o mundo. E se déssemos às enfermeiras que estão sobrecarregadas – aquela primeira linha crucial no atendimento do paciente – mais tempo de folga? Ou mais treinamento? Ou se comprássemos máquinas de diagnóstico por imagem de última geração para detectar tumores cerebrais e outros tipos de câncer de difícil diagnóstico? Há inúmeras formas de se aumentar a qualidade do atendimento ao paciente, e muitas parecem mais atrativas do que um sistema de TI invisível. Dr. Russell Ricci, então diretor-geral do setor serviços de saúde global na IBM, expressou sua frustração com o ritmo de adoção: "O estudo do Institute of Medicine revela que matamos 100 mil pessoas por ano por causa de erros nos hospitais. Mesmo assim, a maioria das instituições ainda não conta com um sistema eletrônico de entrada das solicitações de atendimento. Com isso, essa quantidade de erros nunca aconteceria. Mas, em vez de investir nisso, muitos hospitais estão construindo novas instalações ou comprando novos equipamentos de ressonância magnética."

Essa questão do custo de oportunidade – que outra proposição de valor eu poderia adquirir pelo mesmo preço? – é apenas o primeiro problema. O segundo é a garantia de nenhuma "perda de oportunidade". Os administradores sabem que a oportunidade de se adotar o PME não vai desaparecer. Os representantes de vendas do PME não apenas voltarão, mas também voltarão provavelmente com um sistema melhor e mais barato. Fazendo parte dessa hesitação está a incerteza regulatória inerente a qualquer tecnologia nova. Por que ser um dos primeiros a adotar e ter a desvantagem de adquirir um produto que talvez não tenha todos os problemas solucionados? E se algum outro sistema tornar-se o padrão dentro de alguns anos e for necessário sucatear tudo e recomeçar de zero? Infelizmente para os representantes de vendas, os administradores nunca dizem "não, obrigado. Não queremos prontuários digitais. Saiam e não voltem mais". Em vez disso, eles dizem: "Agora não é o momento oportuno. Vamos ver isso de novo no ano que vem."

Porém, alguns administradores serão convencidos da necessidade de ação imediata. Para instalações acadêmicas e com foco em pesquisa, em virtude de sua abordagem pioneira das soluções na área de saúde, os benefícios do PME normalmente compensam os custos totais. Desbravar novos caminhos é a missão central desses provedores na área de saúde – assim, o valor do PME aumenta. A Mayo Clinic, a University of Pittsburgh Medical Center e o Dartmouth-Hitchcock Medical Center foram os primeiros a adotar sistemas de implantação e pilotos – quase sempre desenvolvidos internamente – nos anos 1990, assim como a Veterans Health Administration, cuja autoridade e porte aumentaram a atratividade do PME. *O custo é significativo: 4. O benefício é maior: 6. Excedente: +2.*

Mas mesmo uma ordem de compra e o apoio da alta administração não são suficientes para colher os benefícios dos PMEs. Os hospitais estão divididos em departamentos administrativos (faturamento, registros) e departamentos médicos (pediatria, ortopedia, radiologia etc.), e todos precisam estar do mesmo lado para que a promessa do PME seja cumprida. E por que não estariam? O PME significa que a comunicação dentro e entre esses vários departamentos será mais eficiente e menos sujeita a erros. Com os prontuários dos pacientes disponíveis em tempo real, a um simples clique em um botão, a transferência de responsabilidades entre os departamentos será agilizada e as internações e altas ocorrerão de forma ininterrupta. Mas nosso intrépido representante de vendas se move de um departamento a outro e sempre depara com a mesma resposta: "Comunicar-se com todos os outros departamentos parece ótimo. Adoro isso. Procure-me novamente assim que todos tiverem aderido." É raro o departamento que deseja ser o pioneiro do PME dentro da organização – especialmente se precisar financiar a transição com seu próprio orçamento.

Alguns departamentos, como faturamento e radiologia, tendem a se destacar em relação à sua disposição de adotar os prontuários digitais. Como intermediário entre seguradoras e pacientes, o faturamento é uma selva de papelada, então entrar para a era digital significa um fluxo de trabalho mais simplificado. Para os radiologistas – os médicos que analisam os raios X, tomografias e ressonâncias magnéticas –, o PME oferece uma proposição de valor especialmente elevada. Primeiro, é caro imprimir essas imagens, e os arquivos digitais reduzem os custos. (Como os raios X contêm prata, o custo de um mês de raios X em branco pode ser de até $50 mil para um centro de radiologia em atividade.) Segundo, a capacidade de enviar imagens por toda a cidade – ou pelo mundo – para uma segunda opinião em um caso em que o tempo é importante pode salvar vidas. Terceiro, é a melhor qualidade de vida que o PME oferece – os radiologistas não precisam mais correr para o hospital devido às chamadas de emergência durante a madrugada. Agora eles podem analisar as imagens em seus *home offices*, vestidos com seus pijamas. A partir de 2009, 78% dos hospitais estavam habilitados para os relatórios radiológicos eletrônicos. *Custo: 2. Benefício: 3. Excedente: +1.*

Mas mesmo a adesão do departamento não é suficiente para que os benefícios do PME sejam concretizados. Nada acontecerá a não ser que – e até que – os próprios profissionais comecem a usar o sistema. Os radiologistas têm sido a exceção. No cenário típico, os chefes dos departamentos que fizeram a coopção convocam uma reunião com seus respectivos staffs. "Entrar na era digital será ótimo", eles dirão. "Cada um de vocês alcançará um nível de desempenho mais alto e a segurança do paciente aumentará." Para médicos e enfermeiras, isso parece muito bom, exceto pelo fato de que cabe a eles aprender a usar o novo sistema. A transição dos prontuários em papel para um sistema digital não é uma tarefa simples. O treinamento leva semanas, e não dias, o que significa que o staff não poderá atender os pacientes enquanto estiver aprendendo a usar os novos sistemas informatizados e, portanto, não entrará nenhum dinheiro na instituição.

Mesmo com treinamento, os médicos sabem que essas primeiras semanas ou meses de volta ao trabalho serão difíceis. Uma estimativa prevê que a produtividade do médico caia 20% durante os três a seis primeiros meses após a implantação do PME. Há uma curva de aprendizagem envolvida em qualquer habilidade nova, e a promessa de maior produtividade parecerá uma perspectiva distante na medida em que eles ficam no corredor enquanto os pacientes esperam, tentando encontrar o histórico suspenso correto em um histórico médico variado de um paciente.

Para a maioria dos médicos, o benefício relativo de um sistema digital em comparação com o de papel é muito pouco, quase nada. Claro que, na teoria, o PME parece bom, mas nenhum médico acha que ele próprio é o problema. É alguma surpresa que um médico com o horário lotado, que passa os dias conversando com os pacientes, interpretando, diagnosticando e fazendo cirurgias, considere as anotações como a parte trivial do trabalho? E, já que os médicos não são aqueles que tendem a lidar com a enorme papelada que fazem um hospital funcionar, nem aqueles que devem interpretar a própria caligrafia para preencher as receitas, sua motivação em relação à mudança é baixa. Ao mesmo tempo, o custo de oportunidade é alto, já que eles sentem que teriam mais tempo para gastar com os últimos avanços médicos em vez de serem meros funcionários que registram a entrada de dados. Embora concordem com os benefícios teóricos do PME, os médicos os consideram injustificados em virtude do custo de oportunidade. E, em consultórios particulares, nos quais os médicos arcam com as despesas de TI de forma mais direta, a proposição parece ainda mais negativa. *Custo: 3. Benefício: 1. Excedente: –2.*

Quem vai liderar o PME?

Sem um líder evidente no lugar, o PME enfrenta um paradoxo exasperante: a maioria dos integrantes do ecossistema de provedores da área da saúde sempre desejará isso, mas ninguém jamais estará pronto para tanto. No início do capítulo, apresentei o prisma da liderança como uma ferramenta para nos ajudar a avaliar os ganhos líquidos de cada parte em qualquer esforço de desenvolvimento e se alguém tem ou não excedente suficiente para ser líder do ecossistema. Vamos dar uma olhada

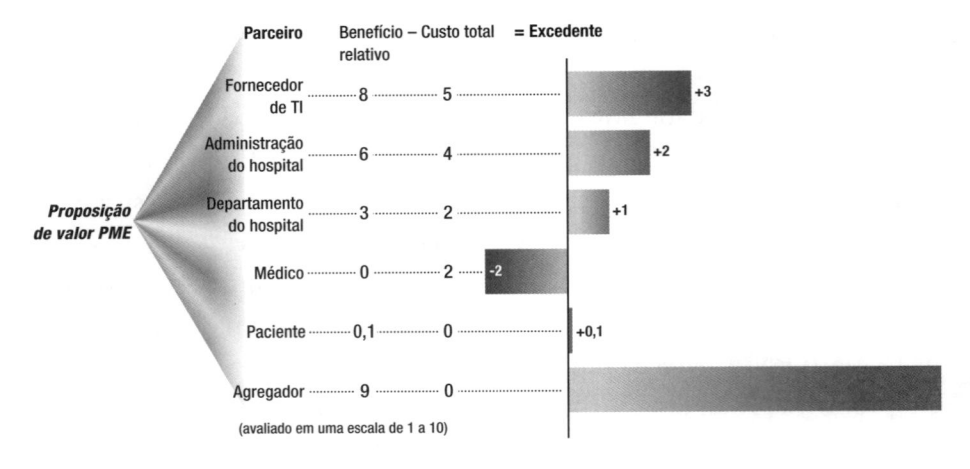

Parceiro	Benefício	− Custo total relativo	= Excedente
Fornecedor de TI	8	5	+3
Administração do hospital	6	4	+2
Departamento do hospital	3	2	+1
Médico	0	2	−2
Paciente	0,1	0	+0,1
Agregador	9	0	

(avaliado em uma escala de 1 a 10)

Figura 5.3: Prisma de liderança dos prontuários médicos eletrônicos (PMEs) em um hospital com valores de exemplo do benefício relativo e custo total para cada parceiro.

no prisma da liderança do PME e analisar rapidamente como cada parte vê o custo e o benefício de se entrar na era digital.

Para o fornecedor de TI, embora o custo de desenvolvimento do PME seja bastante significativo, o benefício é enorme. Afinal de contas, a prestação de serviços de saúde é o setor líder nos Estados Unidos, então qualquer empresa que consiga mesmo que uma pequena fatia da torta do PME verá lucros substanciais. As organizações de TI obtêm um excedente considerável (+3). Para as administrações hospitalares, há algum excedente, mas não tanto quanto para a tecnologia da informação. Claro que o benefício de se reduzir o número de erros é significativo. Então, mais uma vez, também o é o custo de implantação (excedente: +2). Os departamentos individuais verão algum benefício que a eficiência agregada do PME trará. Porém, a implantação no hospital inteiro será difícil e lenta, já que os departamentos estão fragmentados (excedente: +1). Por fim, para os médicos, os benefícios do PME são baixos, mas o custo de adoção é alto, considerando o tempo gasto em treinamento, seguido de uma redução na eficiência − o que gera um déficit (excedente: −2).

E onde o paciente − a razão de ser da prestação de serviços de saúde − entra no prisma da liderança do PME? Será possível que os próprios pacientes possam nos liderar para sairmos da escuridão da época da caneta e do papel? Com certeza, o paciente não é responsável por nenhum custo (direto) do esforço do PME, então não deveria ser um grande defensor do sistema? Não. No nível individual, as estatísticas têm um significado muito pequeno. A maioria das pessoas que vão a um hospital acha que verá de novo a luz do dia. Além disso, a maioria das pessoas que pegam uma receita na farmácia não enxerga a transação como algo que coloca sua vida em risco. Consideremos os números: mesmo que os erros com a medicação matem milhares de pessoas todos os anos, isso representa apenas uma fração muito pequena de um total de 3,9 bilhões de receitas preenchidas. A probabilidade de alguém sofrer algum dano por causa de erro médico é parecida com a de ganhar na loteria (embora consideravelmente menos atrativa). *Custo: 0. Benefício: 0,1. Excedente: 0,1.* O paciente individual não vê nenhum excedente significativo aqui.

Lembremo-nos da metodologia da cadeia de adoção no Capítulo 3, em que os médicos em nosso esforço do PME não são um simples sinal de menos. Basta apenas um negativo para pôr fim a todo o empenho, então, sem um líder do ecossistema capaz de transformar esse sinal negativo em positivo, os PMEs continuarão sendo um sonho. Podemos supor que a área de TI, com seu enorme excedente, estaria em condições de tomar as rédeas. Mas até mesmo a Microsoft e o Google, que lançaram os próprios sistemas de prontuários médicos baseados na Web em 2007 e 2008, respectivamente, não conseguiram fazer o mercado ir para a frente de forma significativa. E, em relação aos esforços da Intel, segundo Colin Evans, diretor de políticas e padrões do grupo de saúde digital da Intel, "subestimamos os desafios". No contexto do prisma de liderança, vemos claramente que, se tivessem alocado o excedente para compensar o déficit dos médicos, eles próprios mal conseguiriam atingir o ponto de equilíbrio.

Onde está o grande valor prometido pela transição para o PME? Onde está o enorme excedente de todas essas vidas salvas? Sem um ator que possa encontrar e implantar isso para levar os médicos a um excedente, nada acontecerá.

Se o ecossistema incluir somente os cinco integrantes tradicionais, o PME ainda será um sonho acadêmico. A resposta, então, exige um novo ator – um agregador. Como as chances de erros são muito baixas, os benefícios do PME são invisíveis para o paciente individual. Eles se tornam materiais somente quando agregamos resultados em relação a um grande número de pacientes. Precisamos encontrar um ator cujo excedente seja afetado pelos pacientes, não de forma individual, mas em grupo, e que seja capaz de colher e distribuir esse benefício; as seguradoras, os sistemas de assistência médica e os governos, todos entram na conta. E quanto maior for o grupo, maior será o excedente.

Por exemplo, a Veterans Health Administration (VHA) é a maior organização médica nos Estados Unidos, atendendo a mais de 8,5 milhões de veteranos em 1.100 instalações. Utiliza o Veterans Health Information Systems and Technology Architecture (VISTA), uma solução de PME que está entre as mais usadas no mundo. A solução é reconhecida por reformar um sistema de saúde em dificuldades com eficiência e segurança abaixo dos padrões. Enquanto até 8% das receitas nos Estados Unidos são preenchidas de forma incorreta, o VHA apresenta um índice de erros de apenas 0,003%. No setor privado, a Kaiser Permanente opera a maior solução de PME do mundo implantada de forma particular, ligando 36 hospitais e 454 consultórios médicos para coordenar o atendimento de 8,6 milhões de pacientes.

Os maiores de todos, logicamente, são os governos. Nos Estados Unidos, o governo federal entrou no cenário em 2009, com a aprovação da Health Information Technology for Economic and Clinical Health Act, uma lei para promover o PME. De forma irônica, durante 20 anos o setor de TI fez lobby no governo para ficar de fora do jogo do PME. Com o cifrão nos olhos, imaginavam que qualquer intervenção do governo poderia afetar o resultado final. Porém, após anos de esforços paralisados, o setor mudou sua abordagem, implorando para que alguém criasse uma lei para obrigar a adoção do PME.

A administração Obama alocou recursos substanciais ($27 bilhões, em comparação com a administração anterior, que investiu $50 milhões) ao esforço do PME, e a maior parte desses esforços será usada para incentivar os médicos e hospitais. Esses incentivos ocorrerão na forma de aumento nos pagamentos do Medicare e Medicaid para um "uso significativo de sistemas PME certificados", que começam em alta e diminuem ao longo do tempo. Essa legislação determina que os médicos que comprem e usem os sistemas de PME recebam até $44 mil no período de cinco anos por meio do Medicare, ou até $63.750 durante seis anos do Medicaid. Assim, em 2015, esses incentivos se transformarão em punições quando os médicos não adotantes do PME "de forma significativa" (atualizando constantemente os prontuários digitais com os diagnósticos, monitorando as interações medicamentosas e solicitando receitas) verão seus pagamentos serem cortados.

Para ser franco, uma série de preocupações permanece em relação aos verdadeiros benefícios que serão obtidos por meio do PME – desde os problemas de implantação e os riscos de privacidade até o enorme desafio de se criar uma plataforma compatível com os diferentes sistemas de TI fechados e com direitos de propriedade. O que está claro, no entanto, é que, com a estrutura atual do ecossistema de PME, os grandes agregadores são as únicas partes com excedente suficiente para liderar. Bolsos recheados, junto com a disposição por parte do governo de priorizar o esforço, significam que os PMEs finalmente terão a chance de ir além da esfera acadêmica.

O caso do PME demonstra a importância do prisma da liderança no trabalho. O ecossistema lutou durante anos enquanto os fornecedores de TI tentavam competir e se diferenciar em um cenário no qual um elo crítico na cadeia de adoção estava quebrado. Na ausência de um líder do ecossistema com credibilidade – com benefícios suficientes para deixar todos com excedente –, era impossível alcançar progresso significativo.

A lógica do prisma de liderança ajuda a explicar, por um lado, o contraste entre os êxitos do cinema digital e da Amazon com os e-books, e, por outro, os fracassos dos pneus da Michelin e a tentativa da Sony na liderança dos e-books. Além de uma visão e um projeto, a liderança exige disposição para sacrificar e a capacidade de induzir os seguidores. Não é para qualquer um.

O caso para a criação de seguidores

A tentação de agarrar a tocha da liderança é muito forte. Quem não gostaria de dar as cartas para que sempre fosse possível ganhar de forma esmagadora? O prisma da liderança deveria ajudar a colocar os ímpetos em perspectiva. A realidade é que ninguém tem os bolsos recheados o bastante para financiar todos os esforços.

Pergunte à Microsoft sobre os televisores *set-top boxes* (unidades conversoras de sinal digital), à Intel sobre a comunicação móvel Wi-MAX e ao Wal-Mart sobre os chips de identificação de frequência de rádio (RFID) em mercadorias embaladas para consumo. Pergunte a qualquer organização de TI ligada ao PME: somente quando eles decidiram seguir (e apoiar) a liderança do governo, houve um progresso real – e ganhou-se dinheiro. Ninguém o impedirá de gastar uma fortuna para se candidatar a uma liderança que você não será capaz de conseguir. Você pode tentar liderar em todos os ecossistemas de que participar, ou pode escolher envolver-se apenas nos ecossistemas que lidera. A última opção, a mais inteligente, significa que às vezes você será um seguidor.

Para os seguidores do ecossistema, comprometimentos iniciais menores significam menor risco de desvantagem. Em contraste com um líder, que investe desde o início e lucra mais tarde, o investimento necessário para um seguidor é menor e pode ser recuperado com mais rapidez. E, enquanto o líder do ecossistema deve equilibrar as nove bolas que são os principais seguidores e, ao mesmo tempo, manter a disciplina dentro da própria organização, o seguidor só precisa gerenciar a si próprio. Por definição, qualquer ecossistema bem-sucedido está cheio de seguidores que ganham. O pedaço da torta pode ser menor do que o do líder, porém, mais uma vez, eles correm um risco bem menor. Para que o líder ganhe, os seguidores precisam ganhar também. Há muitas benesses a alcançar.

A lista de verificação do seguidor inteligente

Então, se você não estiver em posição de liderar, quem deverá seguir? É provável que haja uma multidão de candidatos à liderança cortejando-o. Isso é o que dá aos seguidores alavancagem. Se você tiver o elemento necessário para que as empresas X, Y e Z promovam, de forma competitiva, uma proposição de valor, qual ecossistema deverá honrar com sua participação?

Primeiro, avalie a qualidade do plano. Quais são os riscos da coinovação – não só aqueles que o afetam diretamente, mas no projeto como um todo? Qual é a cadeia de adoção? Onde você está posicionado, e o que os saldos excedentes revelam? Imagine o esquema de valor completo para ver qual é o esquema de cores. E depois, não menos crucial do que sua própria avaliação, assegure-se de que o líder do ecossistema enxergue o projeto da mesma forma que você. Pode ser que ele veja coisas que você não vê. Mas também pode ser que ele tenha um grande ponto cego que não foi considerado e, nesse caso, você sabe se deve consultar ou continuar analisando.

Segundo, para projetos sólidos, construa um prisma de liderança. Isso revelará quanto cada líder potencial colocou em jogo nesse esforço. Qual excedente dos candidatos é suficiente para marcar um verdadeiro gol, subsidiando os outros quando necessário e financiando o esforço no longo prazo? Todos lhe dirão: "Faremos de tudo para que esse ecossistema dê certo." Porém, na melhor das hipóteses, o que eles realmente querem dizer é: "Faremos tudo *o que estiver ao nosso alcance* para que este ecossistema dê certo." O excedente esperado é o limite superior dos recursos – dinheiro, mão de obra, tempo e comprometimento – que os candidatos à liderança podem tornar disponíveis. Com o olho fixo no saldo dos excedentes e dos déficits em cada plano, você é capaz de avaliar se, diante do tamanho da base de recursos e do próprio excedente esperado, eles são realmente capazes e estão dispostos a pagar o preço exigido para que todos os sinais vermelhos fiquem verdes.

Terceiro, o seguidor inteligente examinará os detalhes da proposição ganha-ganha: Será que eles ganharão dinheiro quando eu ganhar? Eu ganharei dinheiro quando eles ganharem? Espere alguns problemas, a menos que você possa dar duas respostas afirmativas e definitivas. Essa questão é crucial porque pode ajudá-lo a evitar embarcar em uma oportunidade que pode parecer superficialmente frutífera, mas que está debilitada desde o início por conta de incentivos desalinhados. Lembre-se da discussão sobre a Sony/Amazon no Capítulo 4. Uma das razões pelas quais as editoras acharam fácil seguir a liderança da Amazon era que reconheciam algo em comum: assim como as editoras ganhavam dinheiro vendendo livros individuais, a Amazon também ganhava. A Sony, por outro lado, basicamente é uma empresa de hardware que bancou seu próprio dispositivo Reader para conduzir os lucros. O acompanhamento das vendas dos livros individuais não é algo muito preocupante para eles (um fato que também é verdadeiro para as prioridades da Apple no ecossistema dos e-books).

Quarto, enquanto a liderança pode ser solitária, os seguidores conseguem unir-se rapidamente. Pergunte a si mesmo: Quem mais está na sala? Com quem estarei concorrendo? O ritmo dos avanços tecnológicos nos dias de hoje significa que muitas empresas reúnem uma grande quantidade de seguidores concorrentes em um ecossistema específico. Enquanto o líder espera para ver quem escreve o melhor código e mais rápido, ou quem cria os testes de diagnósticos mais eficazes, os seguidores rivais suam para criar o melhor produto a um preço mais baixo. A exclusividade, ou pelo menos a redução das pressões concorrentes em um ecossistema, é um fator pelo qual pode valer a pena lutar.

Todo esforço de inovação envolve alguma incerteza para ambos os lados, líderes e seguidores. Para estes últimos, essa insegurança é agravada pela falta de controle. Será que esse plano – construído e implantado por outra pessoa – dará certo? Receberei a minha parte prometida? E quanto tempo posso aguentar antes que o líder comece a espremer meu excedente? Quando a posição de um seguidor se torna muito atrativa, muito crítica ou muito fácil de assumir, pode ser muito tentador para o líder entrar com seu próprio esforço concorrente, tirando o seguidor do ecossistema. A evolução da relação entre a Amazon e as editoras tradicionais mostra algo em relação a isso. O candidato ideal da liderança está alinhado com suas metas, mas não se sobrepõe às suas atividades.

Estamos todos navegando em um mundo imperfeito. Mas, com os olhos bem abertos, podemos fazer escolhas com melhor embasamento.

Liderança revista

A liderança em qualquer arena raramente é contestada. Na corrida pela vitória, o líder do ecossistema deve agir com rapidez, atraindo os seguidores cruciais desde o início, garantindo que o esforço ganhe força. E, para atrair esses parceiros, os líderes precisam compreender como os seguidores em potencial avaliarão a proposição. Essa capacidade de ver sua oferta pela perspectiva dos seguidores é fundamental; é o segredo para criar um encanto a fim de atraí-los e mantê-los do seu lado.

Lembre-se: o teste decisivo da liderança é que *todo mundo* concorde em seguir – o que somente acontece quando todo mundo também ganha. Um líder eficaz cria a estrutura do ecossistema, estabelece padrões justos e consistência e convence os potenciais seguidores de que há um valor nisso para eles. Já vimos exemplos de liderança de ecossistema eficaz nos capítulos anteriores.

O primeiro foi o caso do cinema digital. Para que a novidade alcançasse o público, sistemas caros deveriam ser instalados nas salas de cinema de todo o país. Quem arcaria com os altos custos iniciais? Não os donos das salas, que viam um enorme sinal negativo na cadeia de adoção do cinema digital. Então, por uma década, o cinema digital ficou estagnado. Em um exemplo de persuasão eficaz, os estúdios finalmente assumiram as rédeas do esforço do cinema digital ao criarem o sistema de taxa de cópia virtual, levando a uma ponte de financiamento para permitir a instalação do sistema digital em milhares de salas de cinema nos Estados Unidos. Foi um grande comprometimento inicial, mas uma barganha para um líder com horizonte de longo prazo. Lembre-se: o líder normalmente obtém valor no final. Além disso, no final, os estúdios conseguem uma grande economia à medida que vão eliminando os altos custos de expedição e cópias em favor dos arquivos digitais mais baratos. E a estrutura que constroem, com uma data de vencimento explícita para os pagamentos das taxas de cópias virtuais, deve ajudar a manter um ambiente de confiança e justiça à medida que finalmente reduzem o subsídio.

Em outro exemplo de liderança inteligente, a Amazon trouxe os e-books para os leitores tradicionais, alavancando seu poder no varejo em um ecossistema no qual desempenhou papel crucial. A Amazon manteve todos os atores alinhados à medida que ia avançando rumo à meta final de oferecer uma solução de e-book sem falhas. Ao ampliar sua missão, a Amazon facilitou a transição, sacrificando suas margens de e-books para subsidiar as editoras. Não foi o dispositivo Kindle que lançou os e-books; foi a liderança do ecossistema eficaz da Amazon que empurrou o esforço para a frente.

Em última análise, em um ecossistema bem-sucedido, tanto os líderes como os seguidores prosperam. Cada posição mantém a promessa de ganhar. O cenário no pior caso: ser um líder que perde. Ninguém vai impedi-lo de gastar um bom dinheiro em um plano ruim. Cabe a você priorizar onde deseja liderar, quem deseja seguir e – se nenhuma das opções for atrativa – quando optar por sair e esperar uma oportunidade melhor.

CAPÍTULO 6

O lugar certo na hora certa:

Quando Deus ajuda quem cedo madruga?

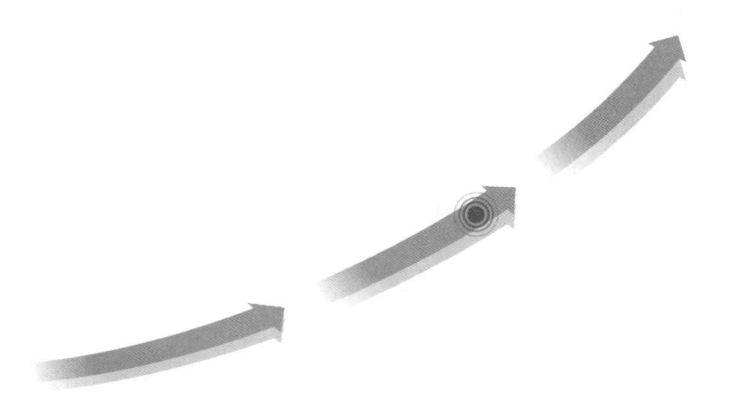

Além de antever quais peças serão necessárias e como juntá-las, é preciso definir *quando* todos os elementos de sua grande visão devem ser reunidos. Há um mundo de oportunidades para cada inovação. Para muitos gestores, o canto da sereia da vantagem do precursor pode parecer irresistível. Afinal de contas, ser o primeiro significa ter acesso livre ao mercado, capacidade de estabelecer um padrão industrial, sem mencionar a publicidade gratuita e o consequente reconhecimento da marca, que podem criar preferência duradoura entre os clientes. Os pioneiros – como a Amazon (loja de varejo on-line), a Xerox (copiadora)

e o eBay (leilão on-line) – desfrutaram de todas essas vantagens tentadoras e, até hoje, lideram seus respectivos setores.

Embora a sabedoria popular aplauda a busca da vantagem dos pioneiros, a complexidade dos ecossistemas da inovação pode reverter essa lógica. O foco comum em conseguir produtos para comercializar cria um ponto cego perigoso quando se trata do momento certo de entrar em cena: o rato apressado pode até farejar o queijo, mas só o segundo rato conseguirá pegá-lo na ratoeira.

Neste capítulo, vamos explorar as diferentes implicações de ser um pioneiro ou de entrar numa fase posterior, ligando diretamente o desempenho aos pontos em que o ecossistema encontra suas grandes dificuldades. Se o maior obstáculo for superar o desafio da execução, comercializar antes dos concorrentes pode criar uma grande vantagem. Mas, num mundo de dependências, o benefício de se antecipar aos concorrentes está diretamente relacionado com a disposição de seus coinovadores com suas ofertas. Se os coinovadores estão atrasados (lembre-se da longa e desastrosa espera da Nokia pelos parceiros do 3G), brigar para ser o primeiro pode ser inútil ou, pior, prejudicial ao seu projeto. Você pode ser o motorista que corre na frente de todos só para esperar, mais adiante, no sinal vermelho, junto com todo mundo. Dadas as complexidades dos ecossistemas da inovação, apenas se perguntar se você deve ser um concorrente precoce ou tardio não é suficiente. A pergunta inteligente agora é: *Sob quais circunstâncias* devo ser precoce ou tardio?

Para embarcar em nossa exploração, considere a evolução do segmento de music players portáteis. À primeira vista, ela desafia a lógica. Em 1979, o pioneiro Walkman da Sony, o primeiro toca-fitas portátil do mundo, conseguiu beneficiar-se da vantagem de ser o pioneiro, condição que durou mais de 30 anos. No entanto, com o mesmo conjunto de clientes e proposição de valor, o primeiro MP3 player portátil do mundo, o MPMan da SaeHan, lançado em 1998, não desfrutou dessa vantagem. Foi a Apple, ao lançar seu iPod *três anos depois* do desbravador, que finalmente dominou o segmento. Como isso aconteceu?

Ser o precursor: vantagem ou desvantagem?

Em 1978, os engenheiros da Sony combinaram, com sucesso, um dispositivo de reprodução compacto com fones de ouvido bem leves para criar o protótipo de um produto que se tornaria sucesso mundial. Em 1979, o Walkman foi introduzido no mercado japonês, vendendo seu lote de produção inteiro nos três primeiros meses. Combinando uma tecnologia baseada em uma inovação anterior – o gravador Pressman da Sony, um aparelho caro destinado principalmente aos jornalistas – com uma campanha de marketing agressiva visando uma população jovem, a Sony foi a pioneira do mercado. Os consumidores, já acostumados a ouvir fitas cassetes em caixas de som estéreo e nos toca-fitas dos carros, estavam ansiosos para imitar os jovens felizes das propagandas da Sony – andando de skate, fazendo piquenique e correndo enquanto ouviam sua música preferida.

Em seguida, Sanyo, Panasonic, Sharp, Philips e outras empresas líderes do setor eletrônico entraram na briga. Alguns produtos rivais ostentavam recursos adicionais como rádio AM/FM, capacidade de gravação ou eram à prova d'água, mas nenhum conseguiu se encaixar tão bem no imaginário popular como o Walkman.

Por uma década após seu lançamento, o Walkman da Sony detete 50% de participação no mercado dos Estados Unidos (46% no Japão), num espaço repleto de concorrentes, mesmo praticando um preço superior de aproximadamente $20 acima das ofertas de seus rivais. Demonstrando o poder da vantagem de ser o primeiro a chegar, a tecnologia pioneira da Sony estabeleceu a referência para tudo o que veio depois dela. E, em virtude do hiperfoco da mídia no Walkman, os que viriam depois seriam vistos como meras imitações. Da mesma forma que Kleenex, Band-Aid e Xerox, o nome Walkman tornou-se um termo genérico para toda uma categoria de produtos.

Saltando para o final dos anos 1990, o crepúsculo das fitas cassetes como o formato preferido para ouvir música, abrindo passagem para os discos compactos (CDs) e para o especialista em tecnologia, os arquivos digitais no formato MP3. Do mesmo modo, a relevância do Walkman começou a enfraquecer, dando espaço para o próximo aparelho da Sony, o Discman. Mas empresas de produtos eletrônicos de todo o mundo apostavam que o CD logo seguiria a fita cassete rumo à extinção. Quem tiraria partido da ascensão do MP3? Qual MP3 player chegaria primeiro e se tornaria o próximo Walkman?

Em 1998, a SaeHan Information Systems, da Coreia do Sul, criou o primeiro music player digital portátil do mundo, o MPMan. No segundo semestre, o portátil MPMan, com capacidade de 32 MB de memória e preço inicial de $350 (uma versão de 64 MB seria vendida no varejo por $500), foi lançado nos Estados Unidos. Em seguida, o MPMan foi acompanhado por uma panóplia de MP3 players de primeira geração, produzidos tanto por empresas consagradas quanto por start-ups. O Rio PMP300, da Diamond Multimedia, mais barato ($199), abriu caminho alguns meses depois do lançamento do MPMan, seguido pelo Personal Jukebox, da Compaq/HanGo. No ano seguinte, a Creative Technology apresentou seu Nomad, e a Sensory Science lançou o Rave. Em 2000, a Samsung e a Sony entraram na corrida. As ofertas variavam tanto no design quanto na capacidade. (De forma mais notável, o Personal Jukebox, lançado apenas alguns meses depois do MPMan, foi o primeiro MP3 player a usar um disco rígido em vez do pen drive, permitindo aumentar a capacidade para a, até então, inédita marca de 6 GB. Na época do lançamento do iPod, em 2001, havia aproximadamente 50 MP3 players portáteis nos Estados Unidos – e nenhuma empresa conseguiu sequer chegar perto do domínio de que o Walkman desfrutara 20 anos antes. Embora o IDC (International Data Corporation) tenha previsto que as vendas dos MP3 players chegariam a 9 milhões de unidades até 2006, em 2001 haviam sido vendidos apenas 248 mil aparelhos.

A SaeHan viu o mercado, entregou o produto, adotou o formato certo de arquivo e o fez bem antes da concorrência. Contudo, diferentemente da Sony, não levou vantagem alguma por ter sido a pioneira. Por que essa vantagem foi tão grande no segmento de music players em uma geração de tecnologia, mas completamente ausente em outra?

Primeiro, devemos perguntar: O que é preciso para que um music player crie valor? Em termos de design, esses aparelhos são básicos; um cliente precisa apenas adicionar a bateria e as músicas. No Walkman, isso era simples. As fitas cassetes eram muito usadas nas casas e nos carros desde 1972 e, até 1979, pelos varejistas em todas as cidades, juntamente com os discos de vinil.

Contudo, em 1998, a história foi muito diferente para os MP3s. Não era possível comprá-los nas lojas tradicionais de varejo e, embora a imprensa começasse a sondar os temores da indústria fonográfica sobre os direitos autorais, na verdade poucas eram as pessoas que realmente baixavam músicas da Web ilegalmente. Lembram-se das conexões dial-up com velocidade de 28,8 Kbps? Baixar um álbum – legalmente ou não – podia levar muitas horas, sem contar com a frustração decorrente das quedas de conexão.

Em 1998, o mundo estava à beira da bolha da internet, mas ainda não havia chegado lá. Na época, Christopher Mines, do Forrester Research, previu: "Assim que os consumidores pegarem o gosto por acessar a internet em alta velocidade, no conforto do lar, nunca mais voltarão para a conexão discada." Ele estava certo, mas a maioria das pessoas ainda não havia experimentado a banda larga, o que significava que baixar música ilegalmente era um processo que levava muito tempo, sobretudo para os estudantes de faculdade interessados em tecnologia. Poucos adultos que realmente tinham condições de pagar $200 a $300 pelos MP3 players gastariam horas criando meticulosamente a coleção para seu aparelho através de downloads ou transferindo canções de sua bem abastecida coleção de CDs. Segundo uma equipe de gestão de direitos digitais (DRM), "até o presente momento, o único mecanismo de proteção em vigor para CDs é o imenso volume de dados. Até que a largura de banda disponível para a maioria dos consumidores aumente, será complicado mover até mesmo CDs compactados".

Enquanto os toca-fitas portáteis puderam criar valor tão logo foram lançados, graças a uma disponibilidade abundante de fitas, os MP3 players não conseguiram fazer o mesmo até que o conteúdo estivesse amplamente disponível. O MPMan e seus similares podem ter chegado primeiro, mas enfrentaram desafios cruciais de coinovação que impediram a adoção em massa. Não importa que o MPMan tenha sido o primeiro – não teria importância mesmo que tivesse sido o sexto, vigésimo terceiro ou o quadragésimo segundo. Sem o amplo acesso aos MP3s e às bandas largas, a proposição de valor não poderia juntar esforços.

O iPod vence, três anos mais tarde

O mercado de MP3 players acabou se consolidando em torno de um produto dominante, o iPod, da Apple. Contudo, o iPod, lançado no final de 2001 – três anos depois do MPMan –, era tudo, menos um pioneiro. Como podemos entender o sucesso dele apesar de seu aparecimento tardio?

Em 1997, o falecido Steve Jobs retornou à Apple, a empresa que fundou depois de abandonar a faculdade, como o CEO interino. À medida que a bolha da internet crescia, a Apple ficava faminta por crescimento. Apenas uma pequena parte de usuários de computador havia adotado a oferta do Mac. Em 2001, Jobs fez uma observação: "Hoje a Apple tem cerca de 5% da participação do mercado. A maior parte dos outros 95% de compradores de computador nem sequer nos leva em consideração."

Jobs foi o pioneiro da convergência entre digital e mídia. É inconcebível que a música digital não estivesse em seu radar. Ainda assim, no início de sua gestão como CEO, e apesar da necessidade da empresa de criar uma nova avenida para o crescimento, ele se recusou a se jogar na onda do MP3. Em 1998, quando perguntaram sobre sua estratégia de crescimento, Jobs apenas sorriu e disse: "Vou esperar pela próxima grande coisa..." Em 1998, quando o MPMan e outros similares eram lançados, ele não se mexeu. Em 1999, quando Shawn Fanning apresentou o Napster (ilegalmente), liberando um vasto catálogo de conteúdo em MP3 grátis, Jobs continuou sem se mexer. Em 2000, Jobs finalmente decidiu começar o processo para o desenvolvimento de um MP3 player.

Em 2001, a bolha estourou e a perspectiva sombria para todas as coisas da internet não poupou o MP3 player. Como observou, de forma pesarosa, um porta-voz da Intel: "Alguns dos consumidores com quem falamos deram a nítida impressão de que as coisas estão indo bem devagar no mercado de MP3 players." Foi nesse momento assustador que Steve Jobs finalmente lançou seu aparelho no mercado. Por quê? O que ele estava esperando? O que ele sabia?

Jobs sabia – e não revelava – que um MP3 player era inútil. Ele entendia que, para que o aparelho tivesse valor, outros coinovadores no ecossistema dessa mídia precisariam primeiro estar alinhados. Assim, em outubro de 2001, quando a Apple anunciou o iPod, essas peças se encaixaram de forma consistente: tanto os arquivos em MP3s como a banda larga estavam, por fim, amplamente disponíveis.

A Apple esperou e, depois, esperou mais ainda – até que finalmente entrou em cena, colocando as últimas duas peças no lugar para criar uma inovação vencedora: um aparelho simples, atrativo e com o suporte de um software inteligente. Os iPods para Macintosh da primeira geração, vendidos por $399, tinham capacidade de 5 GB e podiam armazenar até mil canções. Com interface intuitiva, o iPod era bem leve para os padrões da época. Mas o valor do aparelho foi consolidado por sua integração perfeita com o software de gerenciamento de música, o iTunes. Organizar e gerenciar arquivos em MP3s, finalmente, tornou-se tarefa muito fácil. Contudo, diferentemente de outros MP3 players que usavam um cabo USB para transferir arquivos de músicas do computador para o aparelho, o iPod contava com uma porta FireWire integrada e mais rápida, um recurso padrão em todos os Macs mais recentes, porém disponível apenas a uma pequena parcela de PCs. (O FireWire era o recurso favorito de Jobs, por ser sensivelmente mais rápido do que o USB – os usuários podiam transferir mil músicas em menos de 10 minutos.)

Apesar de estar disponível apenas para os usuários do Mac, o iPod foi o MP3 player mais vendido que já chegou ao mercado. Naquele primeiro Natal, 125 mil unidades foram vendidas. Os analistas chamavam o "sucesso das festas de fim de ano", "revolucionário" e "genial". Em março de

2002, a Apple dobrou a capacidade de disco do iPod com uma oferta de 10 GB e, em julho, anunciou o tão esperado iPod compatível com o Windows. As vendas estavam em alta: até o final do ano, os consumidores compraram mais de 600 mil iPods. Todavia, a Apple conseguiu somente 15% do mercado de MP3 players.

Em abril de 2003, a Apple anunciou a iTunes Music Store, uma loja de varejo on-line em que os clientes poderiam navegar e comprar canções por $0,99 cada (ou $9,99 por álbum). O ponto central é que o rigoroso sistema de DRM, o FairPlay da Apple, significava, definitivamente, um alívio para as gravadoras, uma vez que a propriedade intelectual de seus artistas seria protegida. Da mesma forma, os usuários do iPod poderiam ficar seguros e confiantes de que suas músicas foram adquiridas (pelo menos potencialmente) de forma legal. "Os consumidores não querem ser tratados como criminosos e os artistas não querem que seus valiosos trabalhos sejam roubados. A iTunes Music Store oferece uma solução revolucionária para ambos", afirmou Jobs. O iPod, é claro, também foi de grande serventia para quem quisesse reproduzir conteúdo pirateado.

No lançamento, a iTunes Store tinha uma coleção de 200 mil canções das mais importantes gravadoras, como BMG, EMI, Sony Music Entertainment, Universal e Warner. Em sua primeira semana, a Apple vendeu mais de 1 milhão de músicas e, em 2005, sua biblioteca havia crescido para 1,5 milhão de músicas. Embora a Apple angariasse pouco lucro vendendo músicas a $0,99 (vendera perto de 8 bilhões de músicas até o final de 2009, mas com uma margem operacional estimada de 10% sobre a venda de músicas, os "míseros" $800 milhões em lucros operacionais obtidos durante seis anos são uma cifra insignificante se comparada com os ganhos vindos de mais de 220 milhões de iPods que a empresa vendeu até 2009), a loja da iTunes deu legitimidade ao iPod no mundo dos sombrios downloads ilegais de MP3.

Logo após o lançamento da loja do iTunes, a Apple lançou um iPod compatível com cabos FireWire e USB, apresentando a todos os usuários de PC do mundo inteiro seu aparelho mais vendido. Foi nesse momento que a Apple concretizou seu domínio.

Segundo o NPD Group, empresa de pesquisa de mercado, as vendas dos CD players portáteis passaram do dobro das vendas de MP3 players na época do Natal e Ano-Novo de 2004. Mas, dessa época até o terceiro trimestre de 2005, as vendas do iPod saltaram para 616%.

Com o passar dos anos, a Apple continuou a inovar. O iPod foi se tornando cada vez mais elegante, compacto e com maior capacidade de memória. Para os consumidores, isso significava que sempre haveria um iPod mais recente e tentador a ser adquirido. Como a mesma base de clientes continuou comprando iPods mais novos e aprimorados, os lucros da Apple dispararam: em 2008, a empresa abocanhou 48% da fatia de mercado dos MP3 players. O Sansa MP3 player da SanDisk era o concorrente mais próximo do iPod, com 8% de participação de mercado.

Ninguém pode negar que o iPod é um excelente produto, superando qualquer outra oferta de MP3 player. Mas é seis vezes melhor? Por que essa tecnologia teve tamanho sucesso enquanto outras – bem fundamentadas e inteligentes – mal conseguiram dar alguns passos? Afinal de contas, a Apple estava três anos atrasada. Porém, talvez essa lógica devesse ser invertida: talvez todos os outros estivessem três anos adiantados. Como veremos novamente no Capítulo 8, quando exploraremos o iPhone, Jobs preferiu ficar mais atrasado em todas as situações porque queria que tudo estivesse pronto para ele. Refletindo sobre como pegar as ondas tecnológicas em 2008, ele disse: "Sabe, as coisas acontecem muito lentamente. É sim. Essas ondas de tecnologia podem ser vistas muito antes que se formem e nós apenas temos de escolher, com cautela, em qual delas devemos surfar. Se não fizermos uma escolha inteligente, poderemos perder muita energia, mas, se fizermos a escolha sabiamente, elas se desenvolverão bem devagar. E isso pode levar anos." A disciplina de Jobs valeu a pena. Em três anos, entre o lançamento do MPMan e do iPod, cada elemento do ecossistema do MP3 player mudou do sinal vermelho para o verde. Em vez de esperar no sinal vermelho com todo mundo – desperdiçando tempo e recursos preciosos –, a Apple passou no sinal verde em direção à vitória, tornando-se, segundo o *Economist*, "o Walkman do início do século XXI".

A vantagem de ser pioneiro nos produtos *versus* ecossistemas

Quando pensamos em vantagem de ser o pioneiro, tendemos a pensar em termos de produto. Os lucros desproporcionais de exemplares vencedores – Birds Eye com as comidas congeladas, Xerox com as copiadoras, Intel com os microprocessadores, Bayer com a aspirina e a DuPont com o náilon – são sustentados como provas do prêmio que é dado àqueles que "conseguem acertar de primeira". Os precursores podem conseguir notoriedade (*mind share*) e estabelecer padrões quando o campo ainda não está lotado; podem bloquear os que vêm depois através de patentes e da aquisição preventiva de recursos escassos; aprendem com a experiência de sua produção, otimizando processos para reduzir os custos enquanto aumentam a qualidade; e se beneficiam dessa oscilação de custos quando a troca de fornecedores exige que os clientes tentem novamente e mudem de opinião sobre uma inovação.

Contudo, como, por definição, os precursores abrem novo espaço de mercado, ficam expostos a maiores incertezas do que os retardatários. Não existe prêmio para aqueles que erram primeiro. Enquanto os pioneiros quebram a cabeça tentando encontrar a arquitetura certa do produto para posicioná-lo no segmento certo de mercado, os que vêm depois é que colhem os benefícios resultantes dos fracassos dos pioneiros. E, assim, exemplares perdedores – Ampex com os gravadores de vídeo, Raytheon com os fornos de micro-ondas, Chux com as fraldas descartáveis e MITS com os computadores pessoais – são a prova de que os pioneiros são aqueles que levam as flechadas nas costas.

Essas listas de exemplos e contraexemplos deixam bem claro: a questão relevante para os gestores não é se os que chegam primeiro *podem* levar vantagem, mas sim em que condições *terão* vantagem. Podemos entender melhor o relacionamento entre a hora certa de entrar e a vantagem ao recorrer ao oposto da matriz do precursor.

O debate sobre a vantagem de ser pioneiro girava em torno da probabilidade de o precursor entrar no mercado com o produto certo. Em nossa terminologia, o foco estava na execução. E o tamanho esperado da

		DESAFIO DA COINOVAÇÃO DO COMPLEMENTADOR	
		MENOR	MAIOR
DESAFIO DE EXECUÇÃO DO INOVADOR	MENOR	Quadrante 1: O primeiro a entrar ganha • Nível básico da vantagem de ser o pioneiro	Quadrante 3: Apressado come cru • Nível reduzido da vantagem de ser o pioneiro
	MAIOR	Quadrante 2: O vencedor leva mais • Aumento do nível da vantagem de ser o pioneiro	Quadrante 4: Depende • O nível de vantagem de ser o primeiro depende de qual desafio é resolvido em primeiro lugar.

Figura 6.1: Matriz do precursor para determinar a vantagem relativa de ser o primeiro como uma função do nível do desafio da execução do inovador e do desafio da coinovação do complementador. *(Adaptado de Adner e Kapoor, 2010.)*

vantagem está diretamente ligado ao tamanho do desafio da execução: como o primeiro a comercializar um produto fácil de ser implementado e, portanto, de ser imitado (um novo design de cadeira de escritório ou uma bebida enriquecida com vitamina) renderá um prêmio menor do que a criação pioneira de um produto difícil de implementar (o design de um novo motor ou de um supercomputador)? Em um mundo de produtos, faz sentido.

Essa é a lógica por trás dos quadrantes 1 e 2 na matriz do precursor. O quadrante 1 (o primeiro a entrar ganha) é o nível básico da vantagem quando se é o primeiro – que tamanho de vitória podemos esperar que o pioneiro venha a desfrutar? Quanto maior o desafio de execução a ser resolvido para que se possa apresentar o produto, mais difícil será para o retardatário aproveitar essa vantagem e maior será a recompensa por ter sido o primeiro. Essa é a situação no quadrante 2 (o vencedor leva mais).

Em um mundo baseado em produtos, isso faz sentido. Mas, num mundo de ecossistemas, essa lógica é incompleta, pois, como já vimos repetidas vezes, apresentar um produto genial que a concorrência não consiga acompanhar não é o suficiente. Precisamos estar certos de que os outros elementos necessários para que nosso produto crie valor também estejam a postos. Quando os desafios da coinovação no ecossistema são grandes, ocorre a síndrome do quadrante 3, "O apressado come cru". Lembre-se da Nokia com o 3G, da Sony com os e-books e da SaeHan com os MP3s players: todas correram para lançar um grande produto no mercado e todas caíram por terra. Por quê? Porque ser o primeiro não faz diferença quando os complementos críticos não estão em seu devido lugar.

Com o passar do tempo, à medida que as empresas e os parceiros superaram seus desafios, a tendência natural do ecossistema é deslocar-se para o segmento superior esquerdo da matriz. Quando tanto os desafios de execução quanto os de coinovação são grandes no momento da entrada (quadrante 4), a vantagem de quem está entrando vai depender de qual desafio será resolvido em primeiro lugar – se o sistema troca para o quadrante 2 (melhor) ou para o quadrante 3 (pior).

A matriz do precursor em funcionamento

Até que ponto isso é funcional? Será que podemos, efetivamente, aprender com essa abordagem? Para responder a essas perguntas, levei quatro anos elaborando um projeto concentrado no setor de litografia de semicondutores com Rahul Kapoor, meu coautor nos estudos de pesquisa. Usamos as lentes do ecossistema para explorar a vantagem de ser o pioneiro durante a apresentação de nove diferentes gerações de tecnologia entre 1962 e 2005. Os resultados, e suas implicações, são impressionantes.

A litografia do semicondutor é o coração pulsante da revolução digital, a tecnologia de origem que impulsionou as melhorias previstas pelas leis de Moore (a previsão de que o número de transistores que podem ser colocados em um chip duplicará a cada dois anos, aproximadamente). É o processo pelo qual designs de circuito são impressos em uma placa semicondutora – o processo que permitiu à Intel encaixar 3 milhões de transistores em um chip Pentium em 1993 e, graças aos aprimoramentos que vamos explorar, colocar 2,8 bilhões de transistores, em 2011, em um chip Xeon.

A litografia de semicondutor é um processo de replicação que, em termos simplificados, é muito parecido com a antiquada fotografia química. Em sua essência, é a *ferramenta* da litografia (o corpo da câmera) na qual estão integrados dois componentes importantes: *fonte de energia* (flash) e um sistema de *lentes*. Para que uma ferramenta de litografia seja útil, deve ser usada com dois complementos fundamentais: uma *máscara* de circuito, que segura o design de circuito a ser replicado (o objeto a ser fotografado) e uma camada fotorresistiva (revelador químico) que reagirá quando exposta à fonte de energia para reproduzir a imagem do circuito sobre a máscara dentro da placa de silício (o papel da fotografia).

Ao longo de sua história, a meta que move a litografia de semicondutores tem sido aumentar a resolução da imagem (isso porque a resolução determina a extensão da miniaturização e a densidade do circuito que um fabricante de semicondutor pode alcançar em seus microchips). Nos anos 1960, a resolução estava na faixa de 7 mil nanômetros (0,007 mm). Em 2011, são 22 nanômetros – uma melhoria de desempenho de 300 vezes. Por trás desse ritmo fenomenal de avanços, estava uma série de revoluções tecnológicas na elaboração da ferramenta, assim como nos elementos que foram reunidos ao processo de litografia. Mas, apesar de todas as mudanças para elementos diferentes, a estrutura básica do ecossistema da litografia permaneceu inalterada por mais de 50 anos: as lentes e a fonte de energia são componentes essenciais que o fabricante (empresas como Canon, Nikon e ASML) integra à ferramenta, enquanto a máscara e a camada fotorresistiva são complementos críticos reunidos pelo cliente (fabricantes de semicondutores como Samsung, Toshiba e Intel).

Novas gerações de ferramentas de litografia são marcadas por transições para arquiteturas mais sofisticadas que fornecem maior controle e melhor capacidade de reprodução, mudando de operação mecânica para eletromecânica e para controles eletrônicos; do gerenciamento de luz refletiva para refrativa; e incorporando a lógica digital em todo

148 SOB A LUPA DA INOVAÇÃO

DESAFIO DE EXECUÇÃO DO INOVADOR
- Lentes (por exemplo, Zeiss)
- Ferramenta de litografia (por exemplo, ASML, Nikon)
- Fonte de energia (por exemplo, Cymer)

DESAFIO DE COINOVAÇÃO DO COMPLEMENTADOR
- Máscara (por exemplo, Photronics)
- Resistência (por exemplo, Shipley)

Fabricante de semicondutores (por exemplo, Samsung, Intel)

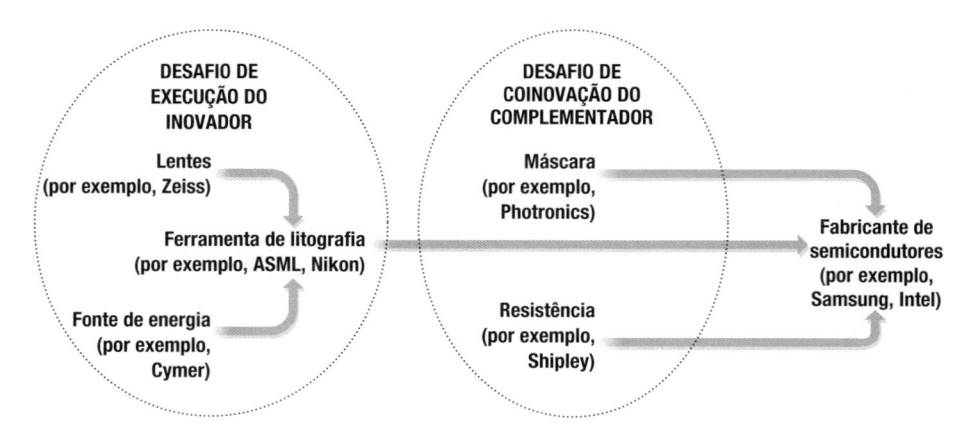

Figura 6.2: O ecossistema do equipamento da litografia de semicondutor. *(Adaptado de Adner e Kapoor, 2010.)*

o aparelho. O interessante é que os desafios da inovação em pontos diferentes no ecossistema variaram de forma muito acentuada ao longo de gerações. Algumas vezes, a lente que a tecnologia usava em uma geração poderia ser reutilizada na próxima. Em outras épocas, processos de manufatura e de materiais de lentes inteiramente novos precisavam ser desenvolvidos para passar um novo comprimento de onda de luz. Em algumas gerações, a fonte de energia poderia ser replicada, enquanto, em outras, novas categorias de lasers precisavam ser inventadas. Da mesma forma, algumas gerações exigiam inovações importantes na máscara e na camada fotorresistiva, enquanto em outras não. Assim, ao longo de várias gerações, dependendo de quantos elementos diferentes precisariam ser inovados e do tamanho das chances que cada um deveria ter, podemos classificar numerosos desafios de coinovação que alimentam a capacidade das empresas de apresentar as próprias inovações (a extensão dos desafios da execução da inovação) e os desafios da coinovação que afetam a capacidade de apresentar a total proposição de valor ao consumidor final (a extensão dos desafios da coinovação dos complementadores).

É a combinação dessa variação nos níveis dos desafios de execução e de coinovação, em conjunto com a estrutura estável do ecossistema, que nos permite comparar os resultados através das nove gerações de tecnologia e tirar conclusões sobre o setor.

Quando os pioneiros ganham?

Os fabricantes de ferramentas e seus parceiros têm uma profunda crença no poder da vantagem do pioneiro. E todos os indicadores elementares baseados em produtos sugerem que deveria ser grande: existe bastante coordenação com os clientes e com organizações industriais como a SEMATECH sobre especificações técnicas desejáveis, de modo que a incerteza dos requisitos do produto "certo" é baixa. Os pioneiros obtêm vantagens significativas em termos de curva de aprendizagem, reduzindo os custos e aumentando a qualidade com o crescimento dos volumes de produção. E mais importante: como os fabricantes de semicondutores personalizam suas técnicas de produção de acordo com a ferramenta específica adquirida, existem custos altos para o cliente trocar de fornecedor de ferramentas, ou seja, uma vez que o cliente adote sua ferramenta, é pouco provável que opte por outra de um concorrente.

Porém, quando aplicamos as lentes de ecossistema com as ferramentas estatísticas para isolar o relacionamento entre quão cedo as empresas entraram e quanto de vantagem da parcela de mercado desfrutaram, identificamos uma contingência importante. Nas gerações em que os desafios de coinovação do complementador eram menores, a lógica tradicional baseada no produto se mostrou verdadeira. No caso da linha de base de desafios de execução relativamente menores (quadrante 1), os que vieram primeiro desfrutaram de uma vantagem distinta: um pioneiro que ingressou três anos antes poderia esperar uma participação de mercado 3% maior que a do retardatário sobre as vendas totais ao longo da vida da geração. Lembramos sempre que, em 2009, uma vantagem de 1% no mercado na nova geração de ferramentas de litografia (DUV 193i) equivalia a $28,4 milhões nas vendas anuais e que gerações de ferramentas continuaram a ser vendidas por muitos anos, é evidente que os riscos são elevados. E é certo que a crença do setor na vantagem do precursor é totalmente fundamentada no cenário da linha de base.

Quando o desafio da execução é grande e o da coinovação é menor (quadrante 2), os que vieram em primeiro lugar estão com uma vantagem ainda maior: interessar-se três anos antes rende ao pioneiro uma vantagem de 6% na participação de mercado. Aqui, a crença na vantagem do precursor está até mesmo em bases mais sólidas.

A descoberta mais intrigante, porém, está no que corresponde ao cenário do menor desafio de execução/maior desafio de coinovação do complementador do quadrante 3. Aqui, a lógica baseada no produto se desfaz diante das dinâmicas do ecossistema. A primeira empresa a superar seu desafio de execução precisa esperar. Nesse caso, a proposição de valor permanece incompleta até que todos os complementadores resolvam também seus problemas. Aqui, o pioneiro não tem vantagem. Na verdade, o pioneiro leva uma ligeira desvantagem na participação de mercado (–0,3%) em relação aos retardatários.

As implicações dessas descobertas são importantes. O que elas revelam é que está fundamentalmente errado pensar na vantagem do precursor como uma característica fixa de um setor – qualquer setor, incluindo aquele em que sua empresa atua. Em vez disso, vemos que a extensão da vantagem do precursor depende da natureza dos desafios no ecossistema.

Quando esforços de desenvolvimento são acelerados, os custos sobem de forma exponencial. Se vão ganhar ou não um prêmio, o certo para as empresas que correm para ser pioneiras é que vão pagar um preço muito alto pela tentativa. Inovadores inteligentes situam a natureza de seu empenho na matriz do precursor e ajustam sua velocidade de acordo. Perseguir de forma agressiva a vantagem do precursor faz mais sentido quando os desafios da execução dos inovadores são grandes. Essa é a oportunidade para se realizarem esforços maiores porque é a época das grandes recompensas. Também mostra que, quando os desafios de coinovação dos complementadores são grandes, as recompensas pelo pioneirismo são menores. Essa é a ocasião para a paciência vigilante; é a hora para a preparação ativa, mas não para o lançamento agressivo.

Vantagem do precursor inteligente

Se você se permitir olhar além dos desafios de suas próprias inovações, para a totalidade da proposição de valor, as pistas de tempo são abundantes. Não é preciso ser um visionário para perceber que a demanda para MP3 players não decolaria até que os usuários tivessem acesso fácil ao produto real. Não é preciso ter uma bola de cristal para prever que as vendas de uma nova geração de ferramentas de litografia vão tropeçar até que os complementos-chave estejam prontos. E não é necessário muito esforço para deduzir quando os desafios da coinovação de um invento serão grandes ou pequenos: no setor de litografia de semicondutor, encontramos artigos que discutem detalhes de desafios de coinovação que foram publicados mais de seis anos *antes* de a tecnologia ter sido comercializada.

No entanto, é preciso muita força de vontade para resistir ao impulso natural de seguir em frente. Atrasos autoimpostos vão contra a índole da maioria dos líderes e das organizações. Mas num mundo de ecossistemas, o risco custoso do "apressado come cru" é uma chamada para a disciplina e perspectiva. O ecossistema é um quebra-cabeça que precisa ser montado. O prêmio não vai para o primeiro jogador que coloca a primeira peça – porque nada acontece até que o quebra-cabeça esteja completo. O prêmio é dado apenas depois que alguém coloca a *última* peça.

A jornada do iPod de Steve Jobs é emblemática. Jobs tinha perspectiva para perceber que os music players estavam num quadrante diferente em relação ao Walkman, que começou sua vida no quadrante 1. O MPMan começou no quadrante 3. Jobs entendeu que a trajetória natural dos desafios estava em direção à esquerda superior da matriz do precursor. O "sistema" trabalha para resolver os desafios de coinovação, enquanto os concorrentes do setor descobrem a execução. Sua percepção consistiu em "surfar" na onda da coinovação, sabendo que seus desafios seriam resolvidos com o tempo. Sua genialidade foi esperar para gastar energia no desafio da execução.

Jobs esperou, mas, enquanto esperava, também se diferenciou. A Apple não lançou o iPod como um produto. Na combinação com seu software de gerenciamento de músicas, o iTunes, o iPod era a solução. Como os riscos dessa coinovação desapareceram em 2001, Jobs resolveu lançar o primeiro iPod. Com a combinação de hardware-software de sua propriedade, ele não somente colocou a última peça, como também terminou o quebra-cabeça inserindo as duas últimas peças. E se certificou de que estavam interligadas. Quando passou a oferecer soluções, a Apple aumentou o desafio de execução para si mesma, bem como para todos os outros, efetivamente reduzindo o valor dos esforços anteriores dos concorrentes e aumentando a barreira para que os rivais não alcançassem sucesso no futuro. Ao fazer isso, Jobs inseriu o iPod no quadrante 2, a fim de obter vantagem de pioneirismo inteligente. (No Capítulo 8, veremos que Jobs emprega uma variante dessa estratégia com o iPhone e o tablet iPad.)

O *timing* inteligente – para um novo produto ou para uma tecnologia totalmente nova – requer um olhar sóbrio para identificar quem e o que mais podem ajudar ou atrapalhar o esforço. Compreender essa dinâmica fornece bom embasamento para os tomadores de decisão, permitindo que aumentem ou reduzam o nível de agressividade na forma como conduzem a iniciativa. A partir do momento em que os ecossistemas se tornam cada vez mais generalizados, é importante fazer a seguinte pergunta: "Estamos no mundo do Walkman ou no mundo do iPod?" Quando você escolher a hora de atacar, analisando tanto a estrutura do ecossistema quanto seu papel nele, estará em melhor posição para vencer. Há ainda incerteza, é claro. Nenhum triunfo é marcado com antecipação. Mas compreender seu esforço sob a perspectiva do ecossistema coloca as probabilidades a seu favor. As cortinas estão abertas. Bem-vindo ao grande cenário.

REFLEXÃO SOBRE A PARTE II

Expandir a perspectiva significa mudar o rumo da conversa

Quando você escolhe participar de um ecossistema, terá de fazer uma série de novas escolhas referentes a papéis, posicionamento e tempo. As ferramentas da lente de longo alcance e as estruturas conceituais desenvolvidas neste livro serão muito úteis para a estruturação dessas decisões.

O gerente sábio, porém, sabe que as estruturas de gestão, em geral, e as estruturas de estratégia, em particular, devem ser abordadas com cuidado. Quando confrontados com a decisão ou com uma oportunidade, geralmente começamos com uma intuição sobre qual é o curso certo de ação. Aplicação criteriosa e imparcial de uma estrutura conceitual pode mudar essa intuição. Mas, como qualquer pessoa que já tenha perdido muito tempo em reuniões sabe, a aplicação imparcial nem sempre é a regra.

Em minha opinião, o maior valor das estruturas conceituais de estratégias está em esclarecer os problemas que surgem quando gestores diferentes, com intuições iniciais diferentes, discordam sobre o curso de ação correto. Em um contexto de grupo, as estruturas conceituais são ferramentas para comunicação e debate. Usada corretamente, uma boa estrutura altera a interação de uma batalha feroz – muitas vezes resolvida na base da reputação, poder e eloquência – para uma comparação organizada de pressuposições feitas com base em uma estrutura fundamental da situação. Trazer à tona essas diferenças de pressupostos ocultos costuma ser a chave para encontrar soluções efetivas.

Minha esperança é que as ferramentas e as estruturas conceituais desenvolvidas neste livro, ao fornecerem uma linguagem clara para discutir a estrutura da interdependência e suas implicações para o sucesso, tornem seus debates mais produtivos e suas resoluções mais robustas.

Ou seja, enquanto o uso dessas ferramentas pode ser importante para o analista solitário, será de mais valor ainda para a equipe de projeto e muito mais valioso para um consórcio de parceiros. Esse também será o caso da Parte III, à medida que mudarmos de escolha para intervenção. Apresentarei novas estratégias para construir e moldar os ecossistemas – como reconfigurar a estrutura de dependência e como alavancar a vantagem no mesmo ecossistema e de um ecossistema para outro. Mostrarei como as ferramentas de lentes de longo alcance podem ser implementadas com credibilidade para evitar fracassos desnecessários e multiplicar suas chances de sucesso.

PARTE III

Ganhando o jogo

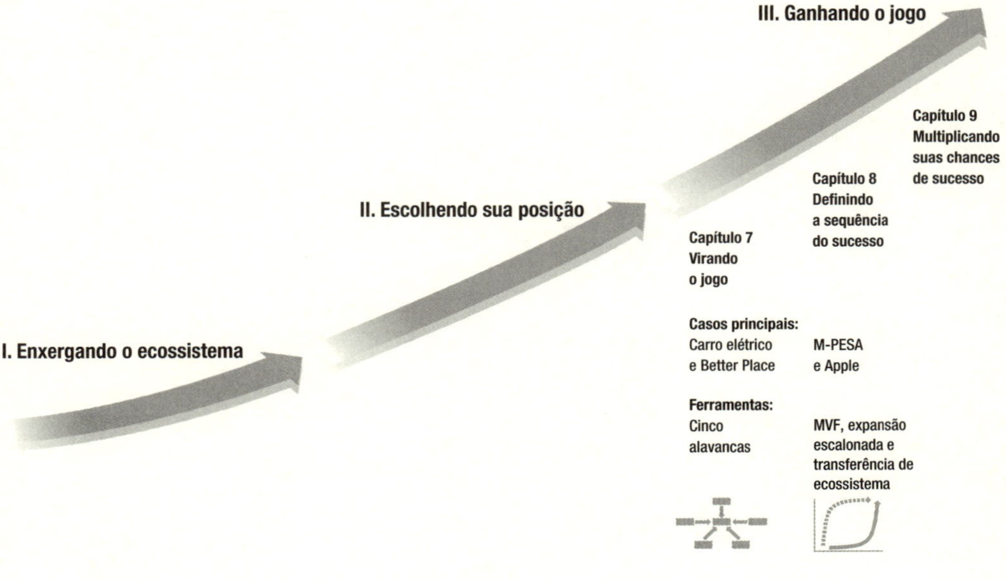

III. Ganhando o jogo

II. Escolhendo sua posição

I. Enxergando o ecossistema

Capítulo 7
Virando
o jogo

Capítulo 8
Definindo
a sequência
do sucesso

Capítulo 9
Multiplicando
suas chances
de sucesso

Casos principais:
Carro elétrico
e Better Place

M-PESA
e Apple

Ferramentas:
Cinco
alavancas

MVF, expansão
escalonada e
transferência de
ecossistema

CAPÍTULO 7

Virando o jogo:

Reconfigure o ecossistema a seu favor

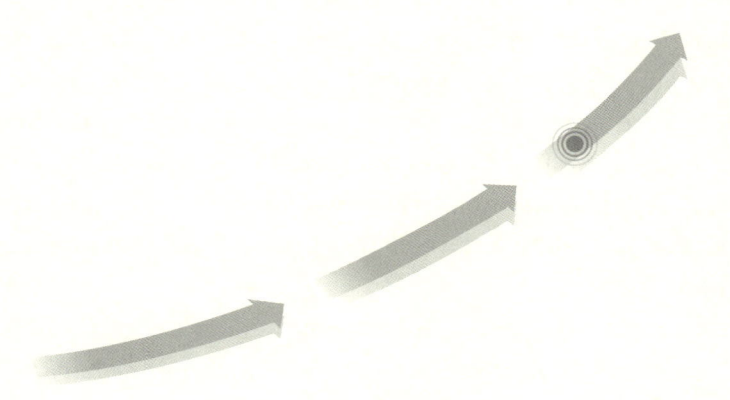

Toda história de sucesso que encontramos até aqui apresenta uma característica em comum: cada inovador que levou o ecossistema a sério encontrou uma maneira de eliminar todos os obstáculos de seu esquema de valor antes de avançar.

O mais curioso é que esses inovadores também compartilharam um *caminho* comum para o sucesso. Para o cinema digital, o Kindle da Amazon e o iPod da Apple, a mudança do sinal vermelho para o verde não foi apenas uma questão de maior dedicação ou de bajular ou oferecer maiores incentivos aos parceiros para garantir que cada peça do quebra-cabeça do ecossistema se encaixasse no devido lugar.

Em cada caso, vimos que o sucesso resultou, em primeiro lugar, de reconhecer as principais restrições que atrapalhavam a criação de valor e de tomar atitudes ousadas para reconfigurar o projeto a fim de ultrapassar esses obstáculos.

Inovar em ecossistemas exige não só inovação em diferentes elementos, mas também no modo como se reúnem, ou seja, a inovação do projeto propriamente dito. Os estúdios de Hollywood adicionaram novos integrantes a seu ecossistema – o programa VPF (taxa de cópia virtual) e o integrador do cinema digital – que permitiram compartilhar seus benefícios com os donos das salas de cinema, tão cruciais para o êxito do plano. A Amazon reuniu elementos do e-book que antes eram separados com uma livraria eletrônica e usou parceiros do ecossistema para realocar a tarefa de conectividade do consumidor ao dispositivo Kindle. A Apple combinou hardware com software de gerenciamento de músicas e adicionou o novo elemento da aquisição segura de músicas avulsas on-line.

Neste capítulo, falaremos sobre como mudar a estrutura do ecossistema a seu favor. Identificaremos as *cinco alavancas de reconfiguração do ecossistema* e exploraremos como podem ser usadas para modificar sua proposição de valor a fim de eliminar gargalos de adoção e coinovação que atrapalham a criação de valor.

Vamos analisar o caso do carro elétrico, uma solução de transporte que empolgou consumidores, empresas e governos com a promessa de independência de energia, ar mais puro, empregos "verdes" e redução nos custos de combustível. Não faremos a análise de um exemplo do passado, cujos resultados já são conhecidos. Em vez disso, vamos explorar um caso cujo desfecho ainda não ocorreu e que se desenrola enquanto escrevo este livro. Começarei identificando os principais desafios no ecossistema atual – três dificuldades visíveis e três reveladas quando usamos uma lente de longo alcance. Esses são os sinais vermelhos que impedem os carros elétricos (EVs – Electric Vehicles) de se tornarem veículos de uso predominante no mercado consumidor.

Enxergar a realidade mais ampla quase sempre expõe problemas maiores, mas também apresenta a possibilidade de encontrar soluções mais robustas. Para tanto, consideremos a abordagem que uma start-up de EVs vem adotando, a Better Place. Como os resultados ainda não são conhecidos, a análise será prospectiva. No entanto, veremos uma estratégia altamente instrutiva pela forma como emprega uma combinação de todas as cinco alavancas de reconfiguração para criar um caminho para o sucesso.

Os primórdios do carro elétrico

O carro elétrico é uma proposta antiga. Na virada do século XX, o futuro da indústria automotiva ainda não estava definido, pois os carros elétricos, a gasolina e a vapor competiam pela supremacia tecnológica. Na verdade, por volta de 1899, a American Electric Vehicle Company, chefiada pelo financista William C. Whitney, era a maior fabricante

Figura 7.1: Um carro elétrico da American Electric Vehicle Company fabricado em 1900.
(© Top Foto / The Image Works.)

de automóveis dos Estados Unidos. O carro elétrico não poluía e era silencioso comparado ao complexo, barulhento e poluente automóvel movido a gasolina. Em 1897, um editorial resumiu a situação ao profetizar: "Tudo leva a crer que a indústria de veículos elétricos está bem estabelecida em uma base segura que permitirá um rápido crescimento."

Mas no início do século XX, confrontado com os aprimoramentos dos motores a gasolina, a descoberta do petróleo barato no Texas e o triunfo da produção em massa de Henry Ford com seu Modelo T, o carro elétrico tinha definitivamente perdido a corrida. Em 1914, havia 568 mil automóveis fabricados nos Estados Unidos – e 99% deles eram movidos a motores de combustão interna a gasolina.

Foi só no início dos anos 1990 que o carro elétrico quase renasceu, em virtude de uma combinação de avanços tecnológicos e decretos governamentais. Esse renascimento concentrou-se na Califórnia, o maior mercado de automóveis dos Estados Unidos, berço dos consumidores abastados mais preocupados com o meio ambiente e autoridades estaduais mais agressivas. O esforço começou em 1990, com o lançamento do Impact da GM, um carro totalmente elétrico, no Salão do Automóvel de Los Angeles. O Impact era um catalisador do programa ZEV (Zero Emission Vehicle – Veículo de Emissão Zero) do CARB (California Air Resources Board – Conselho de Recursos Atmosféricos da Califórnia), segundo o qual, até 1998, 2% dos veículos produzidos para venda na Califórnia não poderiam emitir gases tóxicos. Esse índice subiria para 5% em 2001 e para 10% em 2003. Em resposta à determinação do CARB, a GM lançou o EV1, o primeiro veículo totalmente elétrico disponível no mundo. Outros importantes integrantes do setor automotivo logo aderiram ao programa: a Nissan lançou o Altra EV; a Honda, o EV Plus; e a Toyota, o RAV4 EV. Contudo, todos esses projetos foram parar no ferro-velho no início do século XXI, por causa de uma série de desafios legais à determinação do CARB e aos elevados custos que os carros elétricos acarretariam ao consumidor – dos altos custos de financiamento (a prestação mensal do EV1, um cupê subcompacto para dois passageiros, ficaria entre

$399 e $549 – comparável à de um sedã de luxo), autonomia limitada até as restrições de infraestrutura.

Atualmente, estamos na terceira onda de tentativa de ressuscitar o carro elétrico, com uma promessa mais urgente do que nunca. As emissões de gases do efeito estufa são um importante fator para o aquecimento global. Com cerca de 1 bilhão de veículos poluentes rodando em todo o mundo e a previsão de rápido crescimento das novas economias, há uma necessidade premente de se encontrar uma alternativa à gasolina. Além do custo ambiental, existe o custo econômico. Os Estados Unidos, por exemplo, importaram 61% do petróleo que consumiram em 2010, mais de 4 bilhões de barris. Pelo preço vigente na época – $76 por barril –, o país teve de transferir $325 bilhões a governos estrangeiros ou o equivalente a $619.225 por minuto. Com a crescente demanda por petróleo diante da ascensão das novas economias e questões sobre a disponibilidade de futuras reservas, há um consenso geral de que os preços tendem a aumentar cada vez mais.

Até o momento, a história do carro elétrico tem sido pródiga em visionários da tecnologia e obstinados ambientalistas. Sim, existe um pequeno, mas visível, segmento de consumidores para o qual os benefícios de salvar o planeta e/ou mostrar credenciais ecológicas vale o custo adicional. Entretanto, para causar impacto na poluição e na independência energética, o carro elétrico deverá ir além desse nicho de mercado e atrair compradores tradicionais. Como?

Desafios do ecossistema dos veículos elétricos

Desde o início, o veículo elétrico é visto como um problema de ecossistema, cujos vários elementos precisam reunir-se para viabilizar a proposição de valor (veja a Figura 7.2).

Três obstáculos claramente visíveis para que o grande público adotasse o EV chamaram a atenção da mídia, autoridades e empreendedores em todo o mundo. Primeiro, os EVs são mais caros que os veículos movidos a

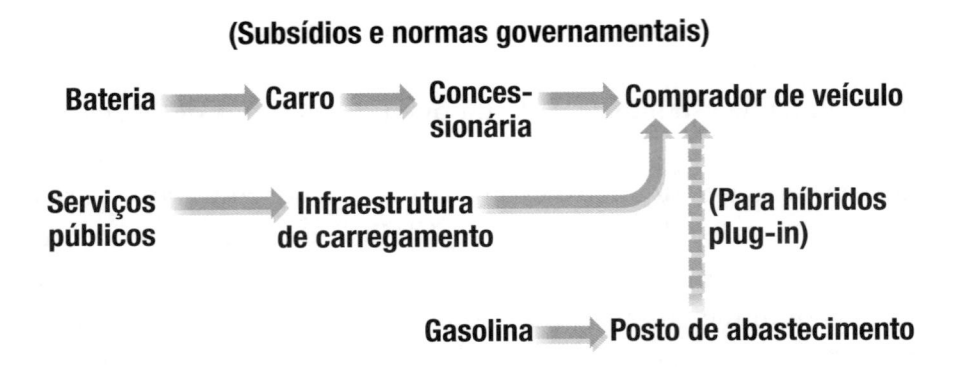

```
                    (Subsídios e normas governamentais)

    Bateria ══▶ Carro ══▶ Conces-  ══▶ Comprador de veículo
                          sionária              ▲
                                                ┊
    Serviços  ══▶ Infraestrutura              (Para híbridos
    públicos      de carregamento              plug-in)
                                                ┊
                            Gasolina ══▶ Posto de abastecimento
```

Figura 7.2: Esquema de valor do ecossistema do veículo elétrico (EV), incluindo suprimento de gasolina para carros híbridos plug-in.

gasolina. Segundo, a distância que um carro percorre sem ter de recarregar a bateria é inferior à dos automóveis movidos a gasolina. Terceiro, a infraestrutura para recarregar as baterias, em termos de disponibilidade de pontos de abastecimento e do tempo necessário para a recarga, é muito inferior à infraestrutura já instalada para os veículos movidos a gasolina. É interessante observar que esses são os mesmos desafios que os EVs enfrentaram em 1908.

Problema A: Maior preço de compra

O argumento econômico para a compra de um EV se baseia no fato de que é mais barato rodar com um EV do que com um veículo a gasolina. Nos Estados Unidos, o galão (3,78 litros) de gasolina custa $4 e o consumo médio é de 25 milhas (40 quilômetros) por galão, ou seja, o custo é de $0,16 por milha rodada a gasolina. Em contrapartida, com o preço da energia elétrica a $0,12 por quilowatt-hora (kWh) e um percurso médio de 4 milhas (6,4 quilômetros) por kWh, o custo de cada milha percorrida a energia elétrica é de $0,03. Portanto, dirigir um EV é como abastecer com gasolina a $0,75 por galão. Sem dúvida, uma proposta interessante.

No entanto, embora dirigir um EV seja mais barato, comprar um deles já é outra história. Compare o novo Nissan Leaf, lançado em 2011 e vendido no varejo a $33 mil (mais $2 mil de taxa de instalação do carregador em casa), com um modelo de tamanho similar, o Nissan Versa, com preço oficial de $13.500. Um dos principais fatores para essa diferença de preço é o custo da bateria de 24 kWh do Leaf, estimado em $15.600 para as primeiras versões do carro. Com o atual incentivo fiscal federal de $7.500 em todas as compras de EVs, ainda há uma diferença de $12 mil. Com esse valor, é possível comprar muita gasolina. Supondo que você economize 13 centavos por milha rodada, nesse caso, você teria de percorrer mais de 75.000 milhas (mais de 120 mil quilômetros) para chegar ao ponto de equilíbrio.

Problema B: Autonomia limitada

"Preocupações com autonomia" (*range anxiety*) é o termo usado no setor para se referir ao receio de ficar sem energia no meio de um trajeto com um EV. Como representante da categoria, um Leaf totalmente abastecido pode rodar cerca de 100 milhas (160 quilômetros) antes de recarregar a bateria, ao passo que um modelo do mesmo porte, o Versa movido a gasolina, pode percorrer mais de 400 milhas (quase 645 quilômetros) com um tanque cheio. Você mora em terreno montanhoso? Trafega com carga pesada? Anda com o ar-condicionado ligado? Tudo isso deve ser levado em consideração ao planejar um simples trajeto. A maioria dos percursos incorre nesses fatores, mas existem muitos outros mais. Mesmo que você fizesse uma viagem de 200 milhas (pouco mais de 321 quilômetros) uma vez por mês, a autonomia limitada impediria o EV de se transformar em uma solução completa.

A pouca autonomia dos EVs é essencialmente determinada pelas baterias. Uma maneira de resolver esse problema seria desenvolver uma bateria melhor, e bilhões de dólares já foram investidos com esse objetivo. Embora não se duvide de que esses avanços acabarão surgindo, existe uma grande incerteza em relação a quanto tempo passará antes de se atingir essa meta. Uma importante questão é como todo o restante do ecossistema vai manter e motivar seus próprios esforços.*

Problema C: Restrições de infraestrutura

A questão da autonomia tem a ver com o problema de recarregar a bateria. Aqui, existem dois obstáculos: a disponibilidade dos postos de reabastecimento e o tempo necessário para recarregar a bateria. De acordo com o Laboratório Nacional de Energia Renovável do Departamento de Energia dos Estados Unidos, havia 3.834 postos públicos de recarga instalados em 39 estados até 30 de setembro de 2011 (1.202 deles na Califórnia). Compare esse número aos 159.006 postos de gasolina, a maioria equipada com várias bombas, e avalie a conveniência. Os motoristas de EVs não têm muita escolha a não ser recarregar o carro em casa. Contudo, independentemente de reabastecerem o veículo em casa ou em um posto público, a recarga total de uma bateria é um processo demorado: oito horas com um carregador de 220 volts, 20 horas com um de 110 volts. Carregadores do nível 3, que rodam a 500 volts, podem recarregar uma bateria em 30 minutos. Mas, como são muito mais caros e também oferecem o risco de reduzir a vida útil da bateria, apenas uma ínfima minoria das instalações conta com esse tipo de equipamento. Em uma viagem longa, a recarga da bateria representa uma interrupção demorada. Comparada com a opção de um reabastecimento feito em cinco minutos em um posto de gasolina local, a ideia de ter de recarregar um EV desanima a maior parte dos motoristas.

Obviamente, a infraestrutura de recarga apresenta todas as características do clássico problema do ovo e da galinha: o incentivo privado para

---

* Uma abordagem alternativa seria usar a tecnologia de bateria de corrente, o que não faria muita diferença. O Roadster da Tesla ganhou destaque nas manchetes de 2009, quando se tornou o primeiro EV à venda com autonomia de quase 250 milhas (402 quilômetros) – à altura dos carros a gasolina. A Tesla dobrou a autonomia ao duplicar o número de células da bateria. No entanto, essa saída também dobrou o preço: só a bateria do Roadster custa cerca de $36 mil (o preço básico sugerido pelo fabricante para o Roadster 2011 é de $109 mil), o que reduz a atratividade econômica para o grande público.

investir na infraestrutura será baixo até existirem EVs suficientes nas ruas e haverá poucos motivos para atrair os consumidores para os EVs enquanto não houver uma ampla infraestrutura de recarga disponível.

O Departamento de Energia dos Estados Unidos destinou $400 milhões para a instalação de uma infraestrutura para os EVs e tem trabalhado com várias empresas do setor privado na montagem e administração dos postos de recarga. No entanto, existe uma preocupação no sentido de que, como a iniciativa será financiada pelo dinheiro dos contribuintes, a implementação do projeto ocorra em várias cidades e regiões ao longo das linhas traçadas pela influência política. Embora cada novo posto de recarga seja um incentivo, não está claro se a rede de distribuição está sendo construída ao longo das linhas mais eficientes.

Uma alternativa inovadora é a introdução dos híbridos plug-in, como o Chevy Volt 2011 da GM, modelo que combina uma bateria de íons de lítio com um gerador de energia movido a gasolina ativado somente quando a bateria está descarregada. A ideia é usar a atual infraestrutura dos postos de gasolina para dirimir as preocupações com autonomia do consumidor e oferecer a ele os benefícios ecológicos de um EV.

Os motoristas que estiverem chegando ao término da carga da bateria poderão completar o tanque em um posto de gasolina e deixar que os geradores alimentem o motor até o veículo chegar ao destino. No entanto, diante da necessidade de um motor híbrido (movido a gasolina e a bateria), o Volt é uma proposta cara. Vendido a $41 mil – mais do que o dobro do preço do Chevrolet Cruze –, trata-se de um veículo de tamanho e equipamentos comparáveis, que chegou às concessionárias 2011 com o preço base de $16.275. Mais uma vez, a diferença de preço daria para comprar um enorme volume de gasolina. Além disso, o uso da tecnologia existente parece enfraquecer o poder de atração da oferta. Segundo George Magliano, analista da IHS Automotive, o Volt é um "veículo declaração" para a GM. "Se eu acho que será um sucesso de vendas? Não." Isso leva à crítica mais importante: "Como poderemos salvar o planeta se [as empresas] constroem toda a argumentação de vendas desses produtos apenas para os ricos?"

Juntos, os desafios da adoção e da coinovação que permeiam esses três problemas (preço mais caro, autonomia limitada e infraestrutura de recarga) formam um quadro pessimista. Contudo, como a maioria dos obstáculos tecnológicos, esses também podem ser resolvidos. Na verdade, em todo o mundo, governos e iniciativa privada estão investindo enormes volumes de empenho, recursos e tempo para superar essas dificuldades.

Ameaças ocultas à proposição de valor do EV

Mesmo que esses três problemas iniciais fossem superados, o EV continuaria sendo um produto para uma minoria. Para que o EV seja interessante para o consumidor comum, existem outros três obstáculos que também devem ser removidos – barreiras ocultas no ponto cego de muitas organizações que estão investindo muito talento e dinheiro na iniciativa dos EVs.

Problema D: Valor de revenda da bateria

Como vimos ao discutir o Problema A (maior preço de compra), os custos da bateria atrapalham a viabilidade econômica dos EVs. Entretanto, existe um problema ainda maior relacionado com a bateria do que o preço do carro elétrico: o impacto da bateria no valor de revenda dos EVs.

Graças ao investimento substancial do setor público e do privado, a tecnologia das baterias melhora de maneira constante e rápida, geração após geração. O desempenho (avaliado pela capacidade de armazenar energia em menor espaço, resistência a temperaturas e custos de produção) tem melhorado a uma velocidade muito maior que o de qualquer outro componente do veículo. As previsões variam muito, mas, segundo algumas estimativas, o custo por kWh pode cair de aproximadamente $650 em 2011 para $350 até 2015. Desse modo, uma bateria de 24 kWh custaria $8.400, e não $15.600.

Essa é uma ótima notícia – apenas para quem ainda não tem um EV. A bateria é o item mais caro de um EV, mas também é o que se torna obsoleto mais rapidamente.

Além disso, as baterias têm vida útil limitada, ou seja, sustentam apenas determinado número de ciclos sem que o desempenho (a capacidade de reter a carga) caia abaixo do nível aceitável. De acordo com Kiplinger, um componente-chave do valor de um carro novo – e seu poder de atração para o consumidor – é o quanto o bem valerá após três a cinco anos de uso. A bateria estimada em $15.600 em um EV modelo 2011 tem vida útil de algumas centenas de milhas. Se, até 2015, você puder ter um EV com uma bateria nova em folha, presumivelmente com maior autonomia e vida útil, por $8.400, quanto estaria disposto a pagar por um EV de segunda mão com quatro anos de uso? Os inevitáveis aprimoramentos da bateria implicam que um EV de quatro anos será obsoleto. De repente, o cálculo do valor de revenda de um EV começa a parecer mais com o da venda de um computador usado do que com o da troca de um veículo usado. *Sinal vermelho.*

Problema E: A autonomia limitada restringe a economia

A autonomia limitada atrapalha não só a conveniência, mas também os benefícios econômicos do carro elétrico. Os entusiastas do EV se prendem ao incontestável fato de que as reais economias de se comprar um EV resultam de poder ficar longe de uma bomba de gasolina. Você economiza a cada quilômetro rodado! Mas isso só tem valor para longas distâncias. Na verdade, as limitações da infraestrutura de recarga implicam que, para a maioria dos usuários, o EV será um "veículo urbano", usado para trabalhar e fazer passeios locais. Mas, ao limitar a autonomia a curtas distâncias, a justificativa de uso do veículo urbano também limita o potencial de vantagem econômica. Isso é um grande problema: sim, quanto mais se dirige, mais se economiza; mas o alcance da redução de gastos é proporcional à limitação da autonomia dos EVs. *Sinal vermelho.*

Problema F: Capacidade da rede elétrica

Imagine se todos os problemas apresentados até aqui fossem resolvidos. As autoridades conseguissem incentivar todos os atores a entrar em ação; a miríade de fabricantes de veículos encontrasse um meio de vender os EVs a um preço capaz de competir com o dos veículos a gasolina; os fabricantes de baterias conseguissem prolongar a autonomia a cada recarga; as comunidades e as empresas de infraestrutura trabalhassem juntas para cobrir o país com uma vasta rede de postos de reabastecimento. Nesse quadro, os compradores do mercado de massa finalmente aceitariam a proposta do EV e o sucesso finalmente estaria garantido, certo?

Não. O fracasso do carro elétrico tradicional está entremeado em seu caminho para o sucesso. O uso do carro é tão previsível quanto o horário do rush de quem vai de casa para o trabalho e vice-versa. Cerca de 90% do tráfego acontece em função do trajeto entre residência e empresa. Isso significa que a maioria dirige na mesma hora do dia, ou seja, a maioria dos motoristas recarregaria o EV entre 8h30 e 9 horas, ao chegar ao trabalho, e/ou no início da noite, quando chegasse em casa. Desde que haja apenas um punhado de EVs em circulação, isso não representa um problema (mas lembre-se: se for relegado a apenas um punhado de motoristas, o EV não será uma solução para as questões de dependência do petróleo, impacto ambiental e elevados custos de combustível). O que aconteceria se uma porcentagem significativa de motoristas adotasse os EVs?

Há mais de 5 milhões de veículos registrados só no distrito de Los Angeles. Se apenas 5% desses carros fossem EVs (250 mil veículos indicaria um grande sucesso, embora não fosse nem de longe o suficiente pra afetar positivamente o impacto ambiental ou a redução de gastos com importação de petróleo), conectá-los à tomada de recarga ao mesmo tempo colocaria uma carga de 750 megawatts sobre a rede elétrica, o equivalente à capacidade geradora de centrais elétricas de médio porte. Se a penetração dos EVs atingisse 25%, haveria uma carga de 3.750 gigawatts, ou seja, um terço da carga elétrica média do distrito de Los

Angeles! Se o EV fosse adotado em massa e todos os motoristas de um bairro ligassem o veículo ao recarregar ao mesmo tempo, o súbito pico na demanda de energia enviaria uma onda de choque pela rede elétrica capaz de sobrecarregar as centrais de geração e distribuição, provocando um blecaute.

Está claro que atingir 5% de adoção no mercado levará algum tempo – talvez demore uma eternidade se os outros sinais vermelhos não passarem para verde. Mas essa questão final destaca a necessidade de se implantar uma solução expansível do lado da geração e distribuição de energia do ecossistema para que a superação de todos esses obstáculos tenha a chance de viabilizar a adoção em massa. Desse modo, a barreira final ao EV é a eletricidade propriamente dita.

Paradoxalmente, enquanto o carro elétrico não cair no gosto popular, o desafio da rede elétrica pode ser ignorado. Entretanto, quando o grande público adotar o EV, a incapacidade de atender à demanda levará a iniciativa ao fracasso. Em contraste com os problemas comuns que analisamos aqui, está a questão da capacidade de expansão: o sinal está verde desde que não haja tráfego. Contudo, quando começar a movimentação, será aceso o sinal vermelho em nosso projeto.

A boa notícia é que governos e empresas de serviços públicos de todo o mundo estão investindo na criação de tecnologias de redes elétricas inteligentes para ajudar a superar o Problema. A "rede inteligente" é o termo genérico para uma série de tecnologias que podem reagir a, e até prever, diferentes demandas colocadas no sistema de eletricidade e ajustar a carga e a distribuição conforme adequado. Os recursos incluem pequenos medidores que ajustam o preço cobrado pela eletricidade em tempo real, automação inteligente que pode ligar e desligar equipamentos elétricos dependendo da carga na rede e distribuição também inteligente, capaz de garantir que as linhas locais de transmissão de força não sofram sobrecarga. Melhor ainda é que essa tecnologia já está disponível. A dura realidade, porém, é que a implantação desses avanços é cara e demorada demais. A rede elétrica inteligente virá, mas em seu próprio ritmo. Se chegará a tempo de viabilizar a adoção em massa dos EVs, é uma questão em aberto.

Execução individual *versus* viabilidade do sistema

Analisando a proposta do EV pela lente de longo alcance, descobrimos uma lista de desafios que vão além da simples criação de um carro elétrico capaz de percorrer longas distâncias. As dificuldades essenciais estão relacionadas com os problemas gerais que cercam a eletricidade: geração, armazenamento, distribuição e – para os motoristas – custo. Enquanto esses problemas não forem resolvidos, a triste história do carro elétrico continuará a se repetir.

Os inúmeros envolvidos – no setor público e no privado – que têm empregado recursos vultosos para resolver o dilema do EV ao longo das linhas tradicionais estão focados nos próprios desafios de execução enquanto esperam que o sistema consiga "encontrar" uma maneira de colocar tudo em ordem. Embora esses esforços venham melhorando a qualidade de cada elemento do sistema, existe uma grande incoerência no modo como o sistema está se desenvolvendo como um todo. Do ponto de vista de determinado "elo" da corrente, o caminho para o sucesso é bloqueado por não se superarem as questões da coinovação e da cadeia de adoção. Já vimos isso antes. Esperança não é uma estratégia. Sem liderança, o sistema pode até convergir, mas dificilmente o fará de maneira oportuna e eficiente. Existe uma maneira melhor?

As cinco alavancas da reconfiguração do ecossistema

Resolver os problemas do ecossistema requer uma abordagem sistêmica: pegar as peças e encontrar um modo de reconfigurar o quebra-cabeça. Vimos esse método no Capítulo 3, quando os estúdios de Hollywood reconfiguraram o projeto do cinema digital, e, no Capítulo 4, quando a Amazon reconfigurou a proposta do e-book. Nos dois casos, o sucesso não veio de aprimoramentos tecnológicos distintos. Tampouco veio da integração vertical – trazer atividades externas para dentro da empresa. Muito menos tecnologias ou controles mais avançados seriam suficientes para liberar os gargalos na criação de valor. Na verdade, o sucesso veio primeiro de aceitar as limitações dos elementos existentes para depois encontrar uma nova maneira de viabilizar o projeto.

Reconfigurar um ecossistema implica mudar o padrão de interação entre os elementos do sistema. Quando pegamos um esquema de valor como ponto de partida e analisamos o constructo de atividades, participantes e elos, podemos fazer cinco perguntas fundamentais para descobrir uma nova configuração capaz de eliminar os gargalos problemáticos:

1. O que pode ser *separado?*
   Existe uma chance de desagrupar os elementos atualmente vinculados de maneira a criar um novo valor e levar a proposição de valor adiante?
2. O que pode ser *combinado?*
   É possível agrupar oportunidades que estão separadas no momento, de forma a criar um novo valor e levar a proposição de valor adiante?
3. O que pode ser *realocado?*
   É possível mudar elementos para novas posições no ecossistema de forma a criar novo valor e levar a proposição de valor adiante?
4. O que pode ser *adicionado?*
   Falta algum elemento que, se adicionado ao ecossistema, permitiria criar um novo valor e levar a proposição de valor adiante?
5. O que pode ser *subtraído?*
   Existe algum elemento que, se eliminado do ecossistema, poderia ser acomodado de modo a criar um novo valor e levar a proposição de valor adiante?

Essas questões não tratam apenas de mudanças. Lembre-se de que a Sony *adicionou* sua própria livraria à iniciativa de e-book – com pouco proveito. A Sony não conseguiu enxergar o restante do problema: sem um meio conveniente de os consumidores acessarem o vasto conteúdo, o mercado não conseguiria decolar. Compare isso com o esforço da Amazon: a empresa identificou a dificuldade real e se perguntou: O que

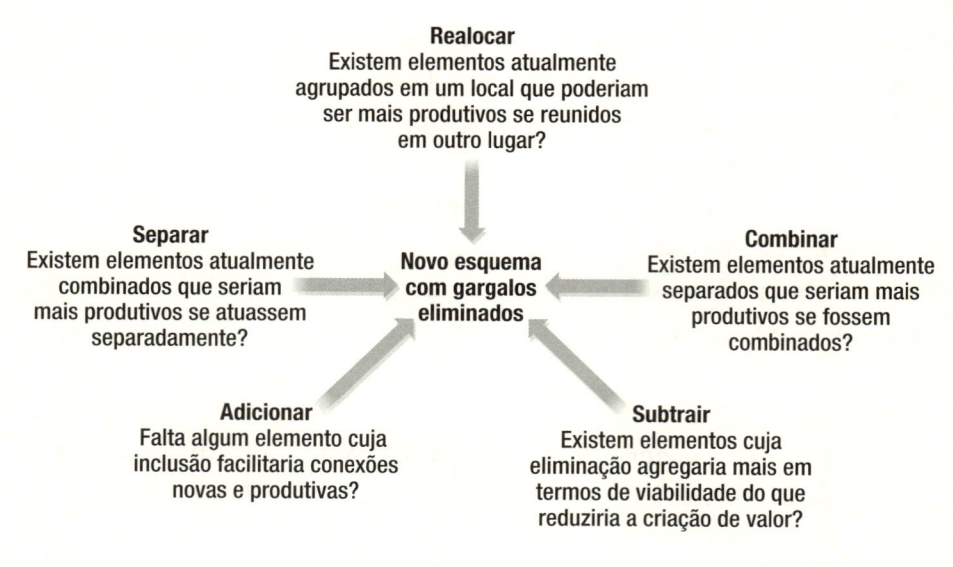

Realocar
Existem elementos atualmente agrupados em um local que poderiam ser mais produtivos se reunidos em outro lugar?

Separar
Existem elementos atualmente combinados que seriam mais produtivos se atuassem separadamente?

Novo esquema com gargalos eliminados

Combinar
Existem elementos atualmente separados que seriam mais produtivos se fossem combinados?

Adicionar
Falta algum elemento cuja inclusão facilitaria conexões novas e produtivas?

Subtrair
Existem elementos cuja eliminação agregaria mais em termos de viabilidade do que reduziria a criação de valor?

Figura 7.3: Cinco alavancas de reconfiguração do ecossistema.

podemos combinar? Ao incorporar uma ligação sem fio entre o Kindle e sua já aclamada livraria, a Amazon permitiu que os usuários acessassem o conteúdo facilmente em questão de segundos. Com esse esquema claramente em mente, a empresa mudou sua posição de fabricante do equipamento para líder do ecossistema, convencendo editores e clientes a adotar a proposição de valor.

Lembre-se do sinal vermelho que atravancou a promessa do cinema digital. Os donos das salas não conseguiam enxergar o benefício relativo de aderir ao cinema digital diante de investimento tão elevado. Quando reconheceram o problema, os estúdios – para os quais a novidade prometia enormes economias – entraram em cena e fizeram a seguinte pergunta: o que podemos agregar? O integrador do cinema digital e a taxa de cópia virtual foram adicionados ao esquema para viabilizar um modelo de financiamento que subsidiasse os exibidores e levasse o cinema digital ao grande público.

Vimos uma reconfiguração de ecossistema semelhante no Capítulo 6. Com inúmeros MP3 players brigando pela liderança, a Apple entrou em cena perguntando o que poderia ser combinado. Surgiu um aparelho elegante com software inteligente, representando a solução a um problema importante na proposição de valor dos MP3 players: agora os usuários teriam uma maneira intuitiva de gerenciar sua coletânea musical. Depois, com a inclusão da iTunes Music Store, a Apple sedimentou sua vitória.

O uso das alavancas, separadamente ou em conjunto, pode ser útil quando é preciso encontrar o caminho para uma solução viável. Vejamos os seis problemas dos EVs:

Problema A: Maior preço de compra
Problema B: Autonomia limitada
Problema C: Restrições de infraestrutura
Problema D: Valor de revenda da bateria
Problema E: A autonomia limitada restringe a economia
Problema F: Capacidade da rede elétrica

Como a reconfiguração do ecossistema pode ajudar a resolver cada um desses problemas e decolar a proposição de valor do EV?

Uma abordagem capaz de resolver o problema dos EVs – que considera o ecossistema de modo holístico, e não com os elementos separados – tem sido usada por uma nova e fascinante empresa chamada Better Place. Enquanto escrevo este capítulo, a Better Place está prestes a fazer seu primeiro desenvolvimento comercial, com um lançamento em Israel previsto para o início de 2012, seguido de outro na Dinamarca mais adiante no mesmo ano, com planos para outros países e regiões.

Embora os resultados da Better Place ainda não sejam definitivos, a abordagem da start-up oferece uma visão prática da estratégia de ecossistemas.

Better Place: uma abordagem diferente aos EVs

A Better Place foi fundada em 2007 por Shai Agassi, que recusou a chance de se tornar CEO da SAP, gigante do setor de software, para ir atrás de uma visão inovadora para carros movidos a combustíveis alternativos. "Prefiro fracassar na Better Place a vencer na SAP, pois nenhum outro trabalho se compara a tentar salvar o mundo", explicou. Sua estratégia foi tão ousada quanto sua decisão.

Better Place está tentando reconfigurar o ecossistema dos EVs. Deu início à estratégia admitindo os problemas que levantamos sobre as restrições da concepção do esquema. A empresa partiu dos seguintes princípios:

- Para tornar a proposta atrativa do ponto de vista econômico, os consumidores não seriam proprietários da bateria (Problemas A e D).
- Para torná-la atrativa do ponto de vista econômico e funcional, não pode haver limitações de autonomia e conveniência (Problemas B, C e E).
- Para a proposição alcançar sucesso progressivo, a atual rede elétrica não pode ser afetada (Problema F).
- Para torná-la comercialmente viável, é necessário encontrar uma solução usando a tecnologia disponível hoje, em vez de esperar milagres futuros.

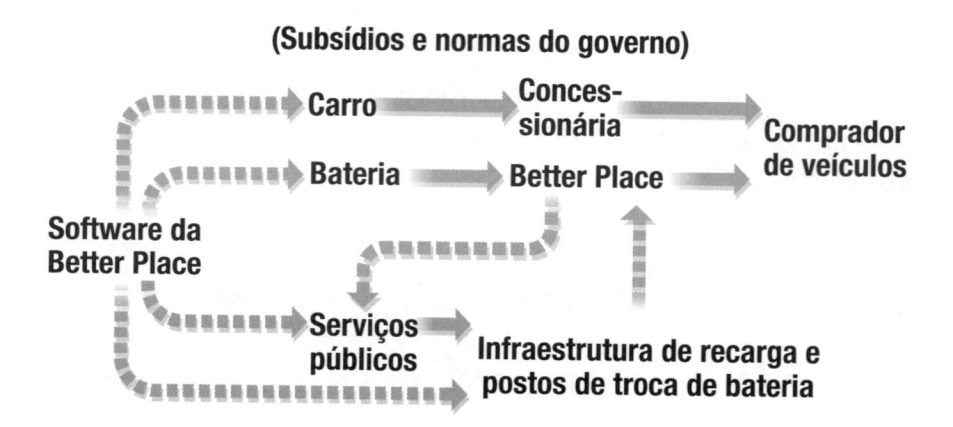

Figura 7.4: Esquema de valor da Better Place.

A nova proposição para os consumidores

A abordagem da Better Place não é inovar o EV, mas sim o ecossistema que o circunda. Desse modo, a empresa modifica a natureza da proposição de valor para a maior parte dos integrantes do ecossistema, começando pelo comprador de veículos.

Nesse esquema, o carro e a bateria são separados. Em vez de comprar um veículo que inclui a bateria, o motorista adquire a propriedade do carro, enquanto a bateria permanece de propriedade da Better Place. Em troca de uma taxa mensal baseada em quilometragem, a empresa instala pontos de recarga na residência e no local de trabalho do cliente, e oferece livre acesso à infraestrutura de recarga que a própria Better Place construiu, incluindo toda a eletricidade necessária para recarregar a bateria. Outro benefício oferecido são trocas de bateria ilimitadas.

Esse pacote resolve os principais problemas que enfraquecem a proposição de valor do EV para o consumidor. Ao excluir a bateria da compra do veículo (assim como a gasolina não está inclusa na compra de um carro tradicional), é possível oferecer o EV a um preço competitivo. Por exemplo, nos Estados Unidos, o custo de aquisição do Leaf sem a bateria seria de $33 mil (no varejo) menos $15.600 (custo da bateria) – o total seria $17.400. Depois de aplicar o desconto de $7.500 que o governo concede aos EVs, seria possível comprar um EV zero quilômetro por menos de 10 mil! Problema A resolvido.

Além disso, como a Better Place possui a bateria, a questão da obsolescência e do valor de revenda desaparece – pelo menos para o consumidor. Como uma instituição com fins lucrativos, a Better Place está em posição muito melhor para lidar com essa questão, pois pode depreciar o valor da bateria contra os lucros da empresa. Outrossim, quando a bateria totalmente depreciada não conseguir mais reter carga suficiente para o automóvel, poderá ser revendida para os mercados industriais e de serviços públicos como uma solução barata para reserva e armazenamento de energia. Problema D resolvido.

Com a instalação de pontos de recarga em domicílio e a criação proativa de uma infraestrutura de recarga pública, a Better Place resolveu a questão da disponibilidade de recarga que havia no Problema C. Aqui, a vantagem de uma fronteira geográfica bem definida fica clara: na época de sua inauguração em Israel, a Better Place terá instalado milhares de pontos de recarga em todo o país (com uma população de 7,5 milhões e uma área de 20.770 quilômetros quadrados). Compare esses dados com os 1.202 postos públicos de recarga (instalados até 30 de setembro de 2011) espalhados no estado mais favorável ao EV dos Estados Unidos, a Califórnia (com uma população de 37 milhões e uma área de 403.466 quilômetros quadrados).

Para ajudar a administrar as necessidades de recarga, os EVs incluídos na rede da Better Place vêm equipados com um completo sistema operacional (OS – Operating System), apelidado OScar. Para o consumidor, esse software de bordo é uma ferramenta interativa que alerta o motorista com antecedência sobre as necessidades de energia, dependendo do destino e hora do dia, e localizar os postos de recarga disponíveis. O sistema também é conectado ao serviço de assistência nas estradas em caso de emergência, e funciona como auxílio à navegação. Além disso, como a Better Place – comprador no atacado que pode liberar a carga de acordo com a demanda e, assim, beneficiar-se de tarifas elétricas extremamente baixas – compra a eletricidade que alimenta os carregadores domiciliares, isso se traduz em drástica redução no custo por quilômetro rodado. Problema C resolvido, ao menos em parte, e um avanço para a solução do Problema E.

O posto de troca de bateria do EV equivale a um posto de gasolina automatizado, com a promessa de que trocar bateria leva menos tempo que encher o tanque. Em um esquema que lembra uma linha de lava-rápido automatizado, o motorista estaciona o veículo em um sistema de esteira rolante, onde um braço robótico remove a bateria antiga pela parte de baixo do carro e substitui por outra totalmente carregada – tudo isso em questão de minutos. Com os postos de troca, a autonomia do EV deixa de ser limitada em função da bateria, mas sim pelo tamanho da rede de postos de troca: contanto que você possa chegar a um posto de troca, poderá andar mais uma centena de quilômetros.

A Better Place promete instalar esses postos em trechos regulares em todas as principais rotas – quatro postos a cada 160 quilômetros, garantindo a cobertura completa de determinada área e que sempre haverá uma bateria totalmente recarregada disponível. Antes do lançamento do sistema em Israel, a empresa já instalou 20 postos de troca em todo o país, com 40 instalações planejadas até o fim do primeiro ano de operação. Com a questão geográfica, a questão da autonomia (Problema B) foi resolvida, bem como a de que a vantagem econômica do combustível mais barato por quilômetro rodado vem apenas com a distância (Problema E).

É interessante notar que a ideia do posto de troca da bateria só pode dar certo se estas não forem de propriedade dos donos dos veículos. Do contrário, os motoristas teriam de se preocupar com a possibilidade de trocar *sua* preciosa bateria por outra inferior. Esse benefício flui diretamente da reconfiguração do ecossistema.

Criando um esquema ganha-ganha-ganha-ganha para os parceiros do ecossistema

Embora tudo isso torne mais atrativa a oferta da Better Place para os clientes, existe uma limitação crítica. Para que funcione com o sistema, o carro deve ser projetado com uma interface integrada com a plataforma de serviços da Better Place: o compartimento da bateria deve ser compatível com a infraestrutura dos postos de troca da Better Place, módulos de carga alinhados com o padrão dos postos escolhido pela Better Place e as interfaces de dados têm de ser compatíveis com o OS da Better Place. Isso significa que os fabricantes de automóveis precisam projetar os EVs especificamente para o sistema da Better Place.

Lembra-se do problema da tecnologia *run-flat*?

A boa notícia é que a Better Place conseguiu vencer essa dependência de modo proativo. Em 2008, a Better Place estabeleceu uma parceria com a Renault para a comercialização conjunta de um EV para o mercado de massa. O projeto foi possível graças à confiança de

Carlos Ghosn, CEO da Renault, no futuro dos EVs (o Leaf também é iniciativa dele por uma aliança entre Renault e Nissan). No entanto, um elemento crucial foi a disposição de Agassi de assumir o compromisso em uma escala que fez valer a pena para o fabricante de veículos projetar o Fluence Z.E. (emissão zero) seguindo as especificações da Better Place. Diferentemente de outros projetos-piloto de EVs, a Better Place garantiu o volume: a empresa encomendou 100 mil unidades do Fluence Z.E. em 2009 – quatro anos antes de ter um único cliente.

No entanto, a implicação é que os clientes que quiserem aceitar a proposta da Better Place só poderão dirigir um Renault Fluence Z.E. Essa é uma restrição real, mas não necessariamente um erro fatal. Lembre-se da política de variedade de Henry Ford para o Modelo T: "Você pode ter o carro da cor que quiser, desde que seja preto."

A nova proposição para as prestadoras de serviços públicos

Como a Better Place é proprietária da bateria, compra a eletricidade, administra a infraestrutura de carga e executa o OS dentro do carro, tem uma rara visão das necessidades de recarga de qualquer EV em sua rede e a capacidade única de gerenciar o processo de recarga. Juntos, esses fatores permitem que ela se antecipe às questões de energia com a rede pública. Ao equilibrar a demanda de força dos carros com a capacidade da rede, a solução permite que as distribuidoras vendam mais energia sem precisar atualizar sua infraestrutura e, ao mesmo tempo, mantenham o grau de satisfação dos clientes.

O software da Better Place abrange todo o sistema, permitindo que a empresa monitore a situação de carga de cada bateria – esteja ela abastecendo um carro, conectada ao ponto de recarga ou aguardando em um posto de troca –, e antecipe quando o componente precisará de mais energia. A empresa também consegue monitorar a rede de distribuição de eletricidade para saber quando ela está perto da capacidade de carga e quando há uma queda de rendimento no sistema. Com essas informações, a Better Place pode escolher diferentes EVs para carregar no sistema, adiando o abastecimento para os carros com baterias que estão com bastante carga e que ficarão estacionados por um tempo, dando prioridade aos veículos cujas baterias estão com nível baixo de carga ou cujos motoristas tenham sinalizado o desejo de fazer uma recarga completa. Explorando a inteligência do sistema e a visibilidade que tem de cada carro, a Better Place oferece uma solução de *smart grid* (rede inteligente) para as distribuidoras de energia sem que essas prestadoras de serviço público tenham de instalar uma *smart grid*.

Além da inteligência ao extrair energia da rede, a solução da Better Place pode usar a eletricidade armazenada nas baterias ociosas para devolver energia à rede quando houver o risco de a demanda ultrapassar a oferta (por exemplo, nos horários de pico em dias quentes, quando as distribuidoras de força estão perto de seus limites de geração). Apesar da ideia de carregar o veículo para a rede (V2G) estar em discussão há décadas, ainda existem dois obstáculos importantes no caminho. Primeiro, a necessidade de uma tecnologia de *smart grid* que permitisse esse tipo de sinalização e transferências bilaterais. Segundo, a degradação da vida útil da bateria causada pelo esquema de carga V2G. A despeito do fato de as distribuidoras de energia estarem dispostas a pagar mais caro pelos quilowatts nos horários de pico, há expectativa de que os consumidores não estejam dispostos a arriscar seu investimento na própria bateria. Um comprador potencial poderia dizer: "É o MEU carro, MINHA bateria e MEU tempo. Pode ficar com essa mixaria que não vale o meu inconveniente." Como a Better Place é dona da bateria e agregou inteligência à rede de carga sob sua gestão, essas restrições desaparecem. Problema F resolvido.

A proposição de lucros para a Better Place

Conforme empresas e governos com amplos recursos financeiros ao redor do mundo se unem para tornar a proposição do EV um sucesso, esse novo ator, pelo menos no papel, resolveu todos os seis obstáculos ao EV. Como a Better Place pode bancar uma proposta tão radical? Embora pareça radical no contexto de carros, a visão estaria bem estabelecida em outros cenários. Como uma operadora de telefonia móvel pode arcar com o ônus de "dar" ao usuário um aparelho de $300 por $50 e, ao mesmo tempo, instalar uma infraestrutura de estações de base e antenas? A resposta, como todos os usuários de celulares sabem, é através de um contrato de serviços plurianual. O primeiro insight de Agassi foi encontrar uma analogia com as operadoras de comunicações móveis, que subsidiam a compra do celular (bateria) e ganham dinheiro na vigência do contrato sob o qual o consumidor paga uma taxa de assinatura que inclui determinado número de minutos (quilômetros) por mês.

Seu segundo insight, não menos crucial, foi identificar os mercados-alvo certos para implementar sua proposta revolucionária. Aqui, em vez de voltar os olhos para o óbvio mercado da Califórnia e dos Estados Unidos como um todo, Agassi fixou-se em mercados com uma estrutura mais capaz de superar as restrições tecnológicas e de capital.

A lucratividade da proposta da Better Place tem como base o relativo poder de atração dos EVs em comparação com os tradicionais veículos movidos a gasolina. Esse ponto positivo depende da combinação de dois elementos: o preço relativo dos quilômetros rodados a eletricidade em comparação com os rodados a gasolina, e o preço relativo dos EVs em comparação com os carros movidos a gasolina. (Observação: uma análise mais detalhada aparece nas notas finais.)

O primeiro requisito é que o custo dos quilômetros rodados a eletricidade (e-km) seja muito menor que o dos rodados a gasolina (g-km). Tão mais barato que a Better Place possa pagar pela bateria, pela eletricidade, pela infraestrutura, alcançando uma margem saudável e conseguindo vender os e-km aos consumidores a um preço que vença o dos g-km com larga vantagem. Isso varia de um país para o outro. Na verdade, a não ser nos Estados Unidos, onde o imposto sobre a gasolina fica muito abaixo da média dos outros países do Ocidente (uma constatação que, em geral, surpreende os americanos), a diferença entre o custo dos e-km e o dos g-km já é substancial. Na Dinamarca, onde o preço médio da gasolina em julho de 2011 era de $8,87 por galão (equivalente a 3,78 litros) e em Israel, onde o galão custava $8,33, a diferença de preço pode ultrapassar $0,20 por milha (1,6 quilômetro). Rodar 15.000 milhas (24.140 quilômetros) ao ano durante quatro anos somaria uma diferença de $12 mil. Espera-se que essa disparidade cresça substancialmente, pois o custo das baterias continua a cair, enquanto o preço da gasolina não para de subir.

O segundo fator determinante para a atratividade é o preço de aquisição de um EV em comparação a um carro a gasolina. Isso também varia de um país para outro. Em Israel, o imposto sobre a compra de automóveis convencionais é de 85% – quase o dobro do custo do carro antes de você retirá-lo da concessionária. Mas, para os EVs, o imposto consiste em "meros" 10% (e aumentará para 30% em 2015). A Dinamarca oferece aos cidadãos uma motivação ainda maior para a adoção dos EVs: os carros convencionais são taxados em 180%, enquanto para os EVs o imposto é zero 0%.

A Dinamarca tem uma população de 5,5 milhões de pessoas e é um dos países mais preocupados do mundo com as questões ambientais – a isenção de impostos para os EVs consta dos livros fiscais há mais de um quarto de século. Ainda assim, até 2010, havia menos de 500 EVs registrados em todo o país. Por quê? Porque os subsídios resolviam apenas a questão do preço de compra (Problema A). Um EV mais barato, mas não funcional, não é uma solução viável. Para os dinamarqueses, se você procura um veículo com restrições de autonomia, deve escolher uma bicicleta.

Mas, com a eliminação das restrições de autonomia, o incentivo fiscal dá aos compradores da Dinamarca uma opção viável: a compra de um Fluence Z.E. a $37.962, sem imposto adicional, ou um modelo comparável movido a gasolina, como o Toyota Avensis, cujo preço antes dos impostos é de aproximadamente $32 mil, podendo chegar a $89.600 depois dos impostos. Embora o imposto de 85% em Israel possa parecer uma relativa pechincha, a isenção fiscal nesse país garante que os compradores vejam economias reais e expressivas *logo de saída*.

Limitações da abordagem

A Better Place certamente não oferecerá um atrativo para todo mundo. A falta da opção inicial nos carros, a confiabilidade ainda não comprovada tanto dos EVs quanto da rede de recarga e a necessidade de um local fixo para estacionamento que permita recarregar a bateria em casa são objeções que, somadas a outras que poderão ser identificadas, limitarão o apelo da proposição. A questão relevante não é se haverá clientes que rejeitarão a oferta, mas sim se um número suficiente de consumidores irá aceitá-la. É bem provável que um carro novo com 50% de desconto seja minimamente atrativo. Um grupo com grandes chances de gostar da oferta é formado pelos administradores de frotas corporativas, que, além de apreciar os menores preços de aquisição, também vão considerar a eliminação das flutuações no preço do combustível por quatro anos em seus ciclos orçamentários como um atrativo exclusivo. Na verdade, esse segmento é o principal foco para a Better Place.

A Better Place atrelou uma combinação poderosa: foco *e* vendas. A inovação advém de sua abordagem ousada à reconfiguração do ecossistema. Mas essa eficácia é fruto da combinação com uma escolha inteligente dos mercados-alvo. É precisamente por isso que os mercados de Israel e da Dinamarca são tão reduzidos – em termos geográficos e populacionais –, mas com grandes chances de que a Better Place possa arcar com a instalação de uma infraestrutura completa de postos de recarga e de troca de baterias antes de vender os veículos. Esses locais são ilhas com tráfego ideal, coisa que o distrito de Los Angeles não pode ser. Graças aos atrativos regimes tributários desses países, a empresa encontrou a confiança (capaz de contagiar investidores que aplicaram mais de $700 milhões antes que a iniciativa fosse lançada) de que sua oferta será sedutora para um número expressivo de compradores e, por sua vez, subsidiará a participação de todos os demais elementos do ecossistema através de contratos de compra que vinculem volumes e datas. Essa combinação de foco e vendas é a chave que permite à Better Place aceitar os custos iniciais da liderança do ecossistema e romper o ciclo "do ovo e a galinha" que, vez ou outra, atrapalha as empresas.

Em um mundo obcecado por globalização, tamanho e interconectividade, é cada vez mais crucial saber onde traçar os limites. Nesse aspecto, a Better Place segue a mesma estratégia das instalações localizadas que caracterizaram as tecnologias de rede bem-sucedidas do passado – o telégrafo, o telefone, a própria rede de distribuição de eletricidade foram instalados inicialmente como redes locais e isoladas que seriam economicamente viáveis em suas fronteiras iniciais e depois foram adaptadas e reunidas para formar redes mais amplas em uma fase posterior de seu desenvolvimento. O primeiro objetivo no ecossistema é reunir as peças certas no lugar certo, para que um número suficiente de clientes possa adotar a novidade e tornar o empreendimento sustentável. As redes nacional e global acabarão nascendo, mas surgirão mais tarde, depois de várias instalações de sucesso crescerem gradualmente em escopo, porte e ambição.

Nesse sentido, o modelo da Better Place não impede o surgimento de abordagens alternativas à comercialização de EVs que possam resolver os problemas de A a F de maneira diferente, contando com acordos de locação e sistemas abertos. Sucesso não requer nem implica a monopolização de um mercado. Assim como temos várias operadoras de telefonia celular nas mesmas áreas geográficas, nada impede que vários operadores de EV atuem no mesmo mercado e até mesmo, através de mecanismos análogos aos dos protocolos de roaming da telefonia celular, compartilhem a mesma infraestrutura.

Reconfigurando ecossistemas para o sucesso

A proposição EV não é uma questão de carro, mas sim de ecossistema. E, assim como todas as histórias de sucesso que temos encontrado até agora, demanda uma solução ecossistêmica. Às vezes, isso pode ser uma questão de fazer as mesmas coisas de modo mais eficaz. Com frequência, ao que parece, o sucesso depende de encontrar uma maneira de fazer as coisas de forma diferente perguntando como podemos modificar um esquema de valor: O que pode ser separado? O que pode ser combinado? O que pode ser realocado? O que pode ser adicionado? O que pode ser subtraído?

Hoje, a Better Place está tendo sua melhor oportunidade de reconfigurar o ecossistema dos EVs. Acho o exemplo da empresa particularmente instrutivo por ter usado todas as cinco alavancas em conjunto para redesenhar o esquema do EV.

1. *Separar.* A modificação central da oferta da Better Place é a separação do carro da bateria, medida que levou a um grande avanço na resolução do insistente problema do custo relativo à bateria do ponto de vista do consumidor.
2. *Combinar.* Ao ligar a bateria, a infraestrutura de carga e a aquisição da energia elétrica através da rede, a Better Place oferece às distribuidoras de energia a oportunidade de atender a uma demanda maior (e vender mais energia) sem a necessidade de novos investimentos em capacidade ou distribuição.
3. *Realocar.* No modelo tradicional de EV, o ônus de pagar pela eletricidade incide sobre o consumidor. No modelo da Better Place, é a empresa que gerencia a transação com os fornecedores de energia, permitindo que o consumidor pague por quilômetros rodados em vez de quilowatt-hora.
4. *Adicionar.* Com seu sistema operacional abrangente, a Better Place adiciona um componente-chave que facilita o gerenciamento de energia em todo o ecossistema. E, por aliviar o consumidor do custo da propriedade de uma bateria específica, a empresa conseguiu apresentar os postos de troca de bateria como uma solução ao problema de limitação na autonomia.
5. *Subtrair.* Com seu sistema operacional ligando o sistema de distribuição elétrica, a infraestrutura de recarga e a programação real de carregamento das baterias, a Better Place consegue eliminar a necessidade de uma infraestrutura de *smart grid* para resolver o problema de sobrecarga da rede.

Uma ótima estratégia é um bom começo

Obviamente, o sucesso não está garantido. Ter um projeto de grande valor elimina fontes importantes de fracasso, mas, infelizmente, não garante a vitória. Choques macroeconômicos e geopolíticos representam riscos existenciais para todas as empresas. Além disso, embora os problemas de A a F do ecossistema estejam resolvidos "no papel", se a solução será efetiva na dura realidade do mercado, isso dependerá da capacidade de a Better Place gerir uma série de fatores: definir modelos financeiros adequados, gerenciar as necessidades de recursos financeiros; definir os preços corretamente; cumprir a qualidade de serviço prometida; superar as inevitáveis falhas e complexidade operacional, que certamente vêm junto com o aumento do número de parceiros e serviços oferecidos; administrar os desafios organizacionais advindos das expansões geográficas... e a lista não acaba aqui. Mas observe que esses são desafios de execução. São questões importantes que, sem dúvida, requerem excelente gestão e organização para que venham a ser resolvidas com êxito. São desafios importantes, mas, como tal, a resolução está, embora parcialmente, no controle da Better Place.

O excelente esquema estrutura o ecossistema de uma forma que minimiza os riscos da coinovação e da cadeia de adoção. O objetivo não é eliminar o risco – a incerteza é inerente a qualquer tentativa de inovação. O objetivo é passar o risco para locais nos quais podem ser administrados de forma mais eficaz.

No mínimo, os esforços da Better Place serão instrutivos. No máximo, serão verdadeiramente transformadores. Desejo-lhes todo o sucesso do mundo.

CAPÍTULO 8

Definindo a sequência do sucesso:

Vencendo o jogo conectado

Para vencer nos ecossistemas, é preciso ganhar mais do que apenas a corrida da execução. É necessário criar um alinhamento coerente entre uma rede de parceiros, e cada um deles deverá desempenhar seu papel com sucesso e estar disposto a colaborar de forma produtiva com os outros parceiros. Como você deve construir esse sistema?

Com bastante frequência, a resposta é *gradualmente*. Construir um ecossistema exige tempo e direção. Como a construção de qualquer estrutura elegante, uma estratégia de ecossistema requer um esquema que estabeleça todos os elementos que precisam se unir para criar valor.

Mas também exige um plano claro para a sequência em que a estrutura será construída.

No mundo da inovação de produtos, trata-se da transição da sequência de desenvolvimento padrão do nível do protótipo (a noção dos estágios de desenvolvimento da proposição de valor) para o piloto (uma versão totalmente funcional da solução final, testada em uma escala pequena e limitada) até o lançamento (implantação da proposição de valor completo em escala total). Essa abordagem é bem adequada ao mundo de inovações isoladas, em que a construção da oferta em si está sob seu controle.

Mas como temos visto vez ou outra, o mundo dos ecossistemas de inovação muitas vezes requer uma abordagem diferente. Aqui, o desafio é que, para cumprir a proposição de valor, é preciso que vários parceiros concordem, alinhem-se e comprometam-se com seu projeto. Neste capítulo, vamos considerar uma via alternativa à expansão da inovação, definida por três princípios básicos para a definição da sequência certa para a criação de ecossistemas:

1. *Presença mínima viável (MVF – Minimum Viable Footprint)* – a menor configuração de elementos que podem ser reunidos e ainda criar valor comercial exclusivo.
2. *Expansão escalonada* – a ordem em que outros elementos podem ser adicionados à MVF, de modo que cada novo elemento aproveite o sistema já instalado e aumente o potencial de criação de valor para o elemento posterior a ser incluído.
3. *Transferência do ecossistema* – o processo de aproveitar os elementos já desenvolvidos para a construção de um ecossistema, a fim de permitir a construção de um segundo ecossistema.

Vou ilustrar esses princípios por meio de exemplos de sucesso em dois setores. Primeiro, vamos explorar a forma como a M-PESA, pioneira sediada no Quênia que atua no segmento de pagamentos móveis, seguiu esses princípios para construir um ecossistema de serviços financeiros que hoje é usado por 65% da população queniana. Veremos como a combinação da MVF e da expansão escalonada oferece uma abordagem muito diferente à comercialização e ao sucesso em relação ao tradicional método de protótipo-piloto.

Depois, vamos analisar como a Apple, na última década, redefiniu o sucesso e reconfigurou o ecossistema em três mercados distintos: music players, smartphones e tablets digitais. Veremos também como a Apple usou a MVF e a expansão escalonada para alcançar sua posição em cada mercado e descobriremos a fonte oculta de seu incrível sucesso: a forma como a Apple tem aplicado o princípio da transferência do ecossistema para aproveitar os elementos e as constelações de seus antigos ecossistemas para dar início à construção de novos ecossistemas.

M-PESA: Criando serviços bancários móveis para populações "sem-banco"

A M-PESA é uma *joint venture* entre a Vodafone e a Safaricom, principal operadora da rede móvel do Quênia. Lançada em regime de teste em 2005 e relançada em 2007, a empresa foi criada com base em uma premissa simples: usar uma plataforma de tecnologia (relativamente) baixa – o popular SMS – para permitir transferências de dinheiro através da Safaricom, a rede nacional de agentes. A proposição foi inspirada no fato de que, embora 81% dos quenianos não tenham acesso a uma conta bancária, 27% dos cidadãos possuem telefones móveis e outros 27% têm acesso a um celular – e esses números aumentavam rapidamente. (Até o final de 2010, 63% dos quenianos eram assinantes de telefonia móvel.) A M-PESA procurou oferecer uma função básica do sistema bancário à enorme população "sem-banco" do Quênia, facilitando o comércio e o empreendedorismo, graças ao aumento de acesso ao capital e à redução dos custos das transações – tudo de maneira lucrativa.

Em 2005, a M-PESA (M de "móvel" e Pesa, que, em suaíli, significa "dinheiro") lançou um programa-piloto de sua proposição formando parceria com uma instituição de microfinanças local, a Faulu Kenya. Essa instituição, que distribuiu pequenos empréstimos a grupos de pequenas empresas que assumiriam a responsabilidade coletiva de pagar o financiamento, forneceu a base de clientes para o programa, enquanto a M-PESA entraria com a tecnologia e os serviços móveis. A ideia era oferecer um serviço financeiro abrangente que permitisse aos usuários transferir dinheiro de uma pessoa para outra, depositar e retirar dinheiro através de um agente da Safaricom e usar a M-PESA para receber e pagar seus microfinanciamentos – tudo isso sem precisar de smartphones, 3G ou qualquer outro novo avanço tecnológico.

O serviço funcionou de forma muito semelhante à dos planos pré-pagos de chamadas, em que os usuários podem recarregar sua conta comprando minutos adicionais em um agente e registrando a transação na operadora pelo envio de um SMS com um código PIN. No caso de pagamentos móveis, o beneficiário receberia um SMS confirmando que o pagamento fora registrado na rede e um código PIN que poderia mostrar a qualquer agente da Safaricom, que, então, desembolsaria o dinheiro. A ideia era poderosa; o mercado, grande; e a necessidade, real.

Apesar do entusiasmo no lançamento, o programa-piloto logo encontrou obstáculos. "Tivemos muitos desafios", disse Susie Lonie, da Vodafone, gerente do projeto no Quênia. Embora o desafio de desenvolver a plataforma de tecnologia fosse viável, a iniciativa dependia da colaboração entre culturas altamente divergentes: a do setor de telecomunicações (inovadora, em rápido desenvolvimento) e a do setor bancário (conservadora, de mudanças lentas), e sofria o temor constante de ser desativada pelos órgãos reguladores. O papel exato da M-PESA – como prestadora do serviço de transferência de dinheiro, mas também como a entidade que permitiria aos clientes manter uma conta sem incidência de juros – era obscuro, visto que a empresa não fora formalmente regulamentada como uma instituição financeira.

Figura 8.1: Esquema de valor do programa-piloto da M-PESA em 2005.

Mais problemáticas foram as dificuldades que surgiram em consequência da parceria da M-PESA com as instituições de microfinanças. O envolvimento da Faulu Kenya gerou aumento expressivo na complexidade das transações do consumidor para acomodar seus modelos específicos de concessão de empréstimos, contas de tesouraria e práticas contábeis. A Faulu Kenya, cautelosa em relação à novidade da proposição da M-PESA, optou por não automatizar seus procedimentos administrativos, deixando de adotar o sistema de inserção de dados em tempo real da M-PESA. Isso resultou em um complexo processo de conciliação entre as duas organizações, que se moviam em velocidades diferentes. De acordo com Lonie: "O gargalo na transferência do dinheiro que a M-PESA coletava nos pagamentos dos empréstimos feitos para a conta bancária da Faulu levava seus livros fiscais a um ponto em que ela poderia solicitar os fundos. Para tornar a M-PESA mais adequada [para as instituições de microfinanças], precisamos criar arquivos de exportação de dados que pudessem ser carregados facilmente em qualquer formato compatível com o software existente na instituição." A parceria entre a M-PESA e a Faulu Kenya era um atoleiro de processos interdependentes que limitavam gravemente o sucesso do programa-piloto. Refletindo sobre os desafios do experimento, Lonie relembrou: "Ficou claro que precisaríamos encontrar um meio de simplificar as coisas antes de lançar um serviço nacional para milhões de clientes."

Encontrando a presença mínima viável (MVF)

A equipe da M-PESA voltou para a prancheta e, em abril de 2007, lançou outra iniciativa eliminando o que havia sido uma tarefa complexa e focando apenas os elementos mais básicos. Em vez de construir o cenário completo de uma só vez, a M-PESA eliminou as principais fontes de dificuldades de coordenação – o componente bancário, que apresentara obstáculos regulamentares, e o componente do microcrédito, que lançara a necessidade de conciliar as contas entre as instituições. Dessa vez, a M-PESA construiu o ecossistema mais simples possível e, ainda assim, conseguiu um novo valor. Identificou sua MVF.

Para a M-PESA, a MVF seria o serviço de transferência de dinheiro, ou seja, o coração da promessa da M-PESA. Com um simples SMS seguro para a rede, os clientes da M-PESA conseguiriam transferir dinheiro para outros usuários de celulares em qualquer lugar do país. O Quênia já estava coberto com quiosques da Safaricom, nos quais os mesmos agentes que vendiam créditos para esses clientes de telefonia móvel facilitariam a transferência de dinheiro da M-PESA, distribuindo a quantia adequada a ser repassada aos destinatários. Como não havia nenhuma conta bancária envolvida, os obstáculos regulatórios eram muito menores.

Como era de se esperar, mesmo lançando apenas o serviço de transferência de dinheiro, a M-PESA ainda encontrou desafios. As principais dificuldades incluíam assegurar que os agentes rurais mantivessem disponibilidade de caixa suficiente. Como os clientes tendiam a fazer depósitos na cidade para enviar às regiões afastadas, onde seus parentes poderiam sacar os valores, os agentes rurais poderiam facilmente ficar sem dinheiro. A solução implicava uma mudança na forma como os agentes das Safaricom trabalhavam em conjunto. Mas o relacionamento com a Safaricom era sólido, a tecnologia foi preestabelecida e a demanda era palpável – o benefício esperado superou em muito o custo de adaptação, e a Safaricom acabou abraçando a mudança. Em dezembro de 2007, cerca de 1 milhão de clientes já havia feito a assinatura para usufruir do serviço.

A estratégia de sequenciamento inteligente não eliminou milagrosamente todos os desafios envolvidos na criação de um ecossistema. Mas começar com a MVF permite partir do subconjunto de problemas

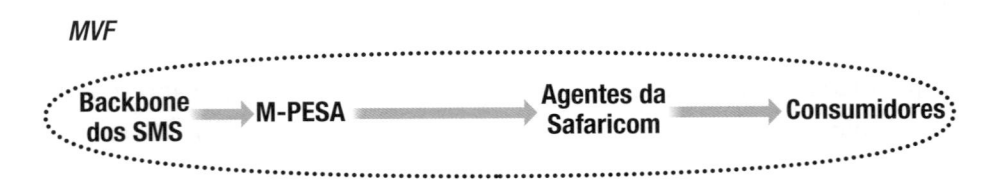

MVF

Backbone dos SMS → M-PESA → Agentes da Safaricom → Consumidores

Figura 8.2: Esquema de valor do relançamento da M-PESA em 2007 – MVF da oferta de transferência de dinheiro.

que sua empresa tem melhores condições de resolver – aqueles com os menores níveis de risco e as chances mais elevadas de motivar os parceiros. E, tendo resolvido essas questões, você estará em melhor posição de administrar os desafios da parceria que surgirão no próximo estágio de desenvolvimento.

Da MVF para a expansão escalonada

Tendo estabelecido um serviço básico, mas comprovadamente bem-sucedido, de transferência de dinheiro, a M-PESA iniciou a expansão para além de sua MVF, acrescentando novos parceiros a fim de aumentar o valor de sua oferta essencial e inseri-los em sua plataforma. Além disso, ao contrário da experiência-piloto com a Faulu Kenya, em que a questão de quem se ajustaria a quem foi razão de um intenso e improdutivo debate, o novo esquema deixou a iniciativa da M-PESA em seus próprios termos.

No primeiro ano, a M-PESA formou uma parceria com diversos varejistas e empresas de serviços públicos, permitindo que os clientes usassem seus celulares para pagar contas e comprar mercadorias (estágio

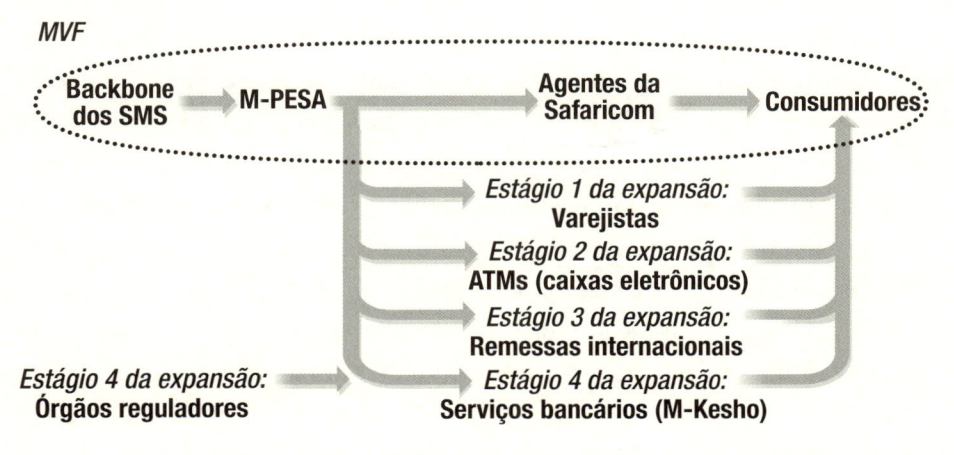

Figura 8.3: Esquema de valor do relançamento da M-PESA em 2007, mostrando a MVF inicial e os próximos estágios de expansão da oferta.

1 da expansão). Com sua legitimidade comercial claramente estabelecida, em 2008 a empresa estabeleceu uma parceria com a PesaPoint, um dos maiores provedores de serviços de ATM no Quênia. Como uma alternativa aos agentes da Safaricom, os clientes da M-PESA poderiam escolher a opção "saque em caixa eletrônico" no menu do aplicativo M-PESA instalado no celular e receber um código de autorização para saque único em um ATM, sem precisar usar um cartão de banco (estágio 2 da expansão). Em 2009, a M-PESA, em parceria com o Western Union, implementou um serviço de remessa internacional para viabilizar transferências de dinheiro do Reino Unido (estágio 3 da expansão).

Em julho de 2009, dois anos após seu lançamento inicial, a M-PESA havia expandido sua base de clientes para 7,3 milhões, com uma rede de mais de 12 mil agentes. O total acumulado de transferências entre pessoas físicas chegou a impressionantes $2,7 bilhões (o PIB do Quênia em 2009 foi de $63 bilhões). Esses números sólidos indicavam que a M-PESA estava em boa posição para ampliar sua oferta adicionando serviços bancários mais formais e opções de seguro. Dessa vez, com o sucesso comercial comprovado e a história de uma operação confiável, seria muito mais fácil superar o obstáculo normativo.

No segundo trimestre de 2010, a M-PESA fez exatamente isso. Em conjunto com a Safaricom, a empresa associou-se ao Equity Bank, maior banco do Quênia, em termos de base de clientes, para criar o M-Kesho (*kesho*, em suaíli, significa "amanhã"), um serviço financeiro que combina os benefícios de uma conta bancária com a conveniência do sistema M-PESA. Os clientes da M-PESA poderiam desfrutar de uma conta bancária remunerada, além de serviços como micropoupança e microsseguro, e poderiam acessá-los usando os celulares (estágio 4 da expansão). Manifestando apoio ao empreendimento, Dr. James Mwangi, CEO do Equity Bank, declarou: "Queremos garantir que nenhum queniano deixe de ter acesso aos serviços bancários básicos. Se você analisar outras soluções no mercado, ninguém terá reunido todos esses serviços para oferecer tamanha conveniência ao cliente."

Ao incorporar os serviços bancários e de microfinanças, a M-PESA finalmente alcançou a visão inicial do programa-piloto de 2005. Não bastava chegar à proposição de valor certa. Para transformar o sonho em realidade, a M-PESA teve de adotar uma abordagem passo a passo: estabelecer um valor inicial com uma oferta de MVF (transferência monetária simples) e usá-lo como base para melhorar a oferta essencial em uma sequência de estágios (transferências de dinheiro cada vez mais sofisticadas).

A escolha dos caminhos: pilotos *versus* presença

O caso da M-PESA oferece um contraste valioso entre duas abordagens diferentes para alcançar sucesso. O caminho inicialmente perseguido pela M-PESA em 2005, abandonado diante da complexidade fomentada pelo parceiro principal, exemplifica o método tradicional de protótipo-piloto para a definição da sequência do sucesso: primeiro, começar com um protótipo que ofereça uma versão inacabada da proposição de valor integral, a fim de testar e validar o modelo; depois, desenvolver um estudo-piloto que demonstre a viabilidade da proposição de valor como um todo em uma pequena escala de teste e, finalmente, iniciar o lançamento no mercado para implantar a proposição de valor em escala total. A filosofia por trás dessa abordagem é validar a proposição de valor (protótipo) e verificar se ela funciona em sua totalidade (piloto) antes de assumir um compromisso em larga escala (implantação). Isso é bem mais lógico em um mundo de produtos, em que a escala é "apenas" uma questão de investir na produção em massa.

Mas, em um mundo de ecossistemas, a abordagem de pilotos de escala é problemática – em primeiro lugar, porque aumenta os riscos de coinovação e de cadeia de adoção, que devem ser abordados desde o princípio. Em segundo lugar, porque, mesmo que a demonstração piloto seja bem-sucedida, alinhar parceiros interdependentes para que se comprometam simultaneamente com um lançamento escalonado pode ser extremamente desafiador.* Na falta de um caminho claro para fazer o sistema funcionar em conjunto e em escala, os pilotos do ecossistema definham e nunca decolam.

Por trás do insucesso do primeiro esforço de piloto da M-PESA, há uma combinação de desafios de coinovação e de cadeia de adoção inerentes à natureza da proposição de valor (a necessidade de aprovação regulatória, de conciliação do processo contábil etc.). Contudo, mais do que isso, havia uma visão inconsistente do esquema de valor do empreendimento e um desacordo sobre a liderança do ecossistema entre todos os parceiros. Embora tenha havido consenso entre as equipes da M-PESA e da Faulu Kenya sobre a proposição de valor como um todo, não houve consenso sobre os detalhes de como as diferentes atividades seriam efetivamente reunidas e – tão importante quanto esse aspecto – sobre qual parceiro viria a alterar seu procedimento a fim de acomodar os do outro. Isso é típico dos estágios iniciais da criação do ecossistema e, quanto maior for o número de parceiros iniciais, maior será a probabilidade de haver visões e aspirações conflitantes.

A expansão escalonada com base em uma MVF apresenta um caminho muito diferente. Em vez da abordagem de programa-piloto para avançar com uma proposição de valor até seu total desenvolvimento, a abordagem de MVF significa que o primeiro inovador lança uma proposição básica de valor em escala comercial e, só então, parte para o aprimoramento da oferta até alcançar seu pleno potencial em uma série de expansões escalonadas. A diferença – em termos de clareza de liderança, coesão do esquema e gestão de parceiros – é impressionante.

---

* No mundo de desenvolvimento de produtos, há um movimento recente rumo às "start-ups enxutas", uma técnica fundamental para estabelecer qual é o produto mínimo viável (também conhecido como o conjunto mínimo de recursos). A abordagem de produto mínimo viável realiza testes de mercado com protótipos minimalistas que permitem aprender o máximo com o feedback dos clientes em relação ao teste com um mínimo de desenvolvimento de produto. Esse método permite iterações mais baratas e rápidas no ciclo de desenvolvimento do produto. Ele contrasta com a filosofia de apresentar protótipos com recursos (relativamente) avançados que permitem aos clientes de teste oferecer reações mais completas.

A MVF é uma ideia diferente. Não se trata de aprendizado ou criação de protótipos, mas sim de como fomentar a colaboração e conseguir a implantação escalonada. Trata-se de analisar um esquema de valor e identificar a configuração mais enxuta de elementos que se podem reunir para criar valor comercial e servir como uma plataforma de ecossistema capaz de atrair e acomodar, de forma gradual, a adição de parceiros mais adiante, a fim de desenvolver um esquema completo e cumprir a proposição de valor mais ampla.

A MVF está focada em alcançar escala comercial no início – uma ampla disseminação de uma oferta (relativamente) simples. Tendo isso como uma base estabelecida, a conversa com os potenciais parceiros passa de "depois de montarmos o sistema em conjunto, vamos encontrar clientes e, assim, todos teremos sucesso" para "já tenho um grupo de clientes que ficariam ainda mais satisfeitos com nossa proposição de valor se você fizesse parte dela". Ao estabelecer uma base de consumidores, a MVF reduz (mas não elimina) a incerteza da demanda para os parceiros e também os obstáculos para conquistar a adesão destes. Na linguagem do prisma de liderança discutida no Capítulo 5, quando se desenvolve uma inovação escalonada com base no cerne da MVF, fica mais fácil convencer os parceiros de seu excedente esperado. E a organização que conduz a MVF se estabelece como líder efetivo do ecossistema – tanto por ter a propriedade clara da base de clientes quanto por estar no controle da ordem em que os parceiros adicionais serão convidados a participar do negócio.

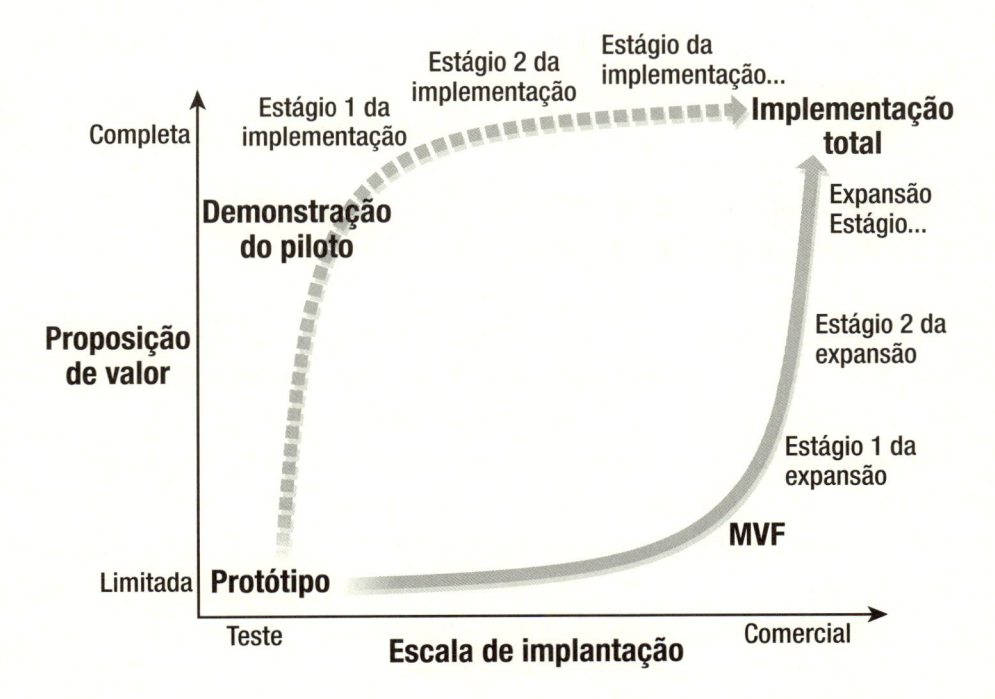

Figura 8.4: Caminhos alternativos para se alcançar a implantação do ecossistema em escala total em comparação com a tradicional demonstração de piloto seguida pela implementação gradual e a instalação de uma presença mínima viável (MVF) seguida pela expansão escalonada.

A oferta única de transferência de dinheiro que a M-PESA apresentou em 2007 reuniu todas as características de uma perfeita MVF. Era *simples* e, portanto, relativamente fácil de implementar; *tinha valor* e, portanto, conseguiu atrair demanda entre um grupo inicial de consumidores-alvo; era expansível e, portanto, capaz de acomodar a inclusão de novos elementos. Tendo se estabelecido no mercado, a M-PESA logrou usar essa MVF como uma plataforma em que poderia inserir os demais elementos em sequência para expandir a proposição.

A marca definitiva do sequenciamento inteligente é que a superação dos desafios em cada estágio intermediário cumpre duas funções. Primeiro, cria valor imediato: cada estágio oferece uma proposição comercial sustentável por conta própria. Em segundo lugar, reduz os desafios subsequentes: as conquistas ao longo da sequência são cumulativas, de modo que o progresso obtido em uma fase alimenta diretamente o progresso da próxima. Ao construir um ecossistema ambicioso em uma série de estágios distintos, a M-PESA traçou um caminho progressivo para uma mudança radical.

Transferência do ecossistema: como sedimentar o sucesso com base no sucesso

Empreender a expansão escalonada com base em uma MVF é um caminho poderoso para o sucesso. E a contínua expansão dentro do ecossistema é uma via atrativa para o crescimento contínuo. Construir um ecossistema bem-sucedido, no entanto, oferece uma alavanca estratégica adicional: a *transferência do ecossistema*, aproveitando o sucesso já obtido na criação de um primeiro ecossistema para obter vantagens na criação de um segundo.

Podemos ver o princípio da transferência de ecossistema por trás de muitas transformações bem-sucedidas. Por exemplo, em meados dos anos 1980, a Hasbro aproveitou a fórmula de marketing consistente em incrementar suas linhas de bonecos de personagens de ação (como

G.I. Joe e Transformers) ao inseri-los em histórias em quadrinhos e séries de desenhos animados na televisão. Vinte anos mais tarde, reconheceu o potencial de transferir esses elementos do ecossistema dos brinquedos para criar uma nova posição no ecossistema de mídia. A empresa pegou os brinquedos transformados em personagens, sua marca poderosa e a extensa mitologia desenvolvida para as séries de televisão, e procurou os estúdios de Hollywood com a ideia de desempenhar um papel ativo no desenvolvimento de longas-metragens tendo esses personagens como protagonistas. Embora o elo brinquedo-filme tenha sido bem estabelecido desde os tempos da Disney e de *Star Wars*, a iniciativa da Hasbro marcou uma importante reversão do relacionamento entre estúdios e fabricantes de brinquedos. No passado, os estúdios criavam os filmes e depois licenciavam inúmeros direitos de comercialização para os fabricantes. Essa foi a primeira vez em que um fabricante desempenharia o papel de liderança, utilizando uma transferência para conduzir o processo de criação de filmes e abocanhando uma parcela muito maior do retorno financeiro.

A Medtronic, líder fabricante de aparelhos médicos e pioneira em gerenciamento do ritmo cardíaco, também empreendeu uma combinação de transferência e reconfiguração para criar oportunidades em novos mercados terapêuticos. Em uma série de expansões escalonadas com base em sua MVF em marca-passos, a Medtronic ampliou presença no setor de cardiologia para adicionar serviços de monitoramento integrado e diagnóstico. Desse modo, a empresa mudou sua posição de fornecedor de produtos para parceiro na prestação de serviços de saúde. Expandiu seus relacionamentos para além de cardiologistas e pacientes para criar novas interações com outros integrantes do ecossistema hospitalar, incluindo os profissionais de tecnologia da informação, administradores de hospitais e seguradoras. Em paralelo, encontrou novos meios de transferir elementos desse ecossistema de cardiologia expandido, a fim de fazer incursões em novas áreas do setor médico, como neurologia e endocrinologia, com soluções tecnológicas inovadoras, como neuroestimulação e sistemas de distribuição de drogas implantáveis.

O crescimento da FedEx, de empresa de transporte expresso para coordenadora de uma série de serviços de gestão de estoque e cadeia de suprimento; a expansão do eBay, de casa de leilões on-line (sua MVF original) para shopping virtual, depois para corretora de pagamento eletrônico (PayPal) e ainda credora (Bill Me Later); a expansão do Facebook, de rede social a plataforma de mídia; e a criação da Amazon, de ofertas de serviços B2B (business-to-business), ao lado de suas operações de varejo, todas foram iniciativas impulsionadas pelos mesmos princípios fundamentais da MVF, expansão escalonada e transferência de ecossistemas. Além de um foco claro nas próprias capacidades, essas empresas se mostraram meticulosas em sua abordagem à configuração de elementos externos *em torno* dessas capacidades. Mas, enquanto podemos ver esses três princípios empregados por dezenas de organizações de sucesso, nenhuma empresa recente exemplifica melhor sua utilização do que a Apple.

Sucesso da Apple no Novo Milênio

Todo mundo sabe que a Apple participou de uma corrida incrível na última década. Mas, apesar da grande atenção dedicada ao design de produtos elegantes, muitas vezes mal interpretada, assistimos à abordagem sistemática da empresa à sua estratégia de ecossistema – sua fonte oculta de vantagem.

A Apple não é a única a oferecer produtos formidáveis, interfaces fantásticas ou uma grande marca. Certamente, o segredo está em seu design. Contudo, os rivais estão alcançando a Apple nessa corrida – continuam atrás, mas bem próximos –, chegando a receber elogios pela qualidade comparável de design e melhor funcionalidade. Na entrega do prêmio "Best in Show" da Consumer Electronics Show 2006, os editores da CNET comentaram: "Um exterminador do iPod? Com uma tela mais brilhante, bateria com maior duração e mais recursos, o Creative Zen Vision: M certamente tem qualidades para abalar o domínio do iPod." Em 2009, Walt Mossberg, guru de tecnologia do *Wall Street*

Journal, fez o seguinte comentário sobre o Palm Pre: "É um palmtop bonito, inovador e versátil, que se enquadra totalmente na categoria do iPhone." No ano seguinte, David Pogue, que assina a coluna "State of the Art" do *New York Times*, comentou sobre o "lindo" Samsung Galaxy Tablet: "O alvorecer do aspirante a iPad já está sobre nós... e o conceito do tablet Android representa mais do que apenas um esforço coxo para abocanhar uma fatia do "alarde" que cerca os tablets. Como acontece com os telefones Android, ele representa uma alternativa diferente o suficiente para justificar sua existência." Os que estão com a Apple e não abrem mão disso alegarão que o design da Apple é duas vezes melhor que o da concorrência – mas nem isso explica por que a participação de mercado da empresa é de uma ordem de magnitude superior à de qualquer outro rival.

A Apple não é a única na tentativa de liderar um ecossistema em torno de suas ofertas. Várias empresas *blue-chips* do setor alta tecnologia – Nokia, Palm, Samsung, Sony, Cisco, Hewlett-Packard, Research in Motion, Google e Microsoft – lutaram por esses mesmos objetivos para suas inúmeras ofertas, com grande vigor e, muitas vezes, dispondo de muito mais recursos. Mas, até agora, enquanto escrevo este texto, nenhuma nem sequer chegou perto do sucesso da Apple.

A razão para isso reside no fato de que, apesar de todas essas empresas partilharem os mesmos objetivos, a Apple os tem buscado de forma muito distinta. Não menos exclusiva do que seus produtos, mas muito menos entendida, tem sido a abordagem da Apple à inovação de seus ecossistemas. E, a despeito da capacidade da Apple de criar sua MVF e, depois, de organizar sua expansão ter sido excepcional, acredito que foi o domínio da Apple no princípio da transferência de ecossistema que a impulsionou tão à frente de seus rivais. Seu ponto oculto de diferenciação não tem sido em seus produtos elegantes, mas sim em sua abordagem para alavancar vantagem de um ecossistema para outro – uma façanha que se repetiu quando a empresa ampliou o alcance de MP3 players para smartphones e, mais recentemente, para os tablets. Não está claro quanto tempo vai durar seu sucesso exclusivo. Mas sua abordagem é atemporal.

iPod: expansão escalonada

Enquanto os anos 1990 se mostraram instáveis para Steve Jobs, ex-CEO da Apple, no novo século parecia que ele não poderia fazer nada errado. No Capítulo 6, vimos como Jobs construiu o ecossistema do iPod. Com sua MVF, ele transferiu dois elementos do mundo Macintosh – a Apple Store e o software de gerenciamento de música, o iTunes – e esperou que os outros elementos-chave – banda larga e conteúdo – chegassem para, só então, lançar seu MP3 player no mercado. Em 2001, o iPod foi lançado e a MVF foi implementada.

A primeira expansão da Apple no ecossistema do iPod veio com o lançamento da loja musical, o iTunes, em 2003, que ofereceu aos consumidores um meio fácil e legal de comprar música digital. A próxima expansão foi abrir a plataforma do iPod para não usuários do Mac (quase inexplicavelmente, o iPod foi concebido como um produto exclusivo para Mac e levou dois anos até a Apple lançar um iPod que pudesse ser apreciado pelos 90% de consumidores do mundo que usam o Windows e as portas USB). Esse avanço foi seguido por uma série de empolgantes gerações novas do iPod, como o iPod Mini, o Shuffle e o Nano, e a inclusão de recursos como reprodução de vídeo. Embora o lançamento inicial do iPod tenha sido recebido com ceticismo, quatro anos depois o produto foi aclamado como um triunfo monumental.

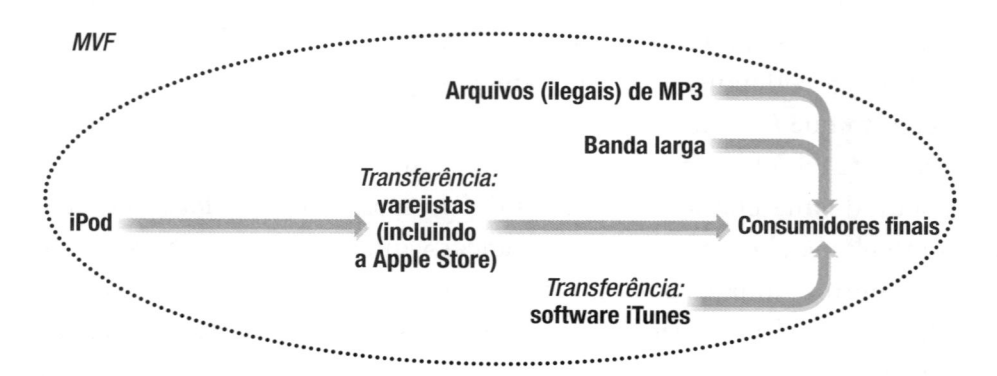

Figura 8.5: Esquema de valor do iPod da Apple – a MVF da oferta de music player.

```
                                                              MVF
                                    ..............................................
                               .....                                                   .....
                            ...       Arquivos (ilegais) de MP3                           ...
                           .                                              ↘                  .
                          .                    Banda larga                                    .
                         .                                      ↘                              .
                         .            Transferência:                                           .
                         .            varejistas                                               .
                    iPod ─────────→   (incluindo          ───────────→  Consumidores finais
                         .            a Apple Store)                                           .
                         .                                                                     .
                          .                    Transferência:       ↗                         .
                           .                   software iTunes                               .
                            ...                                                           ...
                               .....                                                   .....
                                    ..............................................
                        ↑
                        │           Estágio 1 da expansão:      Estágio 1 da expansão:
                        │           grandes gravadoras    ────→ loja iTunes
                        │
              Estágio 2 da expansão:
              sistema operacional
                    Windows
```

Figura 8.6: Esquema de valor do iPod da Apple mostrando a sequência em que o ecossistema foi criado – MVF, seguida pela loja de música on-line (estágio 1 da expansão), seguida pela compatibilidade com o OS Windows (estágio 2 da expansão).

Entra em cena o iPhone

Em 2007, o triunfo inesperado do iPod da Apple, ostentando 100 milhões de clientes, transformou a Apple na queridinha do mundo high tech. Os consumidores e a mídia aguardavam ansiosamente pelo próximo lançamento da empresa e, de janeiro a junho daquele ano, as ações da Apple subiram 44% em antecipação ao lançamento de um smartphone que repetiria o sucesso do iPod. Às 18 horas do dia 29 de junho, a Apple entraria no lotado terreno dos smartphones com o iPhone, lançado com grande frenesi na mídia. Jobs viu claramente o potencial de lucro: "É um mercado enorme. Quer dizer, 1 bilhão de telefones são vendidos a cada ano, quase ultrapassando a ordem de magnitude do número de music players. Essa cifra corresponde a quatro vezes o número de PCs vendidos todo ano."

Ainda assim, o sucesso não era óbvio. Os smartphones não eram uma nova proposição. A Nokia lançou o Nokia 9000 Communicator, o primeiro telefone com conectividade à internet, em 1996. Em 2000, a Ericsson lançou o R380, o primeiro celular a ser comercializado como smartphone. Um ano depois, a Palm seguiu com sua versão de smartphone – o primeiro a ganhar ampla utilização nos Estados Unidos. E, em 2002, uma onda de dispositivos chegou ao mercado: o BlackBerry, da Research in Motion, o P800, da Sony Ericsson (o primeiro smartphone com câmara integrada), e o Palm OS Treo, da Handspring (uma combinação de celular, organizador pessoal e terminal de internet, que também executava os milhares de aplicativos compatíveis com Palm disponíveis para download on-line).

Mais uma vez, Jobs estava atrasado – mais especificamente, cinco anos de atraso. E os concorrentes não pareciam se importar com isso. Em reação ao anúncio do iPhone que a Apple publicou em janeiro de 2007 (seis meses antes de seu lançamento), Jim Balsillie, co-CEO da BlackBerry, deu de ombros: "É mais um produto que entra num espaço já lotado com muitas opções de escolha para os consumidores. Acho um exagero dizer que será um divisor de águas em relação ao BlackBerry."

Sim, o iPhone foi lindamente projetado, com uma série de novos recursos – uma interface de tela multi-touch, um acelerômetro inovador, um navegador da Web completo, novos aplicativos, como o Google Maps e o YouTube. Mas, embora muito avançado em algumas funcionalidades, o iPhone estava bem atrás da curva em outras – uma câmera de imagem estática inferior, incapacidade de gravar vídeo e, por incrível que pareça, mesmo tendo sido lançado como um dispositivo de dados seis anos após o início da revolução 3G, o iPhone era um dinossauro 2G (a versão 3G só chegou em julho de 2008). Ainda mais chocante: o telefone foi disponibilizado exclusivamente por uma única operadora em cada país onde foi lançado (AT&T nos Estados Unidos, T-Mobile na Alemanha, Orange na França, O2 no Reino Unido e Softbank no Japão). Em uma avaliação representativa, David Pogue, colunista de tecnologia do *New York Times*, observou: "O maior problema é a rede da AT&T. Em uma pesquisa da *Consumer Reports*, o sinal da AT&T foi classificado em último ou penúltimo lugar em 19 das 20 maiores cidades do país... Você tem de usar a antiga rede EDGE de celular da AT&T, que é insuportavelmente lenta." Durante anos, usuários e analistas criticariam a AT&T pela epidemia de queda nas chamadas de voz nos horários de pico.

Além disso, vendido no varejo a $499 (com um contrato de dois anos), o celular custava significativamente mais do que qualquer concorrente: o UpStage da Samsung, um smartphone que também incluía music player, custava apenas $99 em 2007; o Touch da HTC, que incluía touch screen, conectividade Wi-Fi e navegação pela internet, teve o preço fixado em $250 com um contrato de dois anos com a Sprint. Em suma, o iPhone levou a ideia de plataforma fechada ao extremo. Em um comunicado à imprensa, a Apple anunciou que qualquer tentativa de instalar um aplicativo de outro fornecedor no iPhone invalidaria a garantia. Além disso, a empresa alertou que as tentativas para desbloquear o telefone da rede da AT&T poderiam "causar dano irreparável ao software do iPhone, o que provavelmente deixaria o aparelho inoperante para sempre, quando uma futura atualização de software do iPhone fornecida pela Apple fosse instalada". A Apple ameaçou transformar seu iPhone de US$499 em um iBrick (iTijolo) de $499! E cumpriu a ameaça!

Instado a reagir ao anúncio do iPhone, Steve Ballmer, CEO da Microsoft, deu, literalmente, uma gargalhada: "Quinhentos dólares pelo aparelho e você ainda fica atrelado a um contrato de assinatura! Eu disse que é o telefone mais caro do mundo, e não atrairá clientes empresariais, pois não tem um teclado, o que não o torna um equipamento muito bom para trocar e-mails... Temos excelentes dispositivos com o Windows Mobile no mercado hoje... Eu olho [para o iPhone] e digo que gosto de nossa estratégia. E muito."

Mas, mesmo diante das gargalhadas da concorrência, Steve Jobs riu. Em seu primeiro ano de vendas – e 13 meses antes do advento da App Store –, 6 milhões de iPhones foram vendidos. (E a Apple poderia ter vendido mais: a popularidade do telefone foi tão grande que os modelos mais antigos acabaram seis semanas antes do lançamento do iPhone 3G, previsto para julho de 2008.) O que Jobs viu que seus rivais não enxergaram?

Transferência de ecossistema: o segredo do sucesso da Apple

Quando lançou o iPhone, Jobs não lançou só um telefone lindamente projetado com um iPod integrado ou apenas um telefone com um iPod que incluía o software iTunes; também não era apenas um telefone com iPod, iTunes e acesso sem fio à loja iTunes. Ele transferiu toda essa constelação de elementos do iPod e mais uma coisa: toda a biblioteca de música, playlists, capas de álbuns etc. de todos os usuários do iPod... ou seja, não transferiu apenas os elementos de iPod, mas toda a história do iPod.

Steve Jobs poderia sorrir, pois sabia o que significava essa transferência de ecossistema. Dos 22 milhões de iPods vendidos durante a temporada de 2007, 60% foram para compradores que já tinham pelo menos um iPod. O iPhone não seria mais um intruso lutando para chamar a atenção no lotado mercado de telefones móveis. Foi o iPod de última geração. Ao transferir esses elementos-chave do ecossistema do iPod, Jobs levou seus compradores também.

Observe que o princípio da transferência de ecossistema não depende da noção dos custos de mudança ou aprisionamento (*lock-in*) de clientes. A filosofia por trás dessas táticas consiste em impedir que os consumidores adotem as ofertas rivais. Seu foco está em assegurar uma posição existente. Em contraste, a intenção de transferência de ecossistema consiste em induzir os consumidores e parceiros já existentes a participar de novas proposições de valor.

Usando a transferência para reconfigurar os ecossistemas

Por si só, essa estratégia iPhone-como-o-próximo-iPod, viabilizada graças à transferência de ecossistema, garantiria que o iPhone seria um sucesso com os consumidores da Apple. Saber que se tem um sucesso em mãos é uma coisa, mas saber o que fazer com esse sucesso é outra completamente diferente.

A indústria de telefonia móvel já tinha visto blockbusters – o RAZR da Motorola, lançado no final de 2003, teve mais de 50 milhões de unidades vendidas apenas em seus dois primeiros anos e o modelo 1100 da Nokia vendeu mais de 200 milhões de unidades entre 2003 e 2007. Esses sucessos incrementaram o mercado de telefonia móvel.

Em contrapartida, Jobs usaria seu hit para mudar o jogo dos celulares. Lançaria mão da transferência do ecossistema de música para reconfigurar o ecossistema de smartphone e, desse modo, garantiria que o iPhone seria um blockbuster para os acionistas da Apple.

O ecossistema de smartphones se encontrava bem desenvolvido no momento em que o iPhone foi lançado e os elos entre os atores estavam bem estabelecidos: fabricantes de celulares (Nokia, Motorola) vendiam seus telefones para várias operadoras (AT&T, Sprint, Vodafone) que ofereceriam competitivos pacotes de telefone com planos de chamadas aos consumidores.

Com o iPhone, no entanto, a Apple iria reconfigurar o ecossistema, adicionando novos elementos e reformulando os elos de todo o esquema. Tudo começou com a exclusividade. A Apple faria parceria com uma única operadora em cada país. (Nos Estados Unidos, a Apple começou firmando contrato de exclusividade de cinco anos com a AT&T, um acordo que posteriormente foi alterado para permitir que operadoras concorrentes oferecessem o iPhone em 2011.) A ideia foi uma grande bênção para o candidato escolhido: as operadoras lutavam muito para diferenciar suas ofertas, mas, com todas oferecendo os mesmos aparelhos, itens como programas de fidelização e preços não faziam tanta diferença conforme os usuários de celulares pulavam de uma operadora para outra em busca de taxas mais baixas, telefones mais novos e maiores subsídios. E lá estava a Apple, oferecendo não apenas acesso exclusivo ao telefone mais comentado da história, mas também acesso exclusivo aos consumidores da Apple – o segmento de clientes mais desejável que se possa imaginar (no curso de um contrato de dois anos, o usuário médio do iPhone pagava à AT&T $2 mil – $83 por mês –, o dobro do valor pago pelo usuário comum de telefonia móvel). E a Apple aplicaria ativamente essa exclusividade em nome da operadora, tornando os telefones modificados inoperáveis através das atualizações de software – a ameaça do iBrick. A Apple não só traria os clientes às operadoras, como também garantiria que fossem mantidos longe da concorrência.

A Apple também redefiniria a natureza da relação entre o fabricante do aparelho e a operadora. Ao contrário do habitual relacionamento fornecedor/

comprador que existe entre os fabricantes de celulares e operadoras, a ideia era formar uma parceria, tendo a Apple como parceiro sênior. Enquanto houvesse uma transferência de produto da Apple para a operadora de telefonia móvel, haveria também uma ligação clara entre a Apple e os consumidores, que poderiam usar a rede da operadora, mas continuariam sendo clientes da Apple. Entrar no ecossistema como operadora exclusiva significava abrir mão de grande parte do controle – sobre as decisões relativas a marketing e orçamentos, interface de telefone e aos clientes. E isso também significava abrir mão de receita – depois de pagar à Apple pelo telefone, a operadora teria de partilhar uma parte de seu faturamento mensal com cada usuário do iPhone, estimado em $18 ao mês por usuário.* Mas a recompensa também seria elevada – em todo o mundo, clientes high-end (sofisticados) migraram para as operadoras do iPhone. Um líder de ecossistema bem-sucedido garante que seus seguidores ganhem também.

O iPhone foi um sucesso desde o lançamento, não por ser um ótimo telefone (que era, mas isso não é segredo algum), nem por ter uma loja de aplicativos (que veio mais tarde). O segredo do triunfo é composto de duas partes: primeiro, a estratégia do iPhone ocorreu pela transferência explícita do ecossistema do iPod, que trouxe para o iPhone os mesmos usuários do iPod. Desse modo, o iPhone já nasceu com uma base de clientes incorporada. É verdade que outras empresas também lançaram novos celulares que geraram grandes expectativas no setor, mas nenhum desses antecessores deu tamanho salto conceitual – da elaboração de melhores estratégias de produto até melhor posicionamento estratégico dos ecossistemas. Em segundo lugar, Steve Jobs – um mestre do jogo – fez mais do que apenas transferir sua base de clientes fiéis de um mercado para o outro. A exemplo do que fez a Hasbro com os estúdios cinematográficos, ele aproveitou essa transferência crucial para reconfigurar o ecossistema, mudando sua posição de fornecedor para parceiro, a fim de assegurar um controle sem precedentes e um acordo inédito com as operadoras de telefonia móvel.

---

* Nos Estados Unidos, a AT&T anunciou o fim do compartilhamento de receita – em troca de aumento nos pagamentos feitos antecipadamente à Apple – em junho de 2008, coincidindo com o lançamento do iPhone 3G.

A expansão escalonada do ecossistema do iPhone

Um ano após o lançamento do iPhone, a Apple ampliou seu ecossistema com a introdução da App Store, uma plataforma oficial através da qual, finalmente, os usuários poderiam fazer download de aplicativos sem receio de inutilizar o celular, e os desenvolvedores ansiosos poderiam apresentar seus programas para o mundo e (possivelmente) lucrar com eles. A Apple lançou um kit de desenvolvimento de software para o iPhone em março de 2008 e, em julho do mesmo ano, a App Store foi lançada oficialmente, oferecendo 500 aplicativos. Seis meses depois, 5 milhões de aplicativos haviam sido baixados e, em 22 de janeiro de 2011, a Apple anunciou seu décimo bilionésimo download. A App Store foi outro golpe de mestre. A Apple tornou o aparelho uma proposição permanente que poderia, com o toque de um dedo, tornar-se cada vez mais útil, divertida e personalizada para cada usuário. Ela mudou a base de personalização do smartphone, desde o design de hardware de fábrica até as opções que o próprio usuário poderia fazer ao escolher o software.

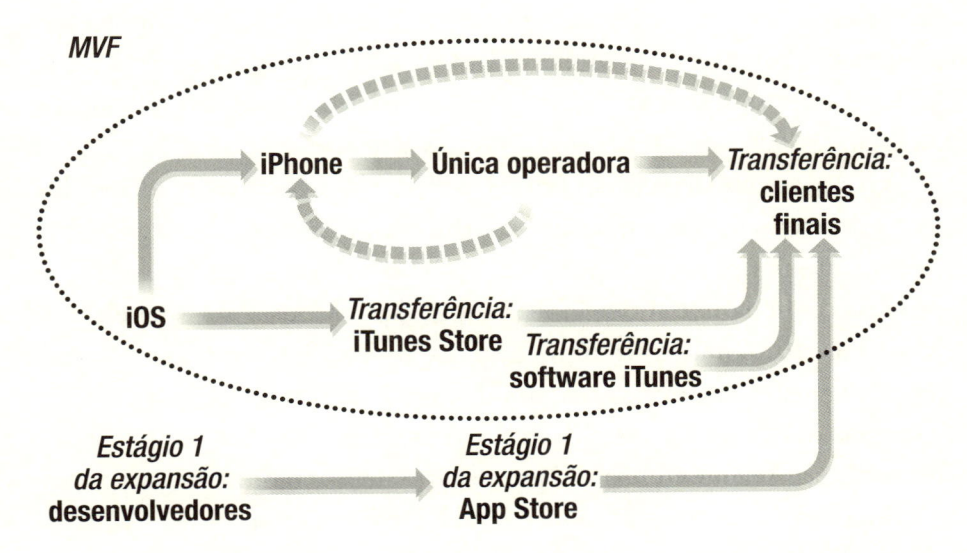

Figura 8.7: Esquema de valor da oferta do iPhone da Apple mostrando a transferência de elementos do ecossistema do iPod e novos elos que formam a MVF com a inclusão da App Store.

A expansão escalonada permitiu à Apple aproveitar a colaboração com parceiros e, ao mesmo tempo, preservar – para o bem ou para o mal – um controle quase completo. A empresa manteve poder total sobre quais aplicativos seriam vendidos e quais seriam excluídos da plataforma. E a razão pela qual a Apple conseguiu ditar os termos para outra comunidade está diretamente ligada ao sucesso que criou com a MVF *antes* de permitir que os desenvolvedores de aplicativos participassem do ecossistema. Esse método de sequenciamento é o cerne de sua abordagem à liderança do ecossistema.

O iPad: pioneirismo na transferência de ecossistema

Com o lançamento do iPad em abril de 2010, a Apple, mais uma vez, alavancou seu sucesso em um segmento – celulares – para impulsionar o sucesso em outro – os tablets. Mas, ao contrário do iPod e do iPhone, ambos lançados tardiamente nas respectivas categorias de produtos, o iPad foi uma tentativa de pioneirismo em um novo nicho de mercado, "uma terceira categoria de dispositivo, algo entre smartphone e laptop", como explicou Jobs em um evento do produto, em janeiro de 2010. O iPad é um tablet (não exatamente um computador, mas muito mais do que um e-reader) que tem por objetivo oferecer melhor experiência multimídia. Os usuários podem assistir a vídeos, ler livros e revistas, acessar aplicativos, ouvir música, organizar fotos, jogar e navegar na Web – tudo em um dispositivo elegante.

Apesar da semelhança física com o iPhone do ponto de vista de produto, sob a perspectiva de ecossistema, o iPad era o ponto de partida para uma importante estratégia da Apple. Com o iPod e o iPhone, a Apple lançou produtos com elevado valor individual. A Apple conseguiu estabelecer a MVF com um conjunto mínimo de parceiros (nenhum, no caso do iPod; apenas a operadora de telefonia móvel, no caso do iPhone). Quando viram o sucesso dessas iniciativas, os parceiros externos clamaram por participar da festa, mas seu apoio não seria necessário nem acolhido no início.

Em total contraste, no fundo, o iPad é um canal para conteúdo de terceiros. A fim de oferecer conteúdo suficiente para atrair os consumidores, a Apple teve de convencer as editoras a apostar no dispositivo. Apesar de

Jobs conseguir transferir os elementos de ecossistemas anteriores (iTunes Store e App Store), para que o iPad fosse mais do que um iPod Touch gigante, o conteúdo de livros, revistas e jornais teria de ser oferecido desde o início. Com o iPad, pela primeira vez a Apple enfrentaria a necessidade de iniciar sua jornada com uma série de parceiros. Para viabilizar o processo, Jobs transferiu o mais novo bem-criado pelo grande sucesso do iPhone: o alarde da mídia, que acompanhou de perto cada passo da Apple. Oito meses antes do anúncio formal do iPad, em janeiro de 2010 – 11 meses antes de seu lançamento efetivo em abril – analistas financeiros, blogs de tecnologia e os principais meios de comunicação já estavam obcecados. "Esta pode ser a mais nova mina de ouro da Apple", especulou o *Observer*. De acordo com o *New York Times*, "2010 pode ser o ano do tablet". E, nos meses entre o anúncio formal e o lançamento, Jobs alimentou o frenesi como um mestre verdadeiro da mídia: "Já existem 75 milhões de pessoas que sabem como usar isso por causa do número de iPhones e iPod Touches que temos enviado." Estava implícito que, mais uma vez, a Apple tinha milhões de clientes no bolso, ansiosos para colocar as mãos no próximo gadget formidável. Quem vai entrar nesta?

As editoras não puderam resistir ao alardeante chamado de Jobs e rasparam a carteira para criar conteúdo específico para o iPad. Na época do lançamento de 2010, a Penguin, a HarperCollins, a Simon & Schuster, a Macmillan e o Grupo Hachette já haviam assumido o compromisso de fornecer livros para o dispositivo, colocando em risco o relacionamento com a Amazon. O *New York Times* concordou em publicar uma versão diária do jornal especialmente adaptada aos usuários do iPad. Rupert Murdoch ainda criou um jornal somente para iPad, o *Daily*, "do zero", como comentou. Condé Nast criou versões digitais de suas revistas *New Yorker*, *Glamour*, *GQ* e *Vanity Fair* somente para iPad. Charles H. Townsend, presidente e CEO da Condé Nast, disse: "Estamos tão confiantes de que os consumidores vão querer nosso conteúdo nesse novo formato que estamos investindo os recursos necessários para chegar lá."

Com uma visão clara de sua MVF, a Apple atraiu os parceiros necessários a fim de tornar o iPad uma proposição atrativa para os consumidores. É interessante notar que, ao adotar o iPad, os parceiros de mídia assumiam um risco um pouco assimétrico. As editoras – sempre ávidas por um novo ponto de venda – contavam que o iPad oferecesse milhões de leitores dispostos a pagar por conteúdo digital. Aparentemente, seria um negócio justo. Mas lembre-se do que falamos sobre seguidores no Capítulo 5. O seguidor inteligente se pergunta se um líder potencial ganharia dinheiro da mesma maneira que ele. Se a resposta for não, talvez os interesses estejam desalinhados. Com o iPad, a Apple ganha dinheiro no momento em que o cliente compra o aparelho – a exemplo de milhões de outros consumidores convencidos pela promessa de conteúdo. No entanto, para as editoras que dispõem de poucos recursos financeiros, há investimento inicial em reengenharia de seus produtos, com a inclusão de vídeos detalhados, gráficos interativos, entrevistas em áudio e uma miríade de outros atributos, cujo investimento só será recuperado item a item. Para elas, a questão não é apenas se os consumidores migrarão para o iPad, mas sim se, depois de pagarem pelo iPad, estarão dispostos a gastar – de forma consistente – com o conteúdo que desenvolveram especificamente para o tablet.

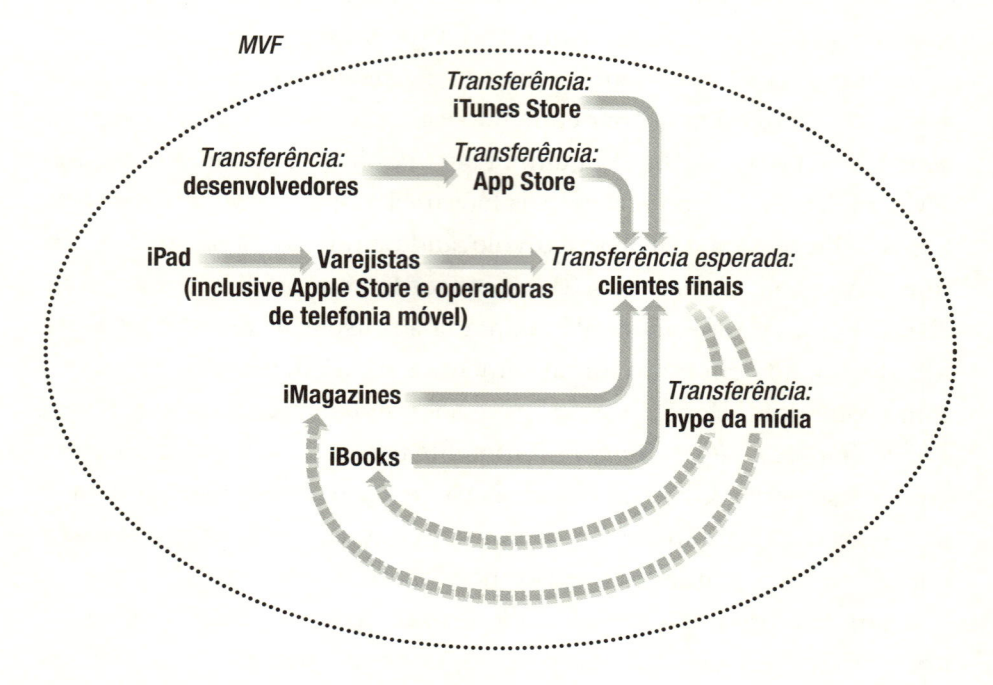

Figura 8.8: Esquema de valor da MFV do iPad da Apple.

Liderança do ecossistema: manda a boa educação que...

Este último quesito, no entanto, revela-se como um desafio para a Apple e, aliás, para qualquer líder de ecossistema altamente bem-sucedido.

Tão crucial para a continuidade do sucesso da Apple quanto a gestão da concorrência será a capacidade de sustentar relacionamentos produtivos com os parceiros. Em 2011, quando a Apple passou a exigir uma comissão de 30% sobre todas as assinaturas transacionadas em sua plataforma, muitos parceiros consideraram a exigência alta demais, levando a reações negativas com provedores de conteúdo como o *Financial Times* e alegações de que a reivindicação era "economicamente insustentável", nas palavras de um parceiro que, em seguida, observou: "Existem outras plataformas no mercado." Esse é um grande risco, enfrentado por qualquer líder de ecossistema altamente bem-sucedido – a Apple e os desenvolvedores, a Amazon e as editoras, os estúdios de Hollywood e os cinemas. À medida que o poder cresce, e cresce de forma assimétrica, também aumenta o potencial para abuso, intencional ou acidental. Um líder que perde seus seguidores perde a liderança. À proporção que o sucesso aumenta, cresce a necessidade não só de criar, mas também de compartilhar o excedente de modo suficiente para manter os parceiros envolvidos, produtivos e, na medida do possível, fiéis.

O caminho gradual para o sucesso: além da diversificação

Construir um ecossistema robusto é uma progressão que une *timing* e estratégia inteligentes. Comece identificando sua MVF: qual é a menor configuração de elementos básicos necessários para sua oferta criar um valor exclusivo? Avalie a ordem mais frutífera de se adicionarem elementos para expandir o ecossistema: qual componente oferece melhor equilíbrio entre aprimorar o sistema preexistente e funcionar como um ingrediente básico para a expansão posterior? Por fim, considere qual constelação dentro do ecossistema atual pode ser transferida para ajudar a estabelecer uma MVF para uma nova proposição de valor e um novo ecossistema.

Em um mundo focado em produtos, grande parte da orientação à diversificação tem se concentrado em explorar as competências essenciais de maneira ideal. Uma das primeiras a fazer isso com eficácia foi a Canon, que conseguiu aproveitar sua capacidade em óptica e micromecânica, e ingressou em uma ampla gama de mercados – de câmeras, impressoras, aparelhos de fax e copiadoras até equipamentos de litografia de semicondutores. Contudo, quando se mantém o foco estritamente na competência, perde-se a dimensão crítica das estratégias de crescimento de muitas empresas líderes da atualidade.

Replicar as principais capacidades da Apple no design de produtos e integração de componentes não é o mesmo que alcançar a mesma posição que a empresa ocupa no mercado atual ou ocupará no futuro – não foi a inovadora touch screen nem a interface elegante a responsável pelas sucessivas vitórias dos music players, celulares e tablets. Esses são elementos necessários, mas não suficientes.

Parece que muitos concorrentes não conseguiram enxergar o sucesso da Apple com a lente de longo alcance. Na pressa de encaixar as peças, perderam as conexões cruciais que montam o ecossistema e formam um todo coerente. Entraram com muito dinheiro, talento e ambição na competição, mas com poucas exceções (mais notadamente, no caso da Amazon), até o momento em que escrevo este capítulo, suas estratégias contribuíram muito pouco para a transferência de ecossistema que impulsionaria suas proposições de valor. Por essa razão, essas empresas parecem começar do zero em novos projetos de smartphones, music players e tablets, pagando alto para entrar no jogo e arcando com subsídios elevados para obter apoio dos parceiros.

Focados em combinar os elementos distintos da proposição de valor, os concorrentes pressionam para aumentar o número de aplicativos em suas lojas, a fim de criar seus próprios serviços de download de música e incorporar suas próprias interfaces multi-touch. Isso não é suficiente, tampouco eficaz. Foi a estratégia diferenciada da Apple em relação à criação de seu ecossistema que permitiu à empresa passar, de forma tão eficaz, de fornecedora de excelentes produtos a provedora de soluções formidáveis. E foi o esforço consistente no sentido de aproveitar os elementos de uma proposição de valor para a outra (sempre de olho na MVF), a expansão escalonada, a transferência e a reconfiguração que permitiram à Apple ampliar sua vantagem de um domínio para o outro.

Os princípios da MVF, a expansão escalonada e a transferência de ecossistema estão no cerne de cada estratégia bem-sucedida de ecossistema, independentemente da indústria ou do setor. Eles lançam uma luz para esclarecer o sucesso em um mundo interdependente e, espero, em sua própria estratégia também.

CAPÍTULO 9

Multiplicando suas chances de sucesso

No novo mundo dos ecossistemas de inovação, nossa capacidade de executar as iniciativas já não determina nosso sucesso. Preocupações costumeiras sobre competências, consumidores e concorrentes ainda são muito importantes, mas, agora, nossas estratégias e ações devem também levar em conta a interdependência. Aqueles que dominarem seus princípios obterão ganhos excepcionais. Os que ignorarem suas implicações serão penalizados com maior ineficiência, atrasos e decepções.

A caixa de ferramentas das lentes de longo alcance

As ferramentas apresentadas neste livro vão lhe dar lentes de longo alcance que o ajudarão a avaliar suas estratégias e a guiar suas ações e compromissos. Usá-las de forma diligente ajudará a garantir que você veja todo o ecossistema do qual depende seu sucesso. E, ao expor suas questões antes que se tornem problemas, as ferramentas vão lhe permitir tomar decisões melhores e fazer investimentos mais eficazes.

PASSO 1

Comece por adquirir uma visão clara de seu esquema de valor. Este é o primeiro passo crucial para ganhar o jogo do ecossistema. Traçar seu esquema vai ajudar você e sua equipe a articular uma visão compartilhada não somente sobre sua proposição de valor, mas também sobre a maneira de viabilizá-la. Revelará os *riscos* ocultos *de coinovação* e *da cadeia adoção*. Ele trará à tona as peças que faltam e as suposições equivocadas, além de ajudá-lo a criar estratégias para o papel, o *timing* e a abordagem que sua empresa usará para criar vantagem.

Mapear seu ecossistema vai forçá-lo a ser explícito sobre os elos e dependências que você está construindo em seus planos. Não há nada inerentemente errado com a dependência, desde que você saiba disso desde o início. Elaborar um esquema claro vai encorajar você e sua equipe a formular um plano para lidar com elementos problemáticos de forma proativa, bem no começo de sua jornada. Vai ajudá-lo a evitar a improvisação rotineira de ajustes táticos que são a marca registrada da estratégia incompleta.

PASSO 2

Com seu projeto claramente articulado, você estará em condições de fazer perguntas importantes sobre qual papel gostaria de desempenhar e quando pretende agir. Usar o *prisma da liderança* para avaliar a distribuição do excedente previsto vai ajudá-lo a identificar quem são os candidatos naturais à liderança do ecossistema e se você está entre eles.

Usar a *matriz do precursor* vai ajudá-lo a determinar seu *timing* ideal, ajudando-o a avaliar se é provável que a estrutura de interdependências vá premiar o pioneiro ou segurá-lo na linha de partida para esperar até que a corrida comece.

PASSO 3

A maneira como você junta os elementos necessários pode ser uma fonte de vantagens enorme no mundo da interdependência. Explorar esquemas alternativos utilizando as *cinco alavancas de reconfiguração do ecossistema* vai ajudá-lo a chegar a um plano que pode aceitar as restrições de seu ecossistema e ainda apresentar uma proposição de valor completa. Além disso, acoplar esse exercício com os princípios da *presença mínima viável* (MVF), *expansão escalonada* e *transferência de ecossistema* vai ajudá-lo a identificar a melhor sequência para a construção de sua proposição de valor e depois alavancar essa conquista, com o objetivo de expandir sua vantagem para outras oportunidades.

Essas ferramentas devem ser usadas regularmente a fim de ajudar você e sua equipe a convergir para a melhor estratégia que possam criar. Use-as quando começar um novo projeto, mas também em fases diferentes de sua implementação, como forma de garantir que o ecossistema total esteja no caminho certo e que, constantemente, procure por trilhas vantajosas para o sucesso.

A caixa de ferramentas das lentes de longo alcance vai expor os pontos cegos e ajudá-lo a enxergar as dificuldades antes que elas apareçam. Porém, parte disso significa que você verá mais problemas. A reação improdutiva é sentir-se impotente porque reconhecer todas as novas fontes de fracassos pode minar o desejo para ação. A reação produtiva, por sua vez, implica acolher essa visão mais ampla, aceitar o mundo como ele é – um lugar desafiador no qual podemos ser bem-sucedidos – e encontrar seu melhor caminho para o sucesso. A proposta deste livro não é que você o feche depois de lê-lo e diga: "Inovação é um jogo de grande risco e, portanto, não devo jogar." Pelo contrário, minha esperança é que você conclua que "a inovação é um jogo de grande risco, mas agora, que vejo onde estão os riscos e sei como minimizá-los, sinto-me mais confiante para escolher o caminho mais seguro rumo ao sucesso".

Conhecendo os riscos e multiplicando as chances

No âmago deste livro, está uma sugestão simples: antes de mergulhar muito fundo em uma inovação, tenha certeza de que entende o ecossistema no qual você vai precisar se integrar para que seus esforços tenham chance de sucesso. Se você começar o processo olhando para o ecossistema da inovação, e tentando encontrar qual é seu lugar dentro dele, pode livrar-se de investir tempo e recursos em empreitadas que estavam condenadas desde o início. Desenvolver melhor entendimento das probabilidades é a chave para realizar melhores apostas.

Leve em consideração uma indústria em que os índices de sucesso da inovação são baixos – suponhamos que sejam de 10%. (Se estiver no setor de serviços, suas chances naturais serão muito maiores; se estiver na indústria farmacêutica, serão menores – mas, independentemente do setor, a lógica será a mesma.) Com as empresas empreendendo seus melhores esforços, fazendo a tradicional *due diligence* e se concentrando na execução, 10 entre 100 esforços de inovação atenderão às expectativas e serão bem-sucedidos – 90 em cada 100 fracassarão. Essas são as chances naturais. É por isso que falamos sobre inovação como uma atividade de alto risco. A boa notícia, naturalmente, é que, se 10% for a norma da indústria, será a chance que precisamos para permanecer no jogo.

No entanto, o que queremos é ter sucesso no jogo. E isso exige superar o benchmark (referencial de excelência). A abordagem padrão para melhorar a inovação é estimular os gestores a executar melhor, as equipes a trabalhar de modo mais eficaz, o pessoal de marketing a ser mais criativo (tudo isso, é claro, sem sair do orçamento). Vamos supor que funcione: por meio da pura força de vontade, a organização conseguirá lançar duas vezes mais inovações do que antes.

Percebam duas características dessa abordagem. Primeiro, se funcionar, nossas chances dobram para 20% – ainda perdemos em 80 entre 100 iniciativas de inovação. Segundo, é necessário um milagre.

As ferramentas de lentes de longo alcance oferecem uma abordagem alternativa, que primeiro nos ajudará a fazer melhores escolhas e depois a gerir melhor as iniciativas que decidimos levar adiante. Ao olhar para 100 iniciativas que a organização decidiu desenvolver, fica claro que todas são ideias promissoras, atrativas para os consumidores e almejadas por equipes motivadas (se não fosse assim, não estaríamos investindo nelas). Mas é impossível dizer qual das 10 será bem-sucedida. Quando usamos lentes de longo alcance para analisar essas iniciativas e levamos em consideração seus ecossistemas, uma coisa impressionante acontece. Ainda não podemos dizer qual das 10 terá sucesso – não podemos fugir do fator "sorte" como o árbitro dos vencedores, mas podemos fazer algumas previsões muito concretas sobre quais 50 vão perder. Não porque não sejam boas ideias, ou estejam sendo gerenciadas por equipes ruins, mas porque, desde o início, a estrutura de seus ecossistemas está mal posicionada e acabará enfraquecendo o sucesso delas. Os respectivos esquemas de valor estão entupidos com sinais vermelhos e amarelos que evitarão que tenham a chance de ganhar, independentemente da excelência com a qual você executará sua parte.

Onde quer que vejamos esses flagrantes obstáculos do ecossistema, podemos evitar a aposta. Ainda continuaremos com os 10 vencedores, mas não devemos desperdiçar nossos parcos recursos nas 50 iniciativas que estavam condenadas desde o início: evitamos os fracassos previsíveis e fazemos somente as 50 principais apostas. De 10 entre 50, teremos 20% de chances *sem* precisarmos de um milagre.

Fazer apenas metade das apostas significa liberar recursos que podemos alocar para as 50 ideias mais importantes num primeiro momento. Dentro da previsão original de recursos, podemos dobrar o foco na gestão. Podemos dobrar os gastos com marketing. Com duas vezes mais recursos em cada iniciativa, juntamente com mais tempo e atenção para a elaboração de um esquema de valor robusto e a promoção do ecossistema, não precisamos de um milagre para dobrar os ganhos.

Com uma expectativa de acerto de 20 entre 50, estamos com 40% de chances realistas – e quatro vezes mais eficientes do que o benchmark.

Este é o caminho: elimine o fracasso inevitável; crie estratégias para sucessos mais robustos.

Um desejo final

Eliminar os pontos cegos da interdependência é um problema de todo mundo. Seja você o CEO, investidor ou integrante de uma equipe de projeto; de uma grande multinacional ou start-up; do setor coorporativo ou de uma organização sem fins lucrativos: se estiver participando de um esforço colaborativo, seu sucesso não dependerá de seu próprio esforço, mas também da capacidade, disposição e probabilidade de sucesso de seus parceiros.

Cada um de nós é um investidor responsável por posicionar nossa própria equipe e esforço em várias oportunidades e em demandas concomitantes. Muitos de nós também somos responsáveis por alocar os recursos de outras pessoas – trabalho, capital e atenção. A cada novo empreendimento, cada nova iniciativa, corremos riscos com esses recursos. Nosso objetivo é fazer as melhores escolhas possíveis em um portfólio de oportunidades que nos deixam – e aqueles que dependem de nós – numa situação melhor.

Minha esperança é que este livro ofereça a você uma perspectiva mais ampla para que consiga navegar no novo e sempre mutável mundo das interdependências. Ao adotar os princípios das lentes de longo alcance, você terá melhores condições de expor as fontes ocultas da dependência que se escondem sob a superfície da estratégia e estar mais bem equipado para gerenciá-las de forma proativa e produtiva. Você vai elaborar planos melhores e implantá-los com as equipes que compartilham uma visão mais coerente de para onde estão tentando ir e como chegarão lá.

A sorte sempre terá algum peso na condução dos resultados. Nesse sentido, desejo a você, em primeiro lugar, boa sorte. E, em segundo lugar, que a sábia aplicação dos princípios das lentes de longo alcance signifique que você precisará menos do fator sorte.

MULTIPLICANDO SUAS CHANCES DE SUCESSO 223

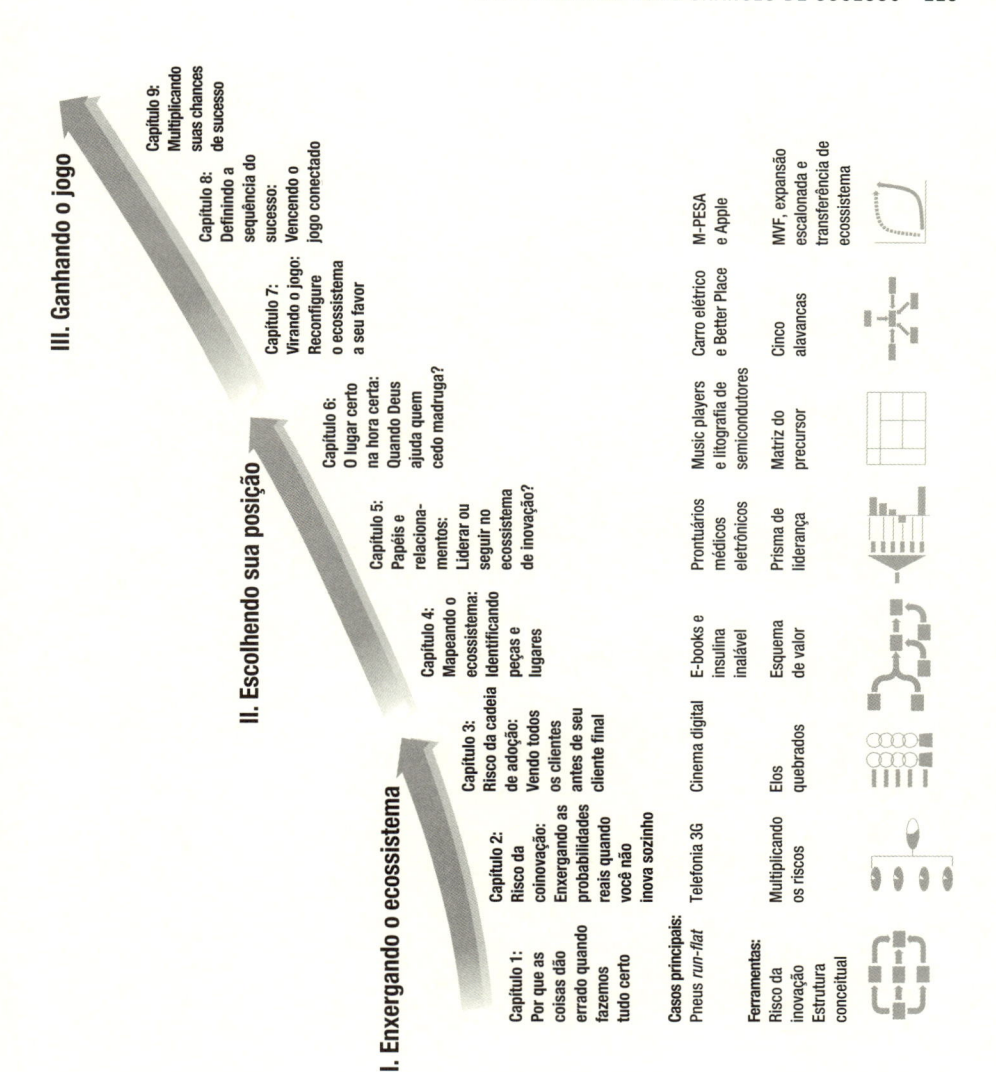

III. Ganhando o jogo

Capítulo 9: Multiplicando suas chances de sucesso

Capítulo 8: Definindo a sequência do sucesso: Vencendo o jogo conectado
- M-PESA e Apple
- MVF, expansão escalonada e transferência de ecossistema

Capítulo 7: Virando o jogo: Reconfigure o ecossistema a seu favor
- Carro elétrico e Better Place
- Cinco alavancas

II. Escolhendo sua posição

Capítulo 6: O lugar certo na hora certa: Quando Deus ajuda quem cedo madruga?
- Music players e litografia de semicondutores
- Matriz do precursor

Capítulo 5: Papéis e relacionamentos: Liderar ou seguir no ecossistema de inovação?
- Prontuários médicos eletrônicos
- Prisma de liderança

Capítulo 4: Mapeando o ecossistema: Identificando peças e lugares
- E-books e insulina inalável
- Esquema de valor

I. Enxergando o ecossistema

Capítulo 3: Risco da cadeia de adoção: Vendo todos os clientes antes de seu cliente final
- Cinema digital
- Elos quebrados

Capítulo 2: Risco da coinovação: Enxergando as probabilidades reais quando você não inova sozinho
- Telefonia 3G
- Multiplicando os riscos

Capítulo 1: Por que as coisas dão errado quando fazemos tudo certo

Casos principais: Pneus *run-flat*

Ferramentas: Risco da inovação Estrutura conceitual

Figura 9.1: Lentes de longo alcance

Notas

INTRODUÇÃO

3 **parceiros que devem trabalhar em conjunto:** vários livros repletos de insights foram escritos sobre o abrangente tema dos ecossistemas empresariais, oferecendo argumentos convincentes sobre a importância de se considerar a interdependência. Este livro completa esses insights, oferecendo uma nova estrutura e ferramentas para vencer os desafios estratégicos dos ecossistemas. Os títulos incluem *The Death of Competition*, de James Moore (Nova York: HarperBusiness, 1996) [no Brasil, *O fim da concorrência: como dominar o ecossistema em que sua empresa está inserida* (São Paulo, Ed. Futura, 1996)]; *Co-opetition*, de Adam Brandenburger e Barry Nalebuff (Nova York: Currency Doubleday, 1996) [no Brasil, *Co-opetição* (Rio de Janeiro, Rocco, 1996)]; *The Keystone Advantage*, de Marco Iansiti e Roy Levien (Boston: Harvard Business School Press, 2004); *Platform Leadership*, de Annabelle Gawer e Michael Cusumano (Boston: Harvard Business School Press, 2002); e *Open Innovation: The New Imperative for Creating and Profiting from Technology*, de Henry Chesbrough (Boston: Harvard Business School Press, 2005). Uma das primeiras versões dos argumentos apresentados neste livro apareceu em "Match Your Innovation Strategy to Your Innovation Ecosystem", de Ron Adner, *Harvard Business Review* 84, n. 4 (abril de 2006): 98-107.

4 **45% não conseguem cumprir:** os dados da Product Development and Management Association (PDMA) foram publicados no artigo de Abbie

Griffin, "PDMA Research on New Product Development Practices: Updating Trends and Benchmarking Best Practices", *Journal of Product Innovation Management* 14 (1997): 429–58. Esses valores são consistentes com pesquisas mais recentes que analisamos, por exemplo, em *Winning at New Products: Creating Value Through Innovation* de Robert G. Cooper (Nova York: Basic Books, 2011).

4   **72% dos executivos seniores:** relatório Boston Consulting Group, "Innovation 2010".

4   **duas linhas de pensamento:** os melhores livros sobre gestão consideram várias facetas do problema, mas se concentram em aspectos diferentes. Exemplares repletos de insights na escola focada no cliente encontram-se no *The Innovator's Dilemma: When New Technologies Cause Great Firms to Fail*, de Clayton Christensen (Boston: Harvard Business School Press, 1997) [no Brasil, *O dilema da inovação* (São Paulo: Makron Books, 2001)]; *Blue Ocean Strategy*, de W. Chan Kim e Renée Mauborgne (Boston: Harvard Business School Press, 2004); *Crossing the Chasm*, de Geoffrey Moore (Nova York: HarperBusiness, 1991); *Market Driven Strategy: Processes for Creating Value*, de George Day (Nova York: Free Press, 1999) [no Brasil, *Estratégia voltada para o mercado* (Rio de Janeiro, Record, 19920); e *The Momentum Effect*, de J. C. Larachee (Upper Saddle River, NJ: Prentice Hall, 2008) [no Brasil, *O efeito momento: como promover o crescimento excepcional do seu negócio* (Porto Alegre: Bookman, 2010). Obras que abordam a escola de implementação incluem *Good to Great*, de Jim Collins (Nova York: HarperBusiness, 2001) [no Brasil, *Empresas feitas para vencer – por que alguns brilham e a maioria não* (Rio de Janeiro, Campus/Elsevier 2001)]; *Execution*, de Larry Bossidy e Ram Charan (Nova York: Crown Business, 2002 [no Brasil, *Execução* (Rio de Janeiro: Campus/Elsevier, 2002]); *Winning*, de Jack e Suzy Welch (Nova York: HarperBusiness, 2005); *Why Smart Executives Fail*, de Sydney Finkelstein (Nova York: Portfolio, 2003) [no Brasil, Por que executivos inteligentes falham: como solucionar problemas de tomada de decisões e de liderança (São Paulo: M. Books, 2007)]; e Other Side of Innovation, de Vijay Govindarajan e Chris Trimble (Boston: Harvard Business Review Press, 2010).

8   **pesquisa de 2011:** Corporate Executive Board, "Building a Culture of Innovation", 2011.

CAPÍTULO 1

17 **"sistema PAX é a nossa mais importante descoberta tecnológica"**: "Michelin PAX System", Michelin.com, http://www.michelinman.com/pax/. Acessado em 16 de setembro de 2010.

17 **"nós reinventamos o pneu"**: Chris Vander Doelen, "Run-Flats Give Tires an Inflated Value", *National Post* (Canadá), 12 de novembro de 2004.

17 **"A adoção do sistema PAX é inevitável"**: comentários feitos na "Huitièmes Journées d'Histoire", conferência realizada na l'École de Paris du Management, 22 de março de 2002, transcrição da página 30 do arquivo disponível em www.anrt.asso.fr/fr/pdf/CRateliers2002.pdf.

17 **"o componente mais importante de um veículo"**: "Tire Basics: Getting a Grip on Tire Fundamentals", *Motor Trend*, abril de 2005.

18-19 **mostrou a grande incidência de pneus furados... e o risco que eles representavam:** pesquisa sobre segurança de pneus realizada pela AAA Foundation for Traffic Safety pela Roper Starch Worldwide Inc., 22 de março de 1999, http://www.aaafoundation.org/pdf/tss.pdf.

19 **"importante avanço na segurança dos veículos"**: Warren Brown, "From Michelin, a Pricey New Tire That Survives Blowouts", *Washington Post*, 24 de outubro de 2004.

22 **"Goodyear e a Michelin estão convencidas... de que o sistema PAX é a melhor":** "Michelin, Goodyear in Run-Flat Tyre Venture", Reuters, 23 de junho de 2000.

22 **sete entre oito consumidores escolheram os *run-flat*:** Brad Dawson, "Tire Maker Eyes High-Profit, High-Tech Mix in '02", *Rubber & Plastics News*, 25 de fevereiro de 2002.

22 **"eles têm melhor desempenho em todos os aspectos":** William Diem, "Michelin's Pax System Gaining Momentum", *Rubber & Plastics News*, 22 de março de 1999.

23 **até 2010, mais de 80% dos carros estariam equipados com pneus *run-flat*:** David Shaw, "BMW Dominates Runflat Tyres as PAX Goes Down", *European Rubber Journal*, 1º de maio de 2005.

23 **"o benefício final para o cliente":** Leslie Allen, "Michelin Rolls Out New Run-Flat Design", *Chicago Tribune*, 11 de fevereiro de 2005.

23 **"as redes tradicionais de serviços e reparos continuarão a crescer":** "Michelin PAX System Innovations Extend to Customer Service", *PR*

Newswire, 27 de setembro de 2004, http://www.prnewswire.com/news-releases/michelinr-pax-systemtm-innovations-extend-to-customer-service-73940867.html. Acessado em 4 de outubro de 2010.

24 **várias ações judiciais coletivas foram movidas:** Kathy McCarron, "Running Away from Run-Flats", *Tire Business*, 26 de março de 2007.

24 **"não pretendemos desenvolver um novo PAX":** David Shaw, "Michelin: No Push for PAX", *Rubber & Plastics News*, 26 de novembro de 2007.

25 **"Isso não é tão diferente da transição dos pneus de lonas enviesadas para os radiais":** Vera Fedchenko, "Run-Flat Revolution Gaining Ground in OE", *Rubber & Plastics News*, 31 de outubro de 2005.

30 **instalar um monitor de pressão de ar:** Federal Motor Vehicle Safety Standards: Tire Pressure Monitoring Systems; Controls and Displays, Department of Transportation, NHTSA, http://www.nhtsa.gov/cars/rules/rulings/TirePressure/fedreg.htm. Acessado em 3 de outubro de 2010.

30 **a janela da oportunidade:** A lei Transportation Recall Enhancement Accountability Documentation (TREAD) de 2000 do Congresso Americano. Elaborada na esteira do recall de pneus Firestone equipados nos Ford Explorers, da Lei TREAD determinou que até 2007, todos os carros novos teriam de vir equipados com um sistema de monitoramento da pressão dos pneus (TPMS, na sigla em inglês). Michelin, JD Powers e todos os outros participantes do setor estavam bem cientes da lei quando fizeram suas heroicas previsões quanto ao sucesso do PAX em 2004, na expectativa de que esse sistema se tornasse o padrão antes de a lei entrar em vigor – mais uma prova de ponto cego em um setor.

31 **mais de 3.500 Strykers foram construídos:** "General Dynamics Awarded Contract for Stryker Production", *Deagel.com*, 9 de outubro de 2009, http://http://www.deagel.com/news/General-Dynamics-Awarded-Contract-for-Stryker-Production_n000006659.aspx. Acessado em 18 de outubro de 2010.

CAPÍTULO 2

40 **no ano 2000, as operadoras de rede móvel tinham mais de 700 milhões de usuários:** "Free Statistics: Mobile Cellular Subscriptions", International Telecommunication Union, http://www.itu.int/ITU-D/ict/statistics/.

40   **70% dos adultos tinham um celular:** "The Winners' Curse", *Economist*, 14 de junho de 2001, http://www.economist.com/node/657390.

41   **"próximo estágio no crescimento dos negócios de comunicações":** Niall McKay, "Amid Telecommunications Gloom, Optimism in France", *The New York Times*, 23 de fevereiro de 2001.

41   **"não sabemos quais serviços surgirão no futuro para o 3G":** Peter Lewis, "State of the Art Heading North to the Wireless Future", *The New York Times*, 1º de junho de 2000.

41   **os negócios com o 3G se igualariam à movimentação com a tecnologia 2G da Ericsson:** Paul Tate, "Mobile: Going Thataway", *ZDNet.com*, 10 de dezembro de 2000, http://www.zdnetasia.com/mobile-going-thataway-21163436.htm.

41   **os fabricantes de aparelhos poderiam vender novos telefones:** "Nokia succumbs", *Economist*, 14 de junho de 2001, http://www.economist.com/node/656251.

41   **"duas das tecnologias de crescimento mais rápido de todos os tempos":** "Waves of the Future", *Economist*, 6 de junho de 2000, http://www.economist.com/node/4937.

42   **$175 bilhões para construírem suas redes:** "The Winners' Curse", *Economist*, 14 de junho 2001.

42   **Nokia vem trabalhando em protótipos de 3G:** Stephen Baker, "3G's Latest Snafu: Hellacious Handsets", *BusinessWeek*, 26 de novembro de 2001, http://www.businessweek.com/magazine/content/01_48_/b3759154.htm.

42   **"os dispositivos eletrônicos de consumo mais complexos já projetados":** *Ibid.*

43   **verdadeiro número estava perto de 3 milhões:** "Insight: Nokia Business Review 2000", relatório anual de 2001.

49   **aumentando as chances de sucesso para 16%:** $0{,}85 \times 0{,}85 \times 0{,}75 \times 0{,}3 = 0{,}1626$.

51   **"a batalha dos aparelhos tornou-se uma guerra de ecossistemas":** "Texto na íntegra: Nokia CEO Stephen Elop's 'Burning Platform' Memo", *Wall Street Journal*, 9 de fevereiro de 2011, http://blogs.wsj.com/tech-europe/2011/02/09/full-text-nokiaceostephenelops-burningplatform-memo/.

52   **baixa contábil de $2,5 bilhões:** Martin Du Bois e Richard Hudson, "Philips Confirms Severe Troubles in Its Consumer Electronics Business", *Wall Street Journal Europe*, 7 de agosto de 1992, p. 3.

CAPÍTULO 3

56 **"os aprimoramentos mais importantes para os produtos há mais de uma década":** Microsoft, "2007 Microsoft Office System Is Golden", comunicado à imprensa, 6 de novembro de 2006, http://www.microsoft.com/presspass/press/2006/nov06/11-062007OfficeRTMPR.mspx.

58 **receita aproximada de $4 bilhões:** Leonard Pukaite, "The Hard Truth", *Cutting Tool Engineering*, junho de 1996.

60 **15% do mercado de abrasivos:** "Freedonia Focus on Abrasives", Freedonia Group Inc., outubro de 2010, p. 6.

60 **o staff precisava de novo treinamento:** J. F. G. Oliveira, E. J. Silva, C. Guo, F. Hashimoto, "Industrial Challenges in Grinding", *CIR P Annals–Manufacturing Technology*, janeiro de 2009, p. 665.

60 **a maior parte do mercado optou por manter os rebolos tradicionais:** *Ibid.*

66 **primeiros projetores comerciais de DLP (processamento digital de luz):** "DLP History", site da Texas Instruments DLP, DLP.com, 2009, http://www.dlp.com/technology/dlp-history/default.aspx.

66 **desenvolvimento do *digital telecine scanner*:** Kevin Shaw, "A Brief History for Colorists", Finalcolor.com, 23 de maio de 2010, http://www.finalcolor.com/history4colorists.htm.

66 *Star Wars: Episódio I – A Ameaça Fantasma* **foi exibido:** "DLP History", DLP.com.

67 **40% até o final de 2010:** "MPA A Theatrical Market Statistics", Motion Picture Association of America, 2010, http://www.mpaa.org/Resources/93bbeb16-0e4d-4b7e-b085-3f41c459f9ac.pdf.

67 **evitar o gasto anual de $1 bilhão:** Charles S. Swartz, Understanding Digital Cinema: A Professional Handbook (Focal Press, 2004).

67 **só o custo de impressão do estúdio poderia chegar a $7,5 milhões:** Sherman Fridman, "Theaters to Convert to Digital Movies", Newsbytes, 30 de maio de 2000.

67 **Tradicionalmente, os filmes eram lançados de forma escalonada:** Katherine Monk, "Thwarting the Pirates: Sony Hopes Global Release Strategy Will Take a Bite Out of Illegal File Sharing", National Post (Canadá), 18 de maio 2006.

67 **alternativa aos filmes pirateados:** *Ibid.*

67   **tecnologia de filme digital permitia a criptografia:** *Ibid.*
68   **"cinema digital é como olhar para fora de uma janela":** Ann Donahue, "Paving the Way for Digital Projection", *Variety*, 7 de março de 2001.
69   **custo de conversão de $70 mil a $100 mil por tela:** Nicole Norfleet, "Theaters Weigh Pros and Cons of 3D Conversion", *Washington Post*, 19 de abril de 2010.
69   **os projetores digitais tinham uma vida útil de apenas 10 anos:** MK PE Consulting, "Digital Cinema Business: Frequently Asked Questions", setembro de 2010, www.mkpe.com/digital_cinema/faqs/.
69   **"Cabe aos exibidores, agora":** "James Cameron Keynote NAB2006 Digital Cinema Summit", DV.com, 2 de março de 2006, http://www.dv.com/article/22026.
69   **"estaremos fora do negócio":** Ty Burr, "Reel Gone? Why Are Multiplex Owners Afraid to Byte?", *EW.com*, 7 de maio de 2001, http://www.ew.com/ew/article/0,108459,00.html.
70   **uniram-se para formar a Digital Cinema Initiatives, DCI:** Digital Cinema Initiatives LLC, 2011, www.dcimovies.com.
70   **"se deixássemos para o exibidor decidir":** Carl DiOrio, "Studios Near D-Day", *Variety*, 25 de março de 2002.
70   **"demorando um pouco mais do que as pessoas esperavam":** Carl DiOrio, "D-Cinema Systems on Hold As Studios Set Standards", *Variety*, 3 de fevereiro de 2003.
70   **os donos das salas de cinema não estavam dispostos:** MK PE Consulting, "Digital Cinema Business".
71   **"eles teriam de agir juntos esse ano ou tudo iria por água abaixo":** David Lieberman, "Digital Film Revolution Poised to Start Rolling", *USA Today*, 18 de maio de 2005.
71   **"A parte do financiamento deveria ser relativamente proporcional":** Eric Taub, "Questions of Cost Greet New Digital Projectors", *International Herald Tribune*, 2 de junho de 2004.
71   **independentemente da forma, o plano de financiamento deveria servir para todo o setor:** Gabriel Snyder, "NATO Takes Digital Stand", *Variety*, 22 de novembro de 2004.
72   **80% dos custos de conversão do exibidor:** "The VPF Model", Arts Alliance Media, http://www.artsalliancemedia.com/vpf/.

73 **o grande sucesso de James Cameron, filme de ficção científica em 3D que quebrou inúmeros recordes:** Brandon Gray, "Avatar' Claims Highest Gross of All Time", BoxOffice Mojo.com, 3 de fevereiro de 2010.

73 *Toy Story 3*, **da Disney, tornou-se o desenho a alcançar o topo das bilheterias em 2010:** David Twiddy, "Theaters Will Add Dimension with Digital Systems Upgrade", *Kansas City Business Journal*, 28 de março de 2010.

73 **38% das telas nos Estados Unidos:** David Hancock, "Digital Screen Numbers and Forecasts to 2015 Are Finalised", *Screen Digest*, 26 de janeiro de 2011.

73 **Os custos da conservação digital:** uma discussão fascinante pode ser encontrada em *The Digital Dilemma: Strategic Issues in Archiving and Accessing Digital Motion Picture Materials*, Science and Technology Council of the Academy of Motion Picture Arts and Sciences, 2007.

CAPÍTULO 4

84 **cadeias de valor e de suprimento:** os clássicos sobre cadeias de valor incluem *Competitive Advantage*, de Michael Porter (Nova York: Free Press, 1998) [no Brasil, *Vantagem competitiva: criando e sustentando um desemprego superior* (Rio de Janeiro: Campus/Elsevier, 1994)] e *Clockspeed*, de Charles Fine (Nova York: Perseus Books, 1998) [no Brasil, *Mercados em evolução contínua: conquistando vantagem competitiva num mundo em constante mutação* (Rio de Janeiro: Campus/Elsevier, 1999)]. Adam Brandenburger e Barry Nalebuff apresentam o papel dos complementadores em *Co-opetition* (Nova York: Currency, 1996) [no Brasil, *Co-opetição* (Rio de Janeiro, Rocco, 1996)], e Clayton Christensen explica como as cadeias de valor afetam os incentivos à inovação em The Innovator's Dilemma (Boston: Harvard Business School Press, 1997). O esquema de valor é baseado nesses pontos de vista, com foco no desenvolvimento da configuração mais eficaz para cumprir a proposição de valor.

88 **dispositivo de $550:** "Sony Shows Data Discman", *The New York Times*, 13 de setembro de 1991.

88 **O Rocket, desenvolvido pela NuvoMedia:** Martin Arnold, "From Gutenberg to Cyberstories", *The New York Times*, 7 de janeiro de 1999.

88 **Naquele mesmo ano, o SoftBook:** Peter Lewis, "Taking on New Forms, Electronic Books Turn a Page", *The New York Times*, 2 de julho de 1998.

88 **a Gemstar lançou dois modelos:** Ken Feinstein, "RCA REB1100 eBook Review", *CNET.com*, 21 de fevereiro de 2001, http://reviews.cnet.com/e-book-readers/rca-reb1100 ebook/4505 -3508_74744438.html.

89 **prova de que o livro eletrônico estava pronto para o grande público:** Doreen Carvajal, "Long Line Online for Stephen King E-Novella", *The New York Times*, 16 de março de 2000.

89 **A receita da Random House com e-books dobrou:** Nicholas Bogaty, "eBooks by the Numbers: Open eBook Forum Compiles Industry Growth Stats", International Digital Publishing Forum, press release, 22 de julho de 2002, http://old.idpf.org/pressroom/pressre leases/ebookstats.htm.

89 **"era difícil encontrar, comprar e ler e-books":** Steven Levy, "The Future of Reading", *Newsweek*, 26 de novembro de 2007.

89 **conteúdo escasso e uma forte gestão dos direitos digitais (DRM):** Ginny Parker Woods, "Sony Cracks Open New Book with Reader", *Toronto Star*, 20 de fevereiro de 2006.

89 **"Fomos muito cautelosos no lançamento [do Reader]":** Michael Kanellos, "Sony's Brave Sir Howard", *CNET.com*, 17 de janeiro de 2007, http://news.cnet.com/Sonys brave-SirHoward/2008 -1041_ 3-6150661.html.

90 **quase 20% mais barato do que o Librié:** crítica sobre o e-book Librié da Sony, *eReaderGuide.Info*, www.ereaderguide.info/sony_librie_ebook_reader_review.htm.

90 **10 mil títulos disponíveis na Connect.com:** Edward Baig, "Sony Device Gets E-Book Smart", *USA Today*, 5 de outubro de 2006.

90 **o iPod do setor de livros:** David Derbyshire, "Electronic Book Opens New Chapter for Readers", *Daily Telegraph*, 28 de setembro de 2006.

90 **grande alvoroço da imprensa:** Amanda Andrews, "Sony's Hitting the Books", *Australian*, 28 de fevereiro de 2006.

91 **diminuindo a confiança das editoras:** George Cole, "Will the eBook Finally Replace Paper?", *Guardian*, 5 de outubro de 2006.

92 **"quatro fatores precisam estar estabelecidos":** *Ibid.*

93 **as megastores da Barnes & Noble chegam a oferecer 200 mil títulos:** Barnes & Noble company profile, Hoover's Inc., Hoovers.com.

93 **a lista tivesse títulos que custavam apenas $4:** Charles McGrath, "Can't Judge an E-Book by Its Screen? Well, Maybe You Can", *The New York Times*, 24 de novembro de 2006.

93 **a diferença entre o preço:** Peter Wayner, "An Entire Bookshelf, in Your Hands", *The New York Times*, 9 de agosto de 2007.

94 **"francamente feio do ponto de vista industrial":** Tom Regan, "Costly 'Kindle' Reader Gets a Lot of It Right", *Christian Science Monitor*, 28 de novembro de 2007, http://www.csmonitor.com/2007/1127/p25s01-stct.html.

94 **mais pesado e tinha uma tela inferior:** especificações do produto (escala de cinza com quatro níveis de sombreamento em comparação à mesma escala com oito níveis sombreamento), Amazon.com, http://www.amazon.com/Kindle-AmazonsOriginal-Wirelessgeneration/dp/B000FI73M A/ref= cm_cr_pr_product_top.

95 **"Isto não é um dispositivo, é um serviço":** Levy, "The Future of Reading".

95 **330 mil dois anos depois:** Motoko Rich, "Barnes & Noble Jumps into E-Book Sales with Both Feet", *International Herald Tribune*, 22 de julho de 2009.

95 **$9,99 ou menos:** David Pogue, "Books Pop Up, Wirelessly", *The The New York Times*, 22 de novembro de 2007.

95 **"Funciona de forma simples como um dispositivo independente":** "A Conversation with Amazon.com CEO Jeff Bezos", *Charlie Rose*, 19 de novembro de 2007.

96 **"rei da selva do varejo":** Farhad Manjoo, "Amazon, King of the Retail Jungle", *Washington Post*, 8 de fevereiro de 2009.

96 **30% dos livros vendidos nos Estados Unidos:** "40: Jeff Bezos–CEO, Amazon.com [The Global Elite]", *Newsweek*, 19 de novembro de 2008, http://www.thedailybeast.com/newsweek/2008/12/19/40 -jeff-bezos.html

96 **Kindle era um aparelho de arquitetura fechada e protegido por patentes:** Rob Pegoraro, "Kindled, but Not Enlightened", *Washington Post*, 6 de dezembro de 2007.

97 **Amazon sacrificou parte dos lucros iniciais com o novo produto:** David Gelles and Andrew Edgecliffe-Johnson, "A Page Is Turned", *Financial Times*, 9 de fevereiro de 2010.

97 **conseguiu compensar grande parte da diferença:** Mark Muro, "The New Republic: The Kindle, America's Decline", *NPR.org*, 26 de fevereiro de 2010, http://www.npr.org/templates/story/story.php?storyId=124107775.

97 **margens de $200 por unidade:** "Major Cost Drivers in the Amazon Kindle 2", iSuppli Corporation, abril de 2009.

97 **por ordem das editoras:** Motoko Rich e Brad Stone, "Publisher Wins Fight with Amazon over E-Books", *The New York Times*, 31 de janeiro de 2010, http://www.nytimes.com/2010/02/01/technology/companies/01amazonweb.html.

97 **$3 bilhões em e-books:** James McQuivey, "eBook Buying Is About to Spiral Upward: U.S. eBook Forecast, 2010 to 2015", Forrester Research, 5 de novembro de 2010.

97 **as vendas de e-books rapidamente chegavam aos $120 milhões:** Industry Statistics, International Digital Publishing Forum, 2011, http://idpf.org/about-us/industrystatistics#Additional_ Global_eBook_Sales_Figures.

98 **a Amazon controlava 80% da fatia de mercado:** Gelles e Edgecliffe-Johnson, "A Page Is Turned".

98 **as vendas do Kindle estimadas em 6 milhões de unidades:** Sam Gustin, "Amazon Says New Kindle Is Its Top-Selling Product", *Wired*, 27 de dezembro de 2010.

98 **48% da fatia de mercado dos e-readers:** IDC, "Nearly 18 Million Media Tablets Shipped in 2010 with Apple Capturing 83% Share; eReader Shipments Quadrupled to More Than 12 Million, According to IDC", comunicado à imprensa, 10 de março de 2011.

98 **lutava para conseguir manter o posto de número cinco:** *Ibid*.

99 **347 milhões de diabéticos no mundo inteiro:** Goodarz Danaei *et al.*, "National, Regional, and Global Trends in Fasting Plasma Glucose and Diabetes Prevalence Since 1980: Systematic Analysis of Health Examination Surveys and Epidemiological Studies with 370 Country-Years and 2,7 Million Participants", *Lancet* 378, n. 9.785 (2 de julho de 2011): 31–40.

99 **25 milhões de diabéticos nos Estados Unidos:** "National Diabetes Statistics, 2011", National Diabetes Information Clearinghouse, National Institute of Diabetes and Digestive and Kidney Diseases of the National Institutes of Health, http://diabetes.niddk.nih.gov/DM/PUBS/statistics/.

100 **"Nunca tivemos uma reação dessas":** Laurie Barclay, "Exubera Approved Despite Initial Lung Function Concerns", Medscape Medical News, *WebMD*, 9 de fevereiro de 2006.

100 **total dos custos anuais estimados com a diabetes só nos Estados Unidos é de mais de $200 bilhões:** Diabetes Statistics, American Diabetes

Association, 26 de janeiro de 2011, citando um estudo de 2007. Observe que, como as despesas médicas subiram substancialmente desde então, esta é uma estimativa bastante conservadora.

100 **"Se aprovados, esses produtos poderão expandir o mercado da insulina":** "New Formulations Set to Transform Diabetes Treatment", *InPharmaTechnologist.com*, 16 de junho de 2003.

101 **vendas anuais de mais de $1,5 bilhão para o Exubera até 2009:** Morgan Stanley Dean Witter Equity Research, North America, "Pfizer Inc.–Rational Exuberance?", 7 de maio de 2001.

101 **geraria receitas de $1 bilhão por ano até 2007:** Credit Suisse First Boston Equity Research, "Pfizer–Confirms European Filing of Exubera", 4 de março de 2004.

101 **"um avanço médico de tirar o fôlego":** Peter Brandt, *conference call* da Pfizer sobre os resultados do segundo trimestre de 2006, 20 de julho de 2006, p. 3.

101 **"a Pfizer terá um produto arrasador em mãos":** Val Brickates Kennedy, "Firms to Vie for Inhaled-Insulin Sales", *MarketWatch*, 7 de maio de 2005, http://www.marketwatch.com/story/drug-rivals-to-vie-for-share-of-inhaled-insulin-market.

101 **adquirir a participação da Aventis no Exubera por $1,3 bilhões:** "Pfizer to Acquire Global Rights to an Insulin That Is Inhaled", *The New York Times*, 13 de janeiro de 2006.

103 **"enorme experiência não só com o uso da insulina":** Brandt, em uma *conference call* da Pfizer, p. 16.

103 **estimaram em $1,5 bilhão as vendas do Exubera até 2010:** Morgan Stanley, "Pfizer", relatório de pesquisa sobre participação acionária, 12 de fevereiro de 2006; Bear Stearns, "Pfizer–Enthusiasm Building Ahead of Exubera Launch", relatório de pesquisa sobre participação acionária, 12 de junho de 2006.

103 **projetando "apenas" $1,3 bilhão:** West LB Equity Research, "Novo Nordisk", relatório de pesquisa sobre participação acionária, 8 de novembro de 2006.

104 **lançou toda sua "toda sua força em quadra":** "Kindler's Honeymoon Over? Analysts Press Pfizer Execs on Series of Stumbles", *Pink Sheet*, 1º de abril de 2007.

105 **alcançariam $2 bilhões, embora talvez não até 2010:** "Pfizer Plans Exubera 'Full Court Press' in 2007 after 2006 Stumbles", *Pink Sheet*, 29 de janeiro de 2007.

105 **vendas "continuavam sendo decepcionantes":** Cathy Dombrowski, "Lilly Expects Experience to Help Avoid Mistakes of Pfizer's Exubera Launch", *Pink Sheet*, 1º de setembro de 2007.

105 **O Exubera estava morto:** "As Pfizer Closes Door on Exubera, Has Window Opened for Others?", *Pink Sheet*, 22 de outubro de 2007.

105 **"um dos fracassos mais impressionantes":** Avery Johnson, "Insulin Flop Costs Pfizer $2,8 Billion", *Wall Street Journal*, 19 de novembro de 2007. A citação é de Mike Krensavage, analista da Raymond James & Associates.

105 **"problema típico da geração zero":** "As Pfizer Closes Door on Exubera, Has Window Opened for Others?", *Pink Sheet*, 22 de outubro de 2007.

105 **"não diminui nosso entusiasmo pelo produto":** *conference call* da Lilly sobre os resultados no terceiro trimestre de 2007, 18 de outubro de 2007, p. 12.

105 **Pfizer teve uma baixa contábil de $2,8 bilhões:** Johnson, "Insulin Flop Costs Pfizer". A baixa da Lilly foi registrada nos resultados do primeiro trimestre de 2009. Participação de 1,3 bilhão de coroas dinamarquesas ($260 milhões) do Novo Nordisk foi registrada em sua demonstração financeira referente aos resultados de 2007, emitida em 31 de janeiro 2008.

106 **alguns pacientes adotariam o inalador, enquanto outros esperariam:** Há dezenas de depoimentos positivos, bem como pacientes faziam apelos de partir o coração, implorando que a Pfizer não retirasse o Exubera do mercado. Fóruns de discussão on-line estão repletos de debates entre os pacientes que amavam o Exubera e céticos que criticavam o produto (geralmente sem tê-lo experimentado). A seguinte citação de comentários de leitores a respeito de um artigo da *BusinessWeek* sobre o Exubera, publicados em 26 de outubro de 2007, resume o sentimento típico dos adeptos do medicamento: "depois de várias injeções diárias de insulina desde 1974, finalmente encontrei um sistema de administração de insulina que funciona maravilhosamente bem... tão perfeitamente quanto anunciado. GRANDE coisa! Como se tomar injeções não provocasse reações de espanto e comentários em público. Durante anos, tive de procurar toaletes em locais públicos para aplicar as injeções... agora há um lugar mais higiênico para isso. O Exubera foi a realização de meu sonho".

107 **"alcançar aqueles com muita experiência, principalmente endocrinologistas":** Peter Brandt, *conference call* da Pfizer sobre os resultados do segundo trimestre de 2006, 20 de julho de 2006, p. 12.

108 **"não vemos a questão como um problema":** *Ibid*, p. 20.

108-109 **os endocrinologistas estavam tão sobrecarregados:** Andrew F. Stewart, "The United States Endocrinology Workforce: A Supply-Demand Mismatch", *Journal of Clinincal Endocrinology & Metabolism* 93, n. 4 (abril de 2008): 1.164–66.

110 **gastou cerca de $1 bilhão do dinheiro do próprio fundador, Alfred Mann:** David Holley, "MannKind Stock Plummets After FDA Rejects Insulin Inhalant", *Daily Deal*, 21 de janeiro de 2011.

110 **O dispositivo MedTone, da MannKind, tinha um décimo do tamanho do volumoso Exubera:** *Ibid*.

110 **Technosphere Insulin System imitava muito bem a liberação de insulina:** "Type 1 Diabetes: MannKind Initiates Two U.S. Pivotal Phase III Studies of Inhaled Technosphere Insulin", *Drug Week*, 7 de abril de 2006.

110 **a empresa está "decidida a conseguir":** *conference call* da MannKind sobre os resultados do quarto trimestre de 2010, 10 de fevereiro de 2011.

CAPÍTULO 5

116 **número poderia chegar a 98 mil:** Linda Kohn, Janet Corrigan e Molla Donaldson (orgs.), *To Err Is Human: Building a Safer Health System* (Washington, DC: Institute of Medicine National Academy Press, 1999).

116 **eventos adversos ocorrem em um terço das internações hospitalares:** David C. Classen *et al.*, "'Global Trigger Tool' Shows That Adverse Events in Hospitals May Be Ten Times Greater Than Previously Measured", *Health Affairs* 30, n. 4 (abril de 2011): 581–89.

116 **ainda era usado em cerca de 80% dos hospitais nos Estados Unidos:** Lena Sun, "Doctors Wary of Switch to Digital Records", *Washington Post*, 15 de março de 2011.

117 **falhas relacionadas a prescrições equivocadas afetem 1,5 milhão de pessoas por ano:** Gardiner Harris, "Report Finds a Heavy Toll from Medication Errors", *The New York Times*, 21 de julho de 2006.

117 **"soluções para os erros médicos finalmente cheguem por meio de uma tecnologia da informação mais avançada":** Robert Wachter, "The End of the Beginning: Patient Safety Five Years After 'To Err Is Human'", *Health Affairs*, 30 de novembro de 2004, http://content.healthaffairs.org/content/suppl/2004/11/29/hlthaff.w4.534.DC1.

117 **um setor de $2 trilhões:** David Ahern, comentários iniciais apresentados em um seminário intitulado "Patient-Centered Computing and e-Health: Transforming Healthcare Quality", Boston, Mass., 29 de março de 2008.

117 **o setor de saúde gasta somente 2%:** "The No-Computer Virus–IT in the Health-Care Industry", *Economist* 375, n. 8424 (30 de abril de 2005): 72.

117 **ganho de quase 30% em eficiência:** Steve Lohr, "Who Pays for Efficiency?", *The New York Times*, 11 de junho de 2007.

117 **mais de 20 mil formulários por ano:** TelecomWorldWire, "IBM Heads Venture for Electronic Health Records", *M2 Communications*, 5 de dezembro de 2005.

117 **"economias entre $142 e $371 bilhões com eficiência e segurança":** Richard Hillestad *et al.*, "Can Electronic Medical Record Systems Transform Health Care? Potential Health Benefits, Savings, and Costs", *Health Affairs* 24, n. 5 (2005): 1103–17, http://content.healthaffairs.org/content/24/5/1103.abstract.

119 **oferece às farmácias os recursos:** Larry Pawola, "The History of the Electronic Health Record", University of Illinois at Chicago HIMSS (Healthcare Information and Management Systems Society) 2011 Conference, Orlando, Fla., 22 de fevereiro de 2011.

119 **mais de 5 mil estabelecimentos até 1997:** "IBM & Medic Computer Online Prescription Deal", *Newsbytes*, 24 de fevereiro de 1997.

119 **Health Data Network Express, anunciado em 1998:** Steve Shipside, "Nurse, the Screens", *Guardian*, 26 de março de 1998.

119 **IBM se uniu a vários fornecedores:** Doug Bartholomew, "Health Care's Shocking Affliction: This Trillion-Dollar Industry Is Shamefully Backward When It Comes to IT", *Industry Week*, agosto de 2002.

119 **uma empresa de assistência médica com quase 9 milhões de associados:** Marianne Kolbasuk McGee, "IBM, Geisinger Health Deal Aims to Provide More Personalized Patient Care", *InformationWeek*, 11 de outubro de 2006.

119 **Dossia, um programa liderado pelo empregador:** Marianne Kolbasuk McGee, "Another E-Health Project in Disarray", *InformationWeek*, 14 de julho de 2007.

119 **"É hora de modernizar o sistema de saúde":** Julie Appleby, "Tech Executives Push for Digital Medical Records", *USA Today*, 13 de outubro de 2005.

119 **HealthVault, um sistema gratuito de PME baseado na web:** Marianne Kolbasuk McGee, "Microsoft Unveils Free Web Health Tools for Consumers", *InformationWeek*, 4 de outubro de 2007.

120 **em 2009 apenas 9% dos hospitais americanos haviam implantado:** Walecia Konrad, "Some Caveats About Keeping Your Own Electronic Health Records", *The New York Times*, 18 de abril de 2009.

121 **alto preço de venda ($20 a $50 milhões):** Rainu Kaushal *et al.*, "The Costs of a National Health Information Network", *Annals of Internal Medicine* 143, n. 3 (agosto de 2005): 165–73.

122 **matam mais de 90 mil pacientes por ano em todo o mundo**: Pauline Chen, M.D., "Why Don't Doctors Wash Their Hands More?", *The New York Times*, 17 de setembro de 2009.

122 **"em vez de investir nisso, muitos hospitais estão construindo novas instalações":** Jennifer Steinhauer, "A Health Revolution, in Baby Steps", *The New York Times*, 15 de outubro de 2000.

123 **A Mayo Clinic, a University of Pittsburgh Medical Center:** Steve Lohr, "Most Doctors Aren't Using Electronic Health Records", *The New York Times*, 19 de junho de 2008.

123 **a transferência de responsabilidades entre os departamentos será agilizada:** Richard Quinn, "Digital Dilemma: HM Groups Need a Proactive Approach to Health Technology Design and Implementation", *Hospitalist*, setembro de 2009.

124 **melhor qualidade de vida:** O desenvolvimento do sistema de arquivamento e distribuição de imagens (PACS, na sigla em inglês) na década de 1980 promoveu a adoção dos prontuários médicos eletrônicos (PMEs) na área de radiologia. O PACS permite que imagens de raios X ou tomografias computadorizadas sejam transmitidas digitalmente, eliminando o custo de impressão e armazenamento de cópias impressas. O sistema também permite que os radiologistas registrem suas interpretações (laudos). Tradicionalmente, os resultados seriam ditados para um dispositivo de gravação, como um Dictaphone. Com o PACS, os radiologistas passam a usar um

software de reconhecimento de voz para transcrever suas conclusões, em outro exemplo de que os radiologistas não questionavam muito a transição para os PMEs.

Esses departamentos são mais do que os primeiros a adotar a novidade, pois colocaram em operação sistemas específicos de seus departamentos anos antes de a administração começar a agir para implantar os PMEs em todo o hospital. Então, embora a maioria dessas organizações esteja disposta a apreciar os benefícios dos recursos digitais, muitas vezes reluta em desistir de seus sistemas existentes, muitas vezes não compatíveis com as soluções utilizadas em todo o hospital. Isso as torna aliadas altamente imperfeitas na busca por aumentar a presença dos PMEs em todos os departamentos da instituição.

124 **78% dos hospitais estavam habilitados para os relatórios radiológicos eletrônicos:** A. K. Jha *et al.*, "Use of Electronic Health Records in U.S. Hospitals", *New England Journal of Medicine* 360, n. 16 (abril de 2009): 1.628–38.

125 **produtividade do médico caía 20%:** Julie Schmit, "Health Care's Paper Trail Is Costly Route", *USA Today*, 20 de julho de 2004.

127 **total de 3,9 bilhões de receitas preenchidas:** "Prescription Drug Trends", Kaiser Family Foundation, maio de 2010, http://www.kff.org/rxdrugs/upload/3057-08.pdf.

127 **"subestimamos os desafios":** Marianne Kolbasuk McGee, "Intel, Wal-Mart, and Others Refocus to Get Worker E-Health Record System Running", *InformationWeek*, 17 de setembro de 2007.

128 **atendendo a mais de 8,5 milhões de veteranos em 1.100 instalações:** "Largest U.S. Health Care System Links Staff and Resources", Esri.com, quarto trimestre de 2010, http://www.esri.com/news/arcnews/fall10articles/largest-us-health.html.

128 **o VHA apresenta um índice de erros de apenas 0,003%:** Catherine Arnst, "The Best Medical Care in the U.S.", *BusinessWeek*, 17 de julho de 2006.

128 **recursos substanciais ($27 bilhões):** Steve Lohr, "Carrots, Sticks and Digital Health Records", *The New York Times*, 27 de fevereiro de 2011.

128 **em comparação com a administração anterior, que investiu $50 milhões:** Julia Adler-Milstein and David Bates, "Paperless Healthcare: Progress and Challenges of an IT-Enabled Healthcare System", *Business Horizons* 53, n. 2 (março-abril de 2010): 119–30.

128 **"uso significativo de sistemas PME certificados":** David Blumenthal, "Stimulating the Adoption of Healthcare Information Technology", *New England Journal of Medicine* 360, n. 15 (abril de 2009): 1.477-79.

129 **recebam até $44 mil:** Lena Sun, "Doctors Wary of Switch to Digital Records", *Washington Post*, 15 de março de 2011.

129 **em 2015, esses incentivos se transformarão em punições:** Blumenthal, "Stimulating the Adoption of Health Information Technology".

129 **atualizando constantemente os prontuários digitais com os diagnósticos, monitorando as interações medicamentosas:** *Washington Post*, 15 de março de 2011.

132 **tirando o seguidor do ecossistema:** O livro *Platform Leadership*, de Gawer e Cusumano, oferece uma explicação interessante sobre o tema do ponto de vista do líder. Veja também *The Keystone Advantage*, de Iansiti e Levien.

CAPÍTULO 6

137 **o Walkman da Sony deteve 50% de participação no mercado:** Susan Sanderson and Mustafa Uzumeri, "Managing Product Families: The Case of Sony Walkman", *Research Policy* 24, n. 5 (abril de 1994), pp. 762-63.

138 **aumentar a capacidade para a, até então, inédita marca de 6 GB:** Eliot Van Buskirk, "Bragging Rights to the World's First MP3 Player", *CNET.com*, 25 de janeiro de 2005, http://news.cnet.com/Bragging-rights-to-the-worlds-first-MP3-player/2010-1041_3-5548180.html.

138 **em 2001, haviam sido vendidos apenas 248 mil aparelhos:** Hong Kong Trade Development Council, "MP3 Jukebox Has US Sales Rocking and Rolling", *Hong Kong Trader*, 25 de junho de 2002, http://www.hktdc.com/info/vp/a/ict/en/1/2/1/1X00G4BD/MP3JukeboxHas-US SalesRocking-And-Rolling.htm.

139 **"nunca mais voltarão para a conexão discada":** Sylvia Dennis, "High Speed Net Access Market to Reach 16Mil US Households", *Newsbytes*, 1 de setembro de 1998.

139 **"será complicado mover até mesmo CDs compactados":** Doug Reece, "Industry Grapples with MP3 Dilemma", *Billboard*, 18 de julho de 1998.

140 **"Hoje a Apple tem cerca de 5% da participação do mercado":** Joe Wilcox, "25 Apple Stores to Sprout This Year", *CNET.com*, 15 de maio de 2001, http://news.cnet.com/2100-1040-257633.html.

140 **"Vou esperar pela próxima grande coisa":** Citação incluída no livro *Good Strategy/Bad Strategy: The Difference and Why It Matters* de Richard Rumelt (Nova York: Crown Business, 2011), p. 14.

141 **"as coisas estão indo bem devagar no mercado de MP3 players":** Peter Brown, "Is MP3 Here to Stay?", *EDN.com*, 25 de junho de 2001, http://www.edn.com/article/484332-Is_MP3_Here_to_Stay_.php.

141 **"sucesso das festas de fim de ano":** Arik Hesseldahl, "iPod's a Winner", *Forbes.com*, 7 de dezembro de 2001, http://www.forbes.com/2001/12/07/1207tentech.html.

141 **"revolucionário" e "genial":** Eliot Van Buskirk, "How the iPod Will Change Computing", *CNET.com*, 2 de novembro de 2001, http://reviews.cnet.com/4520-6450_7-5020659-1.html.

142 **compraram mais de 600 mil iPods:** "Apple Press Info", Apple.com., 2011, http://www.apple.com/pr/products/ipodhistory/. Acessado em 23 de julho de 2011.

142 **Apple conseguiu somente 15% do mercado de MP3 players:** Brian Garrity, "Digital Devices Get Smaller, Capacity Grows; Will Consumers Respond?", *Billboard*, 9 de novembro de 2002.

142 **"iTunes Music Store oferece uma solução revolucionária":** Apple, "Apple Launches the iTunes Music Store", comunicado à imprensa, 28 de abril de 2003.

142 **200 mil canções das mais importantes gravadoras**: *Ibid*.

142 **8 bilhões de músicas:** William Blair & Company, "Apple Inc.", relatório de pesquisa sobre participação acionária, 2 de setembro de 2009.

142 **margem operacional estimada de 10%:** segundo relatório da Pacific Crest Securities do analista Andy Hargreaves, abordado por Eric Savitz em, "Apple: Turns Out, iTunes Makes Money, Pacific Crest Says, Subscription Service Seems Inevitable", *Tech Trader Daily*, 23 de abril de 2007.

142 **compatível com cabos FireWire e USB:** Michelle Megna, "Apple's Shining Moment: The Company Hits the Right Notes with Its New Online Music Store and Revamped iPods", *New York Daily News*, 11 de maio de 2003.

143 **as vendas dos CD players portáteis passaram do dobro:** Christopher Walsh, "All They Want for Xmas Is the iPod", *Billboard*, 29 de janeiro de 2005.

143 **as vendas do iPod saltaram para 616%:** Mark Evans, "Apple's iPod Is 'the K leenex' of MP3 Players: Cultural Phenomenon Garnered Apple US$1.1-Billion in Q3", *National Post* (Canadá), 15 de julho de 2005.

143 **concorrente mais próximo do iPod, com 8% de participação de mercado:** dado do IDC citado no William Blair & Company, "Apple Inc.", relatório de pesquisa sobre participação acionária., 2 de setembro de 2009.

143 **"Essas ondas de tecnologia podem ser vistas muito antes que se formem":** Betsy Morris, "Steve Jobs Speaks Out", *Fortune*, 7 de março de 2008.

143 **"o Walkman do início do século XXI":** "Behind the Smiles at Sony", *Economist*, 12 de março de 2005.

144 **os pioneiros são aqueles que levam as flechadas nas costas:** Peter N. Golder e Gerard J. Tellis, "Pioneer Advantage: Marketing Logic or Marketing Legend?", *Journal of Marketing Research* 30, n. 2 (maio de 1993): 158–70; Subramanian Rangan and Ron Adner, "Profits and the Internet: Seven Misconceptions", *MIT Sloan Management Review* 42, n. 4 (terceiro trimestre de 2001): 44–53; e Marvin B. Lieberman e David B. Montgomery, "First-Mover (Dis)advantages: Retrospective and Link with the Resource-Based View", *Strategic Management Journal* 19, n. 12 (1998): 1.111–25.

146 **quatro anos elaborando um projeto concentrado no setor de litografia de semicondutores:** Rahul Kapoor e Ron Adner, "Managing Transitions in the Semiconductor Lithography Ecosystem", *Solid State Technology (50th Anniversary Perspectives Issue)*, de novembro de 2007, oferece um resumo sobre a história da litografia. Para conferir um estudo completo sobre as vantagens dos pioneiros, consulte Adner e Kapoor, "Value Creation in Innovation Ecosystems: How the Structure of Technological Interdependence Affects Firm Performance in New Technology Generations", *Strategic Management Journal* 31 (2010): 306–333. Veja também um segundo estudo de Adner e Kapoor, "Innovation Ecosystems and the Pace of Substitution: Re-examining Technology S-curves", de 2011, que analisa amplos padrões de substituição de tecnologia o setor (relatório científico da Tuck School).

CAPÍTULO 7

159-160 **maior fabricante de automóveis dos Estados Unidos:** David Kirsch, *The Electric Vehicle and the Burden of History* (New Brunswick, N.J.: Rutgers University Press, 2000), p. 31.

160 **"indústria de veículos elétricos está bem estabelecida":** *Ibid.*, p. 29.
160 **99% deles eram movidos a motores de combustão interna a gasolina:** *Ibid.*, p. 15.
160 **lançamento do Impact da GM:** Seth Fletcher, *Bottled Lightning: Superbatteries, Electric Cars, and the New Lithium Economy* (Nova York: Hill and Wang, 2011), p. 80.
160-161 **entre $399 e $549 – comparável à de um sedã de luxo:** Keith Naughton, "Detroit: It Isn't Easy Going Green", *BusinessWeek* (edição internacional), 15 de dezembro de 1997.
161 **cerca de 1 bilhão de veículos:** Deborah Gordon e Daniel Sperling, "Surviving Two Billion Cars: China Must Lead the Way", *Yale Environment* 360, 5 de março de 2009; veja também "Automobile Industry Introduction", Plunkett Research, http://www.plunkettresearch.com/automobiles%20trucks%20market%20research/in dustry%20overview.
161 **transferir $325 bilhões a governos estrangeiros:** A U.S. Energy Information Administration calcula que, em 2010, os Estados Unidos importaram 4.289.772.000 de barris de petróleo pelo preço médio de $75,87 por barril; http://www.eia.gov/.
163 **Nissan Leaf, lançado em 2011 e vendido no varejo a $33 mil:** Camille Ricketts, "Nissan Leaf Undercuts Rivals with $33,000 Price Tag", *VentureBeat.com*, 30 de março de 2010, http://venturebeat.com/2010/03/30/nissan-leaf-undercuts-rivals-with-33000-price-tag/. Para o ano de 2012, a Nissan aumentou o preço do modelo básico para $35.200.
163 **o Versa movido a gasolina pode percorrer mais de 400 milhas (quase 645 quilômetros) com um tanque cheio:** Steve Almasy, "The New Fear: Electric Car 'Range Anxiety'", *CNN.com*, 20 de outubro de 2010, http://www.cnn.com/2010/US/10/18/ev.charging.stations/index.html.
163 **a maioria dos percursos incorre nesses fatores:** "Average Annual Miles per Driver per Age Group", U.S. Department of Transporation Federal Highway Administration, http://www.fhwa.dot.gov/ohim/onh00/bar8.htm. Acessado em 4 de agosto de 2011.
164 **havia 3.834 postos públicos de recarga instalados em 39 estados:** "Alternative Fueling Station Total Counts by State and Fuel Type", U.S. Department of Energy, http://www.afdc.energy.gov/afdc/fuels/stations_counts.html. Acessado em 23 de outubro de 2011.
165 **Os motoristas que estiverem chegando ao término da carga da bateria:** a autonomia do Volt é de 25 a 50 milhas (40 a 80 quilômetros), dependendo

da temperatura, do terreno e do estilo de direção. Depois disso, o gerador a gasolina é ativado. Basicamente, isso significa que, mesmo que você percorra 60 milhas (96,5 quilômetros) por dia, terá o rendimento inédito de 150 milhas por galão (o equivalente a cerca de 63,86 quilômetros por litro).

165 **Volt é uma proposta cara. Vendido a $41 mil:** Nick Bunkley, "The Volt, G.M.'s Plug-In Car, Gets a $41,000 Price Tag", *The New York Times*, 27 de julho de 2010.

165 **Chevrolet Cruze -, trata-se de um veículo de tamanho e equipamentos comparáveis:** Terry Box, "A Cruze Worth Taking", *Dallas Morning News*, 20 de novembro de 2010.

165 **"Se eu acho que será um sucesso de vendas? Não":** Jonathan Welsh, "Chevy Volt: Are Electric Cars Too Expensive?", *Wall Street Journal*, 28 de julho de 2010.

165 **"argumentação de vendas desses produtos apenas para os ricos":** Daniel Gross, "The Volt Jolt", *Slate.com*, 28 de julho de 2010.

167 **componente-chave do valor de um carro novo e seu poder de atração:** "2011 Best New Car Values: Best Resale Value", Kiplinger.com. Acessado em 9 de junho de 2011.

168 **carga de 750 megawatts:** bateria de 24 kWh carregada durante 8 horas consome 3kW continuamente durante o ciclo de carga; 3 kW × 250.000 carros = uma carga de 750MW.

168 **carga elétrica média do distrito de Los Angeles:** segundo a California Energy Commision, o distrito de Los Angeles consumiu um total de 73.089,6 milhões de kWh em 2009. Divididos por 365 dias/ano, 24 horas/dia e 1.000 kw/MW, resultam em uma carga média de consumo de 8.344 MW. Consulte http://ecdms.energy.ca.gov/elecbycounty.aspx.

174 **"pois nenhum outro trabalho se compara":** Josette Akresh-Gonzales, "Energy CEO Shai Agassi on Recognizing a 'Sliding Doors' Moment", *Harvard Business Review*, 1º de maio de 2009.

178 **encomendou 100 mil unidades do Fluence Z.E.:** Jim Motavalli, "Better Place Reveals E.V. Charging Plan and Customer Center in Denmark", *The New York Times*, 4 de março de 2011.

179 **"É o MEU carro, MINHA bateria e MEU tempo":** comentário de um leitor em resposta ao artigo de Jeff St. John, "Electric Vehicles Could Surpass Grid or Support It", *GreentechMedia.com*, 28 de maio de 2009, http://www.greentechmedia.com/articles/read/electric-vehicles-could-surpassgrid-or-support-it/.

180 **uma análise mais detalhada:** Este é um cenário para se analisar a questão dos preços relativos. O ponto-chave aqui é a lógica, e não os valores específicos, todos razoáveis até o momento em que escrevo este texto, mas que também estão sujeitos a alterações em função de avanços tecnológicos, poder de negociação, fatores geopolíticos, regimes fiscais etc. O custo de um e-km consiste em:

Custo da eletricidade: $0,025/milha (ou $0,016/km), a $0,10 por kWh – o preço industrial em Israel e na Dinamarca; nos Estados Unidos, o valor é inferior a $0,07 – e 4 milhas por kWh, ou seja, 6,4 km/kWh. Note que, conforme a tecnologia avança e o número de quilômetros por kWh aumenta, esse custo vai diminuindo.

Custo da bateria: $0,06/milha (ou $0,0375/km), custando $650/kWh, capacidade de 24 kWh e bateria com vida útil de 250.000 milhas (402.336 quilômetros). Observe que as melhorias nas baterias certamente diminuirão o custo por kWh e aumentarão a vida útil da bateria.

Custo de infraestrutura: Esse custo depende muito do número de postos de carga e de troca de bateria que serão instalados, de sua vida útil, do

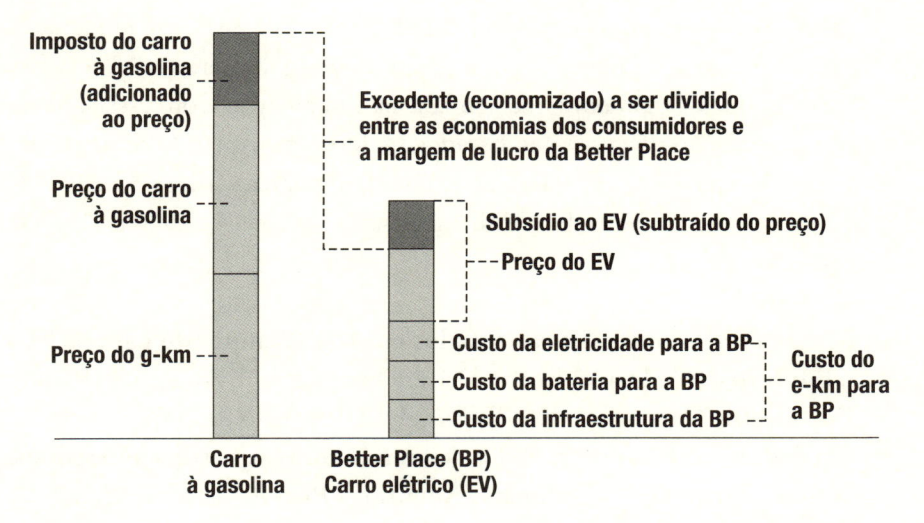

Figura N.1: Os fatores determinantes das vantagens econômicas do modelo da Better Place.

número de motoristas e da média de quilômetros percorridos. Para um mercado recente, uma mera estimativa – minha, não da empresa -pode ser de $0,03 por milha (ou $0,019 por quilômetro). Um gasto de $200.000, com duração de 10 anos, para 40 mil motoristas dirigindo 15 mil milhas por ano (ou 24.140 quilômetros por ano). Esse custo diminui à medida que mais motoristas passam a utilizar a infraestrutura fixa.

Nesse cenário (você pode brincar com os números como quiser), o custo do e-km para a Better Place é de $0,065. Levando em consideração os subsídios governamentais diretos e indiretos para a infraestrutura, os benefícios fiscais resultantes da capacidade de depreciar o valor das baterias e da infraestrutura etc., esse número pode ser substancialmente menor (e provavelmente é).

O preço de um g-km depende de duas coisas: do preço do litro de gasolina e da quilometragem que ele rende. Um típico carro de médio porte pode fazer uma média de 30 milhas por galão (12,7 quilômetros por litro). Contudo, os preços da gasolina variam muito. Embora haja um preço global do petróleo, os preços da gasolina variam muito de região para região, dependendo das políticas fiscais. Em julho de 2011, por exemplo, o preço médio de um galão de gasolina era $3,58 nos Estados Unidos ($0,95 por litro), $8,33 em Israel ($2,20 por litro) e $8,87 na Dinamarca ($2,34 por litro). Desse modo, o preço de um g-km era $0,13 nos Estados Unidos, $0,30 em Israel e $0,32 na Dinamarca. Com esses preços, não há redução de custo nos Estados Unidos, mas, quando se pensa em 24.140 km por ano, a economia anual na Dinamarca seria de $3.225 e de $2.925 em Israel. Mais de quatro anos, isso equivale a $12.900 e $11.700, respectivamente.

181 **os carros convencionais são taxados em 180%, enquanto para os EVs o imposto é 0%:** Daniel Roth, "Driven: Shai Agassi's Audacious Plan to Put Electric Cars on the Road", *Wired,* 18 de agosto de 2008.
181 **um dos países mais preocupados do mundo com as questões ambientais:** Nelson Schwartz, "In Denmark, Ambitious Plan for Electric Cars", *The New York Times,* 1º de dezembro de 2009.
181 **menos de 500 EVs registrados:** *Ibid.*

NOTAS 249

181 **a compra de um Fluence Z.E. a $37.962:** European Commission Competition, "Car Prices Within the European Union", 1º de janeiro de 2010.
182 **investidores que aplicaram mais de $700 milhões:** Nelson Schwartz, "Sites to Recharge Cars Gain a Big Dose of Funds", *The New York Times*, 25 de janeiro de 2010.
183 **tecnologias de rede bem-sucedidas do passado:** Veja o fascinante relato de Thomas Parker Hughes, *Networks of Power: Electrification in Western Society, 1880–1930* (Baltimore, Md.: Johns Hopkins University Press, 1983).

CAPÍTULO 8

188 **65% da população queniana**: "In Rural Kenya, M-Pesa Is Used as a Savings Account Tool", *Mobile Payment Magazine*, 3 de março de 2011.
189 **81% dos quenianos não tenham acesso a uma conta bancária:** "Enabling Mobile Money Transfer: The Central Bank of Kenya's Treatment of M-Pesa", *Alliance for Financial Inclusion*, estudo de caso, 2010, p. 2.
189 **27% têm acesso a um celular**: *Ibid.*, p. 92.
189 **63% dos quenianos eram assinantes de telefonia móvel:** Kachwanya, "Kenyan Mobile Phone Penetration Is Now over 63%", 7 de junho de 2011. Data in figure 4, "Mobile Penetration", provided by Communications Commission of Kenya. http://www.kach wanya.com/2011/06/07/kenyan-mobile-phone-penetration-is-nowover63/. Acessado em 2 de agosto de 2011. Veja também http: //mobilemonday.co.ke/ page/2/.
190 **"Tivemos muitos desafios":** Jaco Maritz, "Exclusive Interview: The Woman Behind M-PESA", *How We Made It in Africa*, 11 de novembro de 2010, http://www.howwemadeitinafrica.com/exclusive??-interview-the-woman-behind-m-pesa/5496/.
191 **aumento expressivo na complexidade:** Sarah Rotman, "M-PESA: A Very Simple and Secure Customer Proposition", *CGAP.org*, 5 de novembro de 2008, http://technology.cgap.org/2008/11/05/m-pesa-a-very-simple-and-secure-customer-proposition/.
191 **"gargalo na transferência do dinheiro":** Nick Hughes and Susie Lonie, "M-PESA: Mobile Money for the 'Unbanked' – Turning Cellphones into 24-Hour Tellers in Kenya", *Innovations*, 2007, p. 77.
191 **"precisaríamos encontrar um meio de simplificar as coisas":** *Ibid.*, p. 74.

194 **expandido sua base de clientes para 7,3 milhões:** Michael Ouma, "M-Pesa Now Ventures Abroad to Tap into Diaspora Cash", *East African*, 19 de outubro de 2009, http://www.theeastafrican.co.ke/business/-/2560/673512/-/5gaimnz/-/index.html.

194 **(o PIB do Quênia em 2009 foi de $ 63 bilhões):** CIA World Factbook, https://www.cia.gov/librar y/publications/the-world-factbook/ geos/ke.html. Acessado em 15 de julho de 2011.

194 **"Queremos garantir que nenhum queniano deixe de ter acesso aos serviços bancários básicos":** "M-Kesho: 'Super Bank Account' from Safaricom and Equity Bank", Techmtaa.com, 18 de maio de 2010, http://www.techmtaa.com/2010/05/18/m-kesho-super-bank-account-from-safaricom-andequity-bank/.

200 **"o Creative Zen Vision: M certamente tem qualidades":** "CNET Editors Cover the Best of CES 2006", *CNET.com*, http://www.cnet.com/4520-11405_1-6398234 -1.html.

201 **"É um palmtop bonito, inovador e versátil, que se enquadra totalmente na categoria do iPhone":** Walt Mossberg, "Palm's New Pre Takes On iPhone", *Wall Street Journal*, 3 de junho de 2009.

201 **"conceito do tablet Android":** David Pogue, "It's a Tablet. It's Gorgeous. It's Costly", *The New York Times*, 10 de novembro de 2010.

202 **90% de consumidores do mundo que usam o Windows:** Ian Fried, "Are Mac Users Smarter?" *CNET.com*, 12 de julho de 2002, http://news.cnet.com/2100-1040-943519.html.

203 **iPod da Apple, ostentando 100 milhões de clientes:** Steven Levy, "Why We Went Nuts About the iPhone", *Newsweek*, 16 de julho de 2007.

203 **as ações da Apple subiram 44%:** Matt Krantz, "iPhone Powers up Apple's Shares", *USA Today*, 28 de julho 2007.

203 **"quatro vezes o número de PCs vendidos todos os anos":** Morris, "Steve Jobs Speaks Out".

204 **a Ericsson lançou o R380:** Dave Conabree, "Ericsson Introduces the New R380e", *Mobile Magazine*, 25 de setembro de 2001.

204 **a Palm seguiu com sua versão:** Sascha Segan, "Kyocera Launches First Smartphone in Years", *PC Magazine*, 23 de março de 2010, http://www.pcmag.com/article2/0,2817,2361664,00.asp#fbid=C81SVwKJIvh.

204 **"É mais um produto que entra num espaço já lotado":** "RIM Co-CEO Doesn't See Threat from Apple's iPhone", *InformationWeek*, 12 de fevereiro de 2007.

204 **o telefone foi disponibilizado exclusivamente por uma única operadora:** em vários mercados, os órgãos reguladores julgaram o acordo de exclusividade ilegal.

204 **"o maior problema é a rede da AT&T":** David Pogue, "The iPhone Matches Most of Its Hype", *The New York Times*, 27 de junho de 2007.

205 **custava apenas $99 em 2007:** Kim Hart, "Rivals Ready for iPhone's Entrance; Pricey Gadget May Alter Wireless Field", *Washington Post*, 24 de junho de 2007.

205 **"causar danos irreparáveis ao software do iPhone":** Apple, press release, 24 de setembro de 2007.

205 **"digo que gosto de nossa estratégia":** Steve Ballmer interviewed on CNBC, 17 de janeiro de 2007.

205 **os modelos mais antigos acabaram seis semanas antes do lançamento do iPhone 3G, previsto para julho de 2008:** Tom Krazit, "The iPhone, One Year Later", *CNET.com*, 26 de junho de 2008, http://news.cnet.com/8301-13579_3-9977572-37.html.

206 **60% foram para compradores que já tinham pelo menos um iPod:** comentário de Tim Cook, COO da Apple, na conferência de tecnologia e internet realizada na Goldman Sachs, citado no relatório dos analistas da JPMorgan, "Strolling Through the Apple Orchard: The Good, the Bad and the Ugly Scenarios", 4 de março de 2008.

207 **usuário médio do iPhone pagava à AT&T $2 mil:** Jenna Wortham, "Customers Angered as iPhones Overload AT&T", *The New York Times*, 2 de setembro de 2009.

208 **estimado em $18 ao mês por usuário:** Tom Krazit, "Piper Jaffray: AT&T Paying Apple $18 per iPhone, Per Month", *CNET.com*, 24 de outubro de 2007, http://news.cnet.com/8301-13579_3-9803657-37.html.

209 **Apple anunciou seu décimo bilionésimo download:** Apple.com, "iTunes Store Tops 10 Billion Songs Sold", 25 de fevereiro de 2010, http://www.apple.com/pr/library/2010/02/25iTunes-Store-Tops-10-Billion-Songs-Sold.html. Acessado em 20 de outubro de 2011.

211 **analistas financeiros, blogs de tecnologia e os principais meios de comunicação já estavam obcecados:** James Quinn, "Apple's 'Tablet' to rival Amazon's Kindle", *Daily Telegraph* (Londres), 22 de maio de 2009.

211 **"a mais nova mina de ouro da Apple":** David Smith, "Steve Jobs' New Trick: The Apple Tablet", *Observer*, 23 de agosto de 2009.

211 **"2010 pode ser o ano do tablet":** Nick Bilton, "2010 Could be the Year of the Tablet", *The New York Times*, 28 de dezembro de 2009.

211 **"Já existem 75 milhões de pessoas que sabem como usar isso":** Joshua Topolosky, "Live from the Apple 'Latest Creation' Event", *Engadget.com*, 27 de janeiro de 2010.

211 **já haviam assumido o compromisso de fornecer livros para o dispositivo**: *Ibid*.

211 **versão diária do jornal especialmente adaptada para os usuários do iPad:** Andy Brett, "The New York Times Introduces an iPad App", *TechCrunch*, 1º de abril de 2010, http://techcrunch.com/2010/04/01/new-york-times-ipad/. Acessado em 24 de julho de 2011.

211 **Rupert Murdoch ainda criou um jornal somente para iPad:** Dylan Stableford e Tim Molloy, "Rupert Murdoch Launches His iPadOnly Newspaper", *Wrap*, 2 de fevereiro de 2011.

211 **Condé Nast criou versões digitais somente para iPad:** Stephanie Clifford, "Condé Nast Is Preparing iPad Versions of Some of Its Top Magazines", *The New York Times*, 28 de fevereiro de 2010.

211 **"estamos investindo os recursos necessários":** *Ibid*.

213 **risco um pouco assimétrico: Ron Adner e William Vincent, "iPad:** A Dubious Bet for Publishers", *Forbes.com*, 29 de novembro de 2010; http://www.forbes.com/2010/11/29/apple-ipad-publishers-leadership-managing-magazines.html. Acessado em 23 de outubro de 2011.

213 **reações negativas:** Georgina Prodhan, "*Financial Times* Pulls Its Apps from Apple Store", Reuters, 31 de agosto de 2011; http://www.reuters.com/article/2011/08/31/us-apple-ft-idUSTRE77U1O020110831. Acessado em 23 de outubro 2011.

213 **"economicamente insustentável":** Julianne Pepitone, "Rhapsody: Apple Has Gone Too Far", *CNNMoney*, 16 de fevereiro de 2011; http://money.cnn.com/2011/02/16/technology/rhapsody_ apple_ subscriptions/index.htm.

214 **Uma das primeiras a fazer isso com eficácia foi a Canon:** C. K. Prahalad e Gary Hamel, "The Core Competence of the Corporation", *Harvard Business Review*, 1º de maio de 1990.

Índice

A

Abordagem do programa piloto, *versus* presença mínima viável (MVF), 194-196
Abrasivos
    rebolos superabrasivos, 59-61
    tamanho do mercado, 58
AERx, 100
    Agassi, Shai, 173, 177, 179-180. *Consulte também* Better Place
Air, 100
Amazon
    e-reader. *Consulte* Kindle
    esquema de valor da, 95-98
    transferência de ecossistema pela, 200
American Electric Vehicle Co, 159-160
Android, 200-201
Apple, 200-215
    concorrentes, 200-201
    expansão escalonada da, 202-203, 209-210
    iPad, 99, 210-213
    iPhone, 51, 143
    iPod, 136, 140-143
    iTunes, 142, 152
    sucesso, base do, 189, 200-201, 208, 215
    timing para lançamentos de produtos, 140-141, 143, 201-202, 204. *Consulte também produtos específicos*
    transferência de ecossistema da, 206-208, 210-213
Apps, iPhone, 209-210
Aprovação pela Food and Drug Administration (FDA) do Exubera, 101, 106-107
AT&T, e iPhone, 205, 206-207
Automóveis elétricos. *Consulte* Veículos Elétricos (EVs)
    híbridos, 165.
    Consulte também Pneus, automóvel
Avatar, 73
Aventis, 101

B

Bag of Bones de S. King (*Saco de ossos*), 89
Baldwin, Don, 25
Ballmer, Steve, 205
Balsillie, Jim, 204
Barnes & Noble, Nook, 99
Barrett, Craig, 119
Better Place, 173-183
    alavancas de reconfiguração do ecossistema, 173-174, 182-185
    completo sistema operacional (OS), apelidado OScar, 176, 178
    consumo de energia, gestão do, 178-179
    esquema de valor, 174

Bag of Bones de S. King (*Saco de ossos*) (*cont.*)
    limitações da, 182-183
    lucros, fonte de, 180-181
    mercados-alvo para, 180
    parceiros do ecossistema, 177-178
    postos de troca de bateria, 176-177
    soluções para os EVs da, 173-179
Bezos, Jeff, 95. *Consulte também* Amazon
BlackBerry, 204
Bogaty, Nick, 92
Bourdais le Charbonniere, Eric, 22
Brandt, Peter, 101

C

Cadeia de adoção
    abordagem de parceiro como cliente, 61-63
    administrando, os aspectos, 76-77
    custos *versus* benefícios, 56-61
    intermediários na, 55, 61-63
    objetivos da, 7
    solução, exemplo do cinema digital, 70-75
    sucesso da inovação, lógica do, 61-64
    tensões na. *Consulte* Risco da cadeia de adoção
Cadeias de valor, foco das, 84
Cafeteira Keurig, 29
Cafeteira Nespresso, 29
Cameron, James, 69, 73
Canon, 214
Carros movidos a bateria. *Consulte* Better Place; Veículos elétricos (EVs)
Berelowitz, Dr. Michael, 107
Celulares, 39-46
    fracasso do, 3G da Nokia, 42-46, 51-52
    lucros, fonte de, 179
    primeira geração, 38-39
    primeiro telefone celular, 39
    principais integrantes (atores) do ecossistema, 40, 204, 206
    recursos do, 3G, 40-42
    sistema de pagamento via. *Consulte* M-PESA
    sucesso do iPhone, 203-210
    tecnologia, 2G, 39-40
    Windows Phone OS, 51-52
Cerner Corporation, 119
Chips de identificação de frequência de rádio (RFID), 130
Chubb, Tom, 23
Cinema digital, 65-75
    benefícios do, 65-68, 75
    dispositivos de armazenamento, 66
    e abordagem "dia e data", 67
    ecossistema da inovação para, 67-68
    exigências da liderança para implementação, 70, 75, 133
    filmes 3-D, 73, 75
    iniciativas/parcerias, 70, 73
    integrador do cinema digital, 72-75
    necessidades de coinovação, 65-66
    problema da projeção, 65-66, 68-71
    programa VPF (taxa de cópia virtual), 71-72, 75
    risco da cadeia de adoção, salas de cinema como, 68-69, 71-72
    sucesso, avaliação do, 74-75
Cinema, digital. *Consulte* Cinema digital
Clientes
    custos *versus* benefícios, 57
    e o sucesso da inovação, 4
    no esquema de valor, 85
Coinovação
    conduzindo a, 46-49
    dificuldade da, 37-38
    due diligence
    necessidades de recursos, 49
    objetivos da, 7
    sucesso, lógica da, 46-49
    tensões na *Consulte* Fatores do *timing* no risco da coinovação, 52-53
    visão, avaliando a, 50
Compaq/HanGo, 138
Connect.com, 89, 92
COSTAR, prontuário médico eletrônico (PME), 118
Creative Technology, 138, 200
Custos *versus* benefícios, 56-61
    abordagem do cliente aos, 57
    abordagem do inovador aos, 57
    custos totais/benefícios relativos, 56-58
    exemplo, 120-127
    exemplo dos rebolos superabrasivos, 60-61
    prontuário médico eletrônico (PME)

D

Data Discman Reader, 88
  esquema de valor, 90-94
  fracasso, motivos para, 3, 92-94, 98-99, 171
  no Japão, fracasso do, 89
  proposição de valor, 89-90
  recursos do, 89-90
  versus Kindle, 95-96, 98-99
Dependências, e sucesso da inovação.
  Consulte Ecossistema da inovação
desenvolvimento, empresas envolvidas no, 137-138
Due diligence, com coinovadores, 46-49
Diamond Multimedia, 138
Digital Cinema Implementation Partners (DCIP), 73
Digital Cinema Initiatives (DCI), 70
Direitos de espectro, 41, 42
Dispositivos médicos, Medtronic, 199
Distribuição de eletricidade
  autonomia limitada, 163-164, 167
  benefícios econômicos, limitações, 167
  desafio da rede de distribuição elétrica, 168-169
  desafio essencial, 170, 175
  desenvolvimento, empresas envolvidas no, 160
  e autoridades, 160, 165
  esquema de valor, 162
  híbridos, 165
  problema da bateria e da revenda, 166-167
  problema de infraestrutura de recarga, 164-165
  problema do EV, 168-169, 178
  problema do preço de compra, 162-163
  reconfiguração do ecossistema para. *Consulte* Better Place
  rede inteligente, 169
  veículos elétricos (EVs), 159-169
  visão histórica, 159-160
Distribuidores
  digital cinema, 67
  função dos, 55, 61
Dosnia, prontuário médico eletrônico (PME), 119

E

E-books
  impressões digitais, 89
  projeções de vendas (2015), 98
  receitas, aumento nas, 89
E-readers, 87-99
  iPad como, 99, 211
  Kindle, 94-99
  primeiros e-readers, 88
  Sony Reader, 3, 89-94
  sucesso, fatores de mercado para o, 92
  tinta eletrônica, 89
eBay, 199
Ecossistema da inovação
  como foco, importância do, 3, 5, 9, 16, 29
  construção, sequência de. *Consulte* Sequência de construção do ecossistema
  desenvolvimento/uso, história do, 7-9
  e a globalização, 80
  esquemas de valor, 84-112
  externos e internos, 79-80
  falta de, sistema PAX da Michelin, 24-29, 32-33, 56-58
  liderança/prisma de liderança, 114-129, 132-134
  precursores, 136-151
  proposições de valor, 84
  reconfiguração do. *Consulte* Reconfiguração do ecossistema
  riscos em *Consulte* Riscos da inovação e produtos de tecnologia, 51
  seguidores, 114-115, 129-132. *Consulte também tópicos específicos*
Ecossistema de inovações tecnológicas, necessidade do, 51
  timing crucial, 143, 150-152. *Consulte também áreas/produtos específicos*
Edstrom, Hakan, 110
Eli Lilly, insulina inalável, 100, 103, 105-106
Elop, Steve, 51
Epic Systems Corporation, 119
Ericsson, 40, 204
Erros de prescrição de medicamentos, mortes relacionadas aos, 117
Erros médicos, mortes relacionadas aos, 116-117, 121
Escala, programas piloto em, dificuldade de, 195-196

Esquemas de valor, 84-112
  aspectos de comunicação, 111
  atualização dos, 86
  como um esforço em equipe, 111-112
  construção, etapas dos, 85-87
  da M-PESA, 191, 194
  do Amazon Kindle, 95-98
  funções dos, 85, 87, 110-111
  mapa, exemplo de, 86
  necessidade de ter, 84-85, 99, 110-112, 218-219
  para EVs, 162, 174
  para insulina inalável, 99-110
  para o Exubera, insulina inalável, 103-106
  para o iPad, 212
  para o iPhone, 210
  para o iPod, 203
  para o Sony Reader, 90-94
  requisitos básicos, 84-85
Evans, Colin, 127
Expansão escalonada, 193-198
  iPhone, 209-210
  iPod, 201-203
  M-PESA, 193-198
  objetivos da, 188
Exubera, 100-109
  aprovação da FDA, 101, 106-107
  esquema de valor, 103-106
  fracasso, motivos para, 104-110
  limitações do produto, 102-103, 105
  problema do teste de função pulmonar, 107-110
  projeções de vendas anuais, 103, 104

F
Facebook, 200
Fanning, Shawn, 140
Faulu Kenya, relacionamento com a M-PESA, 189-191, 196
FedEx, 199
Fellman, Dan, 70
FireWire, 141, 142
Fithian, John, 71
Fluence Z. E, 177, 181
Fluxo contínuo de dados, tecnologia, 3G, 40-42
Foco na execução
  como ponto cego, 3
  objetivos do, 7
  tensões no *Consulte* Risco da execução
  como abordagem tradicional, 2-3
Ford, Henry, 160, 177
Fornecedores
  foco na cadeia de suprimentos, 84
  gestão da cadeia de suprimentos, 7-9
  no esquema de valor, 85
Fracasso da inovação
  causas, escolas/linhas de pensamento, 4-5
  e o risco da cadeia de adoção, 5, 33-35
  e o risco da coinovação, 5, 33-35
  e o risco da execução, 33-35
  e precursores, 136, 139-140, 144-145
  EVs, 159-169
  Exubera, insulina inalável, 100-109
  HDTV da Philips, 3, 52
  índice de, 4, 221
  MS Office 2007, 56-58
  pontos cegos, 1-3
  prontuários médicos eletrônicos (PMEs), 116-129
  rebolos superabrasivos, 59-61
  riscos, comparando, 53
  SaeHan MPMan, 138-140
  sistema PAX da Michelin, 16-35
  Sony Reader, 89-94
  Telefone, 3G da Nokia, 42-46, 51-52.
  Consulte também tópicos específicos

G
Gemstar, e-readers, 88
General Motors (EVs), 160, 165
Gerenciamento de direitos digitais (DRM)
  e a tecnologia móvel, 46
  e o Kindle, 96-97
  e o Sony Reader, 89
Ghosn, Carlos, 177
Globalização, e ecossistema de inovação, 80
Goldwater, Chuck, 71
Google, Health, 119-120, 127

H
Hasbro, 198-199, 208
Hazlett, Robert, 101
Health Data Network Express, 119

Health Information Technology for Economic and Clinical Health Act (2009), 128
HealthVault, 119
Hellström, Kurt, 41
HELP, prontuário médico eletrônico (PME), 118
Honda, EVs, 160
Hotéis Marriott, 29

I
IBM, prontuário médico eletrônico (PME), 119
Inovação
　abordagem tradicional, 2-3, 188, 194-197
　como prioridade estratégia, 4
　complementar, 38, 85
　custos *versus* benefícios, 56-58
　ecossistema para *Consulte as entradas sob* Ecossistema
　sucesso/fracasso. *Consulte* Fracasso da inovação. Sucesso da inovação
Inovação complementar
　exemplos de, 38
　no esquema de valor, 85
Inovações farmacêuticas. *Consulte* Exubera; Insulina inalável Philips Electronics, ponto cego da HDTV, 3, 52
Insulina
　bombas de insulina, 105-106
　inalável. *Consulte* Exubera. Insulina inalável
Insulina inalável, 99-110
　benefícios médicos da, 99-101
　como fracasso do setor *versus* da empresa, 105-106, 109-110
　corrida pelo mercado, empresas envolvidas, 101, 103. *Consulte também* Exubera
　projeções de vendas anuais, 101, 103
Insulina via pulmonar. *Consulte* Exubera. Insulina inalável
Integração vertical, prós e contras da, 7, 171
Intel
　prontuário médico eletrônico (PME), 119
　WiMAX, 130
Intermediários
　como complementadores, 38, 85
　na cadeia de adoção, 55, 61-63
　no esquema de valor, 85

International Digital Publishing Forum (IDPF), 92
Internet, e os prontuários médicos eletrônicos (PMEs), 119
iPad, 210-213
　e o mercado de e-books, 99, 211
　esquema de valor, 212
　ganhos dos parceiros, questão de justiça, 211-213
　mercado para o, 210
　parceiros da mídia, 211-213
　transferência de ecossistema para, 210-213
iPhone, 203-210
　App Store, 209-210
　concorrentes, 204
　e a AT&T, 205, 206-207
　e o mercado, 3G, 51, 204-205
　esquema de valor, 210
　expansão escalonada do, 209-210
　fatores de *timing*, 143
　limitações do produto, 204-205
　sucesso, motivos do, 206-211
　transferência de ecossistema para o, 206-208
iPod, 136, 140-143
iPod, 136, 140-143
　e o iTunes, 142, 152, 158, 173, 202
　entrada tardia no mercado, benefícios da, 143, 152
　esquema de valor, 203
　expansão escalonada do, 202-203
　recursos, 141
　sucesso, motivos para o, 140-143
　timing, raciocínio de Jobs para, 140-141, 201-202

J
Jobs, Steve, 140
　e o desenvolvimento do iPod, 140-143, 152, 201-203. *Consulte também* Apple
Johnson Controls, 3

K
Kaiser Permanente, prontuários médicos eletrônicos (PMEs), 128
Kapoor, Rahul, 146

Kindle, 94-99
 como serviço *versus* dispositivo, 95-96, 131-132, 158, 171-173
 e eficácia da liderança, 133-134
 ecossistema, benefícios para, 96-98
 esquema de valor, 95-98
 preços, 97
 problema do gerenciamento de direitos digitais (DRM), 96-97
 prontos fracos iniciais, 94-95
 proposição de valor, 95-96
 recursos, 95
 sucesso, avaliação do, 98-99
 versus Sony Reader, 95-96, 98-99
King, Stephen, 89
Korris, Jim, 68

L
Leaf, 163, 177
Lechleiter, John, 105
Lei de Moore, 146
Levin, Julian, 70
LG, TV 3-D, 52
Librié, 89
Liderança
 adoção do cinema digital, 70, 75, 133
 construída pelos seguidores, 131
 desafio essencial, 115
 e o sucesso da inovação, 4, 70, 75
 exemplo dos prontuários médicos eletrônicos (PMEs), 125-129
 funções da, 115-116, 219
 período de retorno, 115, 133
 pontos fortes, avaliados pelos seguidores, 130-132, 212-213
 Prisma de liderança, 115-129
 proposição de valor para, 116
 qualificação para. *Consulte* Prisma de liderança
 requisitos básicos para, 115, 130, 133
 versus seguidores, 115, 129-132
Litografia de semicondutor, 146-149
 ecossistema da inovação para, 147-149
 funções da, 146-147
 objetivos da, 148
Livros eletrônicos. *Consulte* E-books. E-readers
Lonie, Susie, 190-191

M
M-Kesho, 194
M-PESA, 189-198
 base de clientes, expansão da, 193-194
 componentes do programa, 189-190
 esquema de valores, 191, 194
 expansão escalonada, 193-198
 parcerias, 190, 194
 presença mínima viável (MVF), 191-198
 problemas iniciais do sistema, 190-191, 192, 196
Magliano, George, 165
Mann, Alfred, 110
MannKind Corporation, insulina inalável, 100, 103, 110
Mapeamento, esquema de valor, 84-112
Medtronic, 199
Michelin, Édouard, 19
Michelin, sucesso da empresa, 16-18
Microsoft
 HealthVault, 119, 127
 Office 2007, lacuna de adoção, 56-58
 Windows Phone OS, 51-52
Mines, Christopher, 139
Model T, 160, 177
Mossberg, Walt, 200
Motorola, 39, 206
MP3 players. *Consulte* Music players portáteis
MPMan. *Consulte* SaeHan MPMan
Murdoch, Rupert, 211
Music players portáteis, 136-143
Mwangi, Dr. James, 194

N
Napster, 140
NEC, 40
Neuvo, Yrjö, 41
Nissan, EVs, 160, 163, 177
Nokia
 crescimento da, 40, 44, 207
 fracasso, motivos para, 43-44, 51-52
 introdução da, 43, 51
 memorando Burning Platform, 51
 necessidades do ecossistema de inovação, 51
 parceria com a Microsoft, 51-52
 risco da coinovação, 43-46
 telefone, 3G da, 42-46, 204

Nomad, 138
Nook, 99
Novo Nordisk, insulina inalável, 100, 103, 105-106
NTT DoCoMo, 41, 43
NuovoMedia, Rocket e-reader, 88

O
Ollila, Jorma, 40

P
Palm, 200, 204
PayPal, 199-200
Personal Jukebox, 138
Perspectiva das lentes de longo alcance
 chances de sucesso, quando se usa a, 220-222
 componentes da, 7, 153-154, 223
 ecossistema e inovação *Consulte entradas sob* Ecossistema
 kit de ferramentas, 218-220
 necessidade da, 221-222
 problemas potenciais, abordagem produtiva aos, 220
PesaPoint, 194
Pfizer, insulina inalável. *Consulte* Exubera
Pickerill, Ayron, 69
Pioneiros. *Consulte* Precursores
Pneus, mercados automotivos para, 24-26
 run-flat. Consulte Sistema PAX da Michelin
 sistemas de monitoramento de pneus (TPMS), 30, 34
Pogue, David, 200
Pre-Scribe, 119
Precursores, 136-151
 em produtos *versus* ecossistemas, 144-146, 150-151
 exemplo da litografia de semicondutor, 146-149
 exemplo dos music players portáteis, 136-143
 fracassos, motivos dos, 136, 139-140, 144-145, 150-151
 matriz do precursor, 144-146
 timing inicial, elementos do, 151-152
 vantagem para, 137-138, 144-145, 149-150

Presença mínima viável (MVF), 191-198
 eficácia, lógica da, 192, 196-198
 M-PESA, 191-198
 objetivos da, 188, 195-198, 213-214
 versus abordagem tradicional, 194-197
Produção de filmes, métodos digitais. *Consulte* cinema digital
Product Development and Management Association (PDMA), 4
Projetores de DLP, 65
PROMIS, prontuário médico eletrônico (PME), 118
Prontuários médicos eletrônicos (PMEs), 116-129
 adoção tardia/posterior, motivos para, 121-129
 agregador, necessidade de um, 127-128
 benefícios dos, 117-118
 cadeia de adoção para, 120-122
 custos *versus* benefícios, 120-127
 desenvolvimento, empresas envolvidas no, 118-120
 esforços federais, 128-129
 limitações iniciais, 118-119
 primeiros a adotar, 123, 128
 prisma de liderança para, 125-129
 visão histórica, 118-120
Proposição de valor
 definida, 85
 e a abordagem da presença mínima viável (MVF), 196-197
 elementos necessários da. *Consulte* Esquemas de valor
 para o prisma de liderança, 116
Protótipo. *Consulte* Proposição de valor

R
Raikes, Jeff, 56
Rave, 138
Read, Ian, 109
Rebolos superabrasivos, 59-61
 benefícios do, 59-60
 problema dos custos *versus* benefícios, 60-61
Reconfiguração do ecossistema, 171-183
 etapas/alavancas na, 171, 183-184
 EVs da Better Place, 173
 necessidade de, 29, 185, 219

Reconfiguração do ecossistema *(cont.)*
  sucesso, exemplos de, 171-173
  transferência de ecossistema como ímpeto para, 206-208
Recursos da tecnologia móvel, 2G, 39-40
  risco da execução, 45
Recursos, e coinovação, 49
Rede inteligente, 169
Registros médicos, eletrônicos. *Consulte* prontuários médicos eletrônicos (PMEs)
Reidy, Carolyn, 89
Renault, e Better Place, 177-178
Research in Motion, 204
Revolução Industrial, 7
Ricci, Dr. Russell, 122
Rio PMP300, 138
Risco da cadeia de adoção, 55-77
  definido, 5, 33, 56
  e *timing*, 76
  exemplo, 120-125
  exemplo do cinema digital, 66, 68-71
  exemplo do MS Office 2007, 56-58
  Exemplo do sistema PAX da Michelin, 64-65
  exemplo dos rebolos superabrasivos, 60-61
  inovação *versus status quo*, 65
  prontuários médicos eletrônicos (PMEs)
  reconhecendo, 64, 76
Risco da coinovação, 37-54
  administrando, aspectos do, 49-51, 64-65
  definido, 5, 33, 38
  exemplo do cinema digital, 65-66
  exemplo do telefone, 3G da Nokia, 43-46, 51-52
  médias, armadilha do, 49
  "se *versus* quando", 52-54
Risco da execução
  avaliação do, 44
  definido, 33
  exemplo do celular, 45-46
  exemplo do sistema PAX da Michelin, 16-35
Riscos da inovação
  risco da cadeia de adoção, 55-77
  risco da coinovação, 37-54
  risco da execução, 33. *Consulte também tópicos específicos*
Rocket e-reader, 88

S
SaeHan MPMan, 136-140
SaeHan MPMan, 136-140
  fracasso, motivos para, 138-140
  recursos do, 138
Safaricom, joint venture de sistema bancário móvel. *Consulte* M-PESA
Samsung, 40, 200
Seguidores, 129-132
  avaliação da liderança pelos, 130-132, 212-213
  requisitos básicos para, 114-115, 130
  versus liderança, 115, 130
Sensory Science, 138
Sequência de construção do ecossistema, 187-215
  eficiência da, 198
  exemplo da Apple, 200-215
  exemplo da M-PESA, 189-198
  expansão escalonada, 188, 193-198
  presença mínima viável (MVF), 188, 191-198
  transferência de ecossistema, 188, 198-200, 206-213. *Consulte também estágios individuais*
Serviços bancários, móveis. *Consulte* M-PESA
Setor de saúde/assistência médica
  despesas de TI do, 117. *Consulte também* prontuários médicos eletrônicos (PMEs)
Setor editorial
  livros eletrônicos. *Consulte* E-books. E-readers
  parceiros de mídia do iPad, 211-213
Sistema de gravação eletrônica VISTA, 128
Sistema PAX da Michelin, 16-35
  concorrência, 20
  ecossistema de inovação, falta de, 24-29, 32-33
  estágio de adoção, 22-23
  estágio de execução, 20-22
  estratégia de inovação, 18
  fracasso, motivos para, 23-31
  mercado militar do, 29-31
  necessidade do mercado, 19-20
  questões da cadeia de adoção, 64-65
  recursos/características do, 17

Sistema PAX. *Consulte* Sistema PAX da Michelin
Sklyer, Dr. Jay S, 100
SoftBook, 88
Software
   e a tecnologia, 3G, 46
   MS Office 2007, atraso na adoção do, 56-58
Sony Discman, 138
Sony e-reader. *Consulte* music players portáteis Sony Reader, 136-138
Sony Pressman, 137
Sony Reader, 89-94
Sony Walkman, 136-138
Sony Walkman, vantagem do precursor, 136-137
Sortais, Thierry, 17
Staff de produção, função do, 61
Startup enxuta, 202n
Stringer, Sir Howard, 89
Sucesso da inovação
   abordagem da Better Place, 173-183
   Apple, 200-215
   cadeia de adoção, lógica da, 61-64
   coinovação, lógica da, 46-49
   e a devida diligência, 46-49
   e abordagem de ecossistema *Consulte* as entradas sob Ecossistema
   e as lentes de longo alcance. *Consulte* Perspectiva das lentes de longo alcance
   e liderança, 4, 70-71
   índice de, 220-221
   Kindle, 94-99
   requisitos básicos, 15-16
   solução do cinema digital, 65-75
Sucesso do iTunes e do iPod, 142, 152, 158, 173, 202

T
Tachikawa, Keiji, 41
Tecnologia 3-D
   filmes com, 73, 75
   televisão, 52
Tecnologia móvel, 3G
   aparelhos, complexidade dos, 42-43
   direitos de espectro, 41, 42
   expectativas das empresas, 41-42
   fracasso do telefone, 3G da Nokia, 42-46, 51-52
   mercado, início do, 51
   necessidades de coinovação, 42
   recursos da, 40-42
   rede, primeira, 41
   risco da execução, 45-46
Telecine scanner, 66
Telefones celulares. *Consulte* Celulares
Televisão
   HDTV, fracasso da Philips, 3, 52
   3-D, 52
Televisão de alta definição (HDTV) ponto cego da Philips, 3, 52
Tesla Roadster, 164
Thomsen, Mads Krogsgaard, 105
Timing
   e coinovação, 52-54
   e o risco da cadeia de adoção, 76
   e precursores, 136-151
   e produtos de tecnologia, 143, 150-152
   ponto cego, 136
   recompensa e liderança, 115, 133
   sequência de construção do ecossistema, 187-215
   sucesso da Apple, 140-141, 143, 201-202, 204
   timing inteligente, elementos do, 151-152
Toshiba, TV 3-D, 52
Townsend, Charles H, 211
Toy Story, 73
Toyota, EVs, 160, 181
Transferência de ecossistema, 198-200, 206-213
   bem-sucedida, exemplos de, 198-200
   iPad, 210-213
   iPhone, 206-208
   objetivos da, 188, 198, 206, 214
   reconfiguração do ecossistema causada por, 206-208
Tratamento de diabetes
   bombas de insulina, 105-106
   insulina inalável, 99-110
TV 3-D, 52

V
Varejistas, papel dos, 55, 61
Veterans Health Administration (VHA) prontuários médicos eletrônicos (PMEs), 128

Visão
    e coinovação, 50
    proposição de valor como, 85
Vodafone, empreendimento conjunto para criação de sistema bancário móvel. *Consulte* M-PESA
VPF (taxa de cópia virtual), 71-72, 75

W
Wachter, Dr. Robert, 117
Wal-Mart, chips RFID, 130
Weed, Larry, 118
Whitney, William C., 159-160
WiMAX, 130

Cartão Resposta

050120048-7/2003-DR/RJ

Elsevier Editora Ltda

CORREIOS

ELSEVIER

SAC | 0800 026 53 40
ELSEVIER | sac@elsevier.com.br

CARTÃO RESPOSTA

Não é necessário selar

O SELO SERÁ PAGO POR

Elsevier Editora Ltda

20299-999 - Rio de Janeiro - RJ

Acreditamos que sua resposta nos ajuda a aperfeiçoar continuamente nosso trabalho para atendê-lo(la) melhor e aos outros leitores. Por favor, preencha o formulário abaixo e envie pelos correios ou acesse www.elsevier.com.br/cartaoresposta. Agradecemos sua colaboração.

Seu nome: _____

Sexo: ☐ Feminino ☐ Masculino CPF: _____

Endereço: _____

E-mail: _____

Curso ou Profissão: _____

Ano/Período em que estuda: _____

Livro adquirido e autor: _____

Como conheceu o livro?

☐ Mala direta   ☐ E-mail da Campus/Elsevier
☐ Recomendação de amigo   ☐ Anúncio (onde?) _____
☐ Recomendação de professor
☐ Site (qual?) _____   ☐ Resenha em jornal, revista ou blog
☐ Evento (qual?) _____ ☐ Outros (quais?) _____

Onde costuma comprar livros?

☐ Internet. Quais sites? _____
☐ Livrarias ☐ Feiras e eventos ☐ Mala direta

☐ Quero receber informações e ofertas especiais sobre livros da Campus/Elsevier e Parceiros.

Siga-nos no twitter @CampusElsevier

Qual(is) o(s) conteúdo(s) de seu interesse?

Concursos
- [ ] Administração Pública e Orçamento
- [ ] Arquivologia
- [ ] Atualidades
- [ ] Ciências Exatas
- [ ] Contabilidade
- [ ] Direito e Legislação
- [ ] Economia
- [ ] Educação Física
- [ ] Engenharia
- [ ] Física
- [ ] Gestão de Pessoas
- [ ] Informática
- [ ] Língua Portuguesa
- [ ] Línguas Estrangeiras
- [ ] Saúde
- [ ] Sistema Financeiro e Bancário
- [ ] Técnicas de Estudo e Motivação
- [ ] Todas as Áreas
- [ ] Outros (quais?)

Educação & Referência
- [ ] Comportamento
- [ ] Desenvolvimento Sustentável
- [ ] Dicionários e Enciclopédias
- [ ] Divulgação Científica
- [ ] Educação Familiar
- [ ] Finanças Pessoais
- [ ] Idiomas
- [ ] Interesse Geral
- [ ] Motivação
- [ ] Qualidade de Vida
- [ ] Sociedade e Política

Jurídicos
- [ ] Direito e Processo do Trabalho/Previdenciário
- [ ] Direito Processual Civil
- [ ] Direito e Processo Penal
- [ ] Direito Administrativo
- [ ] Direito Constitucional
- [ ] Direito Civil
- [ ] Direito Empresarial
- [ ] Direito Econômico e Concorrencial
- [ ] Direito do Consumidor
- [ ] Linguagem Jurídica/Argumentação/Monografia
- [ ] Direito Ambiental
- [ ] Filosofia e Teoria do Direito/Ética
- [ ] Direito Internacional
- [ ] História e Introdução ao Direito
- [ ] Sociologia Jurídica
- [ ] Todas as Áreas

Media Technology
- [ ] Animação e Computação Gráfica
- [ ] Áudio
- [ ] Filme e Vídeo
- [ ] Fotografia
- [ ] Jogos
- [ ] Multimídia e Web

Negócios
- [ ] Administração/Gestão Empresarial
- [ ] Biografias
- [ ] Carreira e Liderança Empresariais
- [ ] E-business
- [ ] Estratégia
- [ ] Light Business
- [ ] Marketing/Vendas
- [ ] RH/Gestão de Pessoas
- [ ] Tecnologia

Universitários
- [ ] Administração
- [ ] Ciências Políticas
- [ ] Computação
- [ ] Comunicação
- [ ] Economia
- [ ] Engenharia
- [ ] Estatística
- [ ] Finanças
- [ ] Física
- [ ] História
- [ ] Psicologia
- [ ] Relações Internacionais
- [ ] Turismo

Áreas da Saúde
- [ ]

Outras áreas (quais?): _____

Tem algum comentário sobre este livro que deseja compartilhar conosco?
_____

Atenção:
- As informações que você está fornecendo serão usadas apenas pela Campus/Elsevier e não serão vendidas, alugadas ou distribuídas por terceiros sem permissão preliminar

Este livro foi impresso nas oficinas gráficas da Editora Vozes Ltda.,
Rua Frei Luís, 100 – Petrópolis, RJ.